Amina Raheem
DIE RÜCKKEHR DER SEELE

Amina Raheem

DIE RÜCKKEHR DER SEELE

INTEGRATION VON KÖRPER UND GEIST

Synthesis Verlag

Titel der amerikanischen Originalausgabe:
Soul Return

Originalverlag:
Aslan Publ., Lower Lake, CA, USA

Copyright der amerikanischen Ausgabe:
© 1987, 1991 Aminah Raheem
Übersetzung aus dem Amerikanischen:
Karin Petersen

Copyright der deutschsprachigen Ausgabe:
© 1994 Synthesis Verlag
Postfach 14 32 06
D-45262 Essen

Alle Rechte der deutschen Ausgabe vorbehalten.

Coverfoto: John Wimberley

Gesetzt aus der ITC Garamond von:
ZERO Typografischer Betrieb, Moers

ISBN: 3-922026-72-9

INHALT

Dank 7

Einleitung 9

   KAPITEL EINS
   Ein Blick auf den ganzen Menschen 13

   KAPITEL ZWEI
   Der Seelenfaktor 29

   KAPITEL DREI
   Der Körper 49

   KAPITEL VIER
   Die Emotionen 97

   KAPITEL FÜNF
   Der Verstand 141

   KAPITEL SECHS
   Zur Seele zurückkehren 165

   KAPITEL SIEBEN
   Transpersonale Integration und ihre Implikationen
   für transpersonale Therapeutinnen und Therapeuten 205

Bibliographie 219

Dieses Buch ist Muhammad-Subuh Sumohadiwidjojo, der großen Seele und dem Bodhisattva gewidmet, der diese Erde gerade verlassen hat, nachdem er sie 87 Jahre lang mit seiner Gegenwart segnete. Mit seiner Bemerkung, wir würden eines Tages die Psychologie der Seele entdecken, inspirierte er mich zu diesem Buch. Er war dieses ganze Leben lang mein spiritueller Vater und Lehrer, dessen Geschenke an mich von unschätzbarem Wert waren und sind.

Dank

Dieses Buch entstand aus dem Bewußtseinsgewebe unzähliger Begegnungen mit vielen besonderen Menschen im Verlauf der Jahre – Familienangehörigen, Lehrerinnen und Lehrern, Schülern, Kollegen und Freundinnen und Freunden, die mich im Verlaufe meiner Suche nach Verstehen inspiriert, ermutigt und unterstützt haben.

Meine Kinder, Paulina, Philip, Rosalind und William Henry, waren für mich eine ständige Quelle des Lernens, der Freude, Liebe und Stärke, und ich bin ewig dankbar dafür, daß sie da sind. Lauren Stomel, ein großartiger Verleger, mein Schwiegersohn und früherer Schüler, unterstützte das Buch mit vielen psychologischen und technischen Ratschlägen. Meine Kollegin, Laura Sosnowski, half mir und ermutigte mich ständig mit ihrer Liebe und ihren ausgezeichneten Fähigkeiten als Prozeßbegleiterin.

Ich hatte das besondere Glück, bei meisterhaften Lehrerinnen und Lehrern studieren und mit ihnen arbeiten zu können. Sie alle haben ihr Wissen, ihre Fähigkeiten und Hingabe an eine ausgezeichnete Arbeit großzügig mit mir geteilt: Fritz Smith, der die Methode des Zero Balancing entwickelt und das Buch *Innere Brücken* geschrieben hat und dessen kontinuierliche Forschung mich ständig inspiriert hat; Robert Rasmussen, der Erfinder von *Regenesis* (Erneuerung, Wiedergeburt), dessen Glaube an mich und dessen Freundschaft mich sanft vorwärtsdrängten; June Singer, deren Weisheit und tiefe geschwisterliche Freundschaft ein ständiges Licht in meinem Leben waren; Iona Marsaa Teeguarden, Erfinderin von *Jin Shin Do*; Gay Hendricks, der zusammen mit Kathlyn Hendricks die *Radiance*-Atemarbeit entwickelte und dessen zielbewußte Intention und Ermutigung mir sehr geholfen haben; Harris Clemes, ein meisterhafter Psychotherapeut, der mich großzügig und gekonnt unterrichtete; Arnold Mindell, Erfinder der prozeßorientierten Psychologie, dessen Brillanz, Originalität und großes Herz mir Mut machten, sowie unzählige andere gute Lehrerinnen und Lehrer, deren Gaben mich weiterhin begleiten.

Ich bin im Laufe der Jahre außerdem mit Hunderten von außergewöhnlichen Schülerinnen und Schülern gesegnet worden, die mich mit ihrem Lerneifer, ihrer Kreativität und ihrem Geist anregten, wach machten und mein Herz erwärmten. Und schließlich danke ich den Teilnehmern der Ausbildungsgruppe in transpersonaler Integration, einem engagierten Team, das mir ständig half, die Arbeit weiter zu vervollkommnen und ihre Gültigkeit zu beweisen.

Einleitung

C. G. Jung sagte, daß es „nur ein Streben gibt, nämlich das Streben nach unserem eigenen Wesen". Dieser Gedanke begleitet meine Arbeit auf eine tiefe und einfache Weise zugleich. Mein eigenes Streben nach psychischer und spiritueller Ganzheit ist sowohl ein großes Geschenk gewesen als auch ein konzentrierter Rahmen für meine Arbeit. Diese Arbeit ist in diesem Buch in einen Prozeß übersetzt worden, den ich „transpersonale Integration" nenne, und meine Hoffnung ist, daß er auch eine Anleitung für andere – sowohl psychologische Laien als auch Therapeuten und Berater – sein wird, die daran interessiert sind, Körper, Psyche (Verstand und Emotionen) und spirituelles Wesen gleichzeitig zu entwickeln.

Die herkömmliche Methode ist, Körper, Psyche und Verstand getrennt anzusprechen: Spezialisten für medizinische Behandlung und Körperarbeit konzentrieren sich auf den physischen Körper; Psychologen erforschen die Rolle, die der Verstand und die Emotionen für das Verhalten spielen; und die spirituellen Lehrer wenden sich an die transzendente Funktion der Seele. Diese Zerstückelung der ganzen Person hat zu einer beträchtlichen Spezialisierung und zu einer gewissen Einsicht in die einzelnen Teile geführt, uns aber oft noch mehr davon abgehalten zu verstehen, wie alle zusammenwirken. In Wirklichkeit sind Körper, Emotionen, Verstand und Seele keine deutlich getrennten Faktoren innerhalb der Person, sondern bilden vielmehr ein Zusammenspiel von ständig wechselnden Kräften, die auf außergewöhnlich komplizierte Weise miteinander im Austausch stehen. Auch meine eigene Suche nach Ganzheit begann damit, daß ich diese Kräfte im einzelnen erforschte. Die spirituelle Disziplin namens *Subud* schenkte meiner Seele ein Gefühl von Frieden und Sinn, was aber auch begleitet war von einigen Turbulenzen in meiner Persönlichkeit und meiner körperlichen Gesundheit. Ich erfuhr, daß diese scheinbare Verwirrung von Verstand und Körper im Rahmen vieler spiritueller Praktiken als ein normaler Prozeß der „Reinigung" verstanden wird. Ich war bereit, diese Reinigung zu akzeptieren, um mich spirituell zu verwirklichen, aber ich wollte – falls das möglich war – den Prozeß, den ich durchlief, genau verstehen. Diese Erfahrung brachte mich dahin, daß ich ein tieferes Verständnis der damit einhergehenden psychischen und physischen Prozesse zu gewinnen suchte.

Im Verlaufe meines Psychologiestudiums gewann ich einige Klarheit darüber, wie der Verstand und die Emotionen arbeiten und wie sich im Entwicklungsprozeß eines Menschen persönliche Verhaltensmuster herausbilden. Aber der innere, spirituelle Prozeß wurde hier kaum berücksichtigt, und auch der Körper wurde weitgehend ignoriert.

Bei meiner Arbeit mit Erwachsenen und Jugendlichen begann ich zu begreifen, daß das psychologische Verständnis und die psychische Entwicklung oft auch die Arbeit mit dem physischen Körper erforderlich machen, eine Schlußfolgerung, die inzwischen bei Psychologen und Körpertherapeuten, die wichtige Zusammenhänge zwischen Psyche und Körper erkannt haben, weit verbreitet ist. Infolge meiner Erkenntnisse begann ich, den Körper und seine Energiesysteme zu erforschen, indem ich zahlreiche verschiedene Methoden der Körperarbeit studierte. In der chinesischen Medizin fand ich eine holistische und integrative Sicht des Körpers, welche die Psyche einschließt. Ich begann mit Akupressur, einer Handauflegetechnik nach chinesischem Vorbild, am Körper zu arbeiten. Ich stellte fest, daß psychische Heilungsprozesse sich klärten und beschleunigten, wenn Körperarbeit und Psychotherapie kombiniert wurden.

Etwa um dieselbe Zeit, als ich mit Akupressur zu arbeiten begann, entdeckte ich die transpersonale Psychologie, die die spirituelle Entwicklung anerkennt und respektiert. Als Körpertherapeutin und Doktorandin am Institut für transpersonale Psychologie arbeitete ich mit Studenten und Studentinnen, die ich beim Durchlaufen eines Transformationsprozesses beobachtete, der eine Kombination aus psychischer, spiritueller und körperlicher Arbeit beinhaltete. Über einen Zeitraum von zehn Jahren, in dem ich in einer therapeutischen Praxis an mir selbst und mit anderen

Einleitung

arbeitete, schälte sich für mich ein Verständnis des ganzen Menschen heraus, und schließlich empfing ich eine klare Vision von dem Prozeß, den ich heute „transpersonale Integration" nenne. Auf den folgenden Seiten stelle ich sowohl das integrative Modell als auch einige der möglichen therapeutischen Anwendungen vor, die die Grundlage dieses Systems bilden.

Kapitel 1
Ein Blick auf den ganzen Menschen

> Ich bin das, was begann.
> Die Jahre rollen aus mir hervor,
> aus mir entstehen Gott und Mensch.
> Ich bin gleich, bin ganz.
> Gott und Mensch verändern sich,
> wechseln die Form ihres Körpers –
> Ich aber bin die Seele.
> *Algernon Charles Swinburne*

Zersplitterung oder Ganzheit?

In früheren Zeiten brachte man einer Vision der Ganzheit vielleicht mehr Verständnis entgegen als heute. In der ägyptischen, vedischen und chinesischen Tradition war der Mensch ein unteilbares Ganzes, dessen Gedanken, Emotionen und Handlungen seinem totalen Sein entsprangen. Aber diese holistische Sicht der Person, die die Menschen früher vertraten und die in zahlreichen esoterischen Lehren bewahrt wurde, wird heute überschattet von einer rationalistischen und wissenschaftlichen Tradition.

Auch wenn moderne wissenschaftliche Methoden zu einem besseren Verständnis und einer genaueren Bestimmung der Millionen von Einzelteilchen des menschlichen Wesens (einschließlich zellulärer und subzellulärer Ebenen) geführt haben, begründeten sie doch zugleich auch eine stark fragmentierte Sicht der menschlichen Erfahrung. Zum gegenwärtigen Zeitpunkt versuchen einige Psychologen, Ganzheitsmediziner und spirituelle Lehrer diese Stücke wieder zusammenzufügen und eine therapeutische Methode zu finden, die die Ganzheit des Menschen fördert.

Beispiele dafür sind: die Psychosynthese (Assagioli), die holotrope Therapie (oder holonomische Integration) (Grof), die *Radiance*-Technik (Hendricks und Hendricks), die prozeßorientierte Psychologie (Mindell) und die integrative Körpertherapie (Rosenberg), um nur einige zu nennen.

Ich würde den Prozeß der Erforschung der neuen Ganzheitlichkeit gern mit einem unvoreingenommenen Blick auf das beginnen, was herkömmlicherweise als „Teile" der Person betrachtet wurde. Mit den Gedanken, die ich in diesem Kapitel vorstelle, bereite ich den Boden für die Integration dieser Teile auf eine Weise vor, die uns der Überwindung der fragmentarischen Sicht der menschlichen Erfahrung einen Schritt näherbringt. Folgende Teile werden wir hier untersuchen: die Seele, den physischen Körper, den Verstand und die Emotionen, und zwar auf dem Hintergrund ihrer Integration durch den Faktor, den wir Energie nennen.

Die Seele als integrierender Faktor

Mein eigener Beitrag zu einer ganzheitlichen Sicht beginnt damit, daß wir die spirituelle Essenz oder Seele verstehen und damit auch begreifen, wie diese als Organisationsprinzip der gesamten Person funktioniert. Die Vorstellung von der Seele als immateriellem Prinzip, als Essenz oder Energie, die das Leben beseelt, taucht in den meisten philosophischen und religiösen Schriften aus den frühesten Zeiten überlieferter Geschichte auf, sowohl im Osten als auch im Westen, und trotzdem läßt die Seele sich nicht leicht definieren. Man hat von ihr gesagt, sie sei das „animierende und vitale Prinzip im Menschen" und sie forme ein „immaterielles Geistwesen, das sich vom Körper zwar unterscheide, vorübergehend aber auch mit diesem koexistiert". Sie ist die „göttliche Essenz" des ganzen Menschen. Ich betrachte die individuelle Seele als deutlich unterschiedenes energetisches Muster, das die Chronik seiner unsterblichen Reise beinhaltet. Sie enthält einen Entwurf für den grundlegenden Sinn und Zweck des derzeitigen Lebensweges, der wiederum Teil eines evolutionären Planes sein mag. Die Seele ist nicht begrenzt auf materielle Eigenschaften.

In dieser Arbeit unterscheide ich zwischen der individuellen Seele und dem Geist (*Spirit*). Der Geist wird definiert als die alles umfassende, kreative Ordnung des Kosmos, die vor allem Anfang und nach jedem Ende existiert. Der Geist wurde auch Gott genannt, der Schöpfer, das Tao oder „alles, was ist". Er wird als die formlose, allesdurchdringende Energie betrachtet, aus der alle Schöpfung einschließlich der individuellen Seele der Menschen entsteht.

Die Individualseele hat ihren Ursprung im Geist und wird von diesem durchdrungen, und trotzdem bringt sie ihren eigenen einzigartigen Ausdruck hervor. Die Seele wird für unsterblich gehalten, da sie vor und nach jeder individuellen Lebenszeit existiert. Beim Tod löst sich ein bestimmter Teil des Bewußtseins aus diesem Leben zusammen mit der Seele vom Körper. In der esoterischen Literatur wird dieser Teil als Kausalkörper bezeichnet.

Die transpersonale Psychologie erkennt die Existenz der Seele an und respektiert ihre Bedeutung als leitende Kraft für die gesamte Person, eine Kraft, die über das Ego hinausgeht. Eine solche seelische Kraft ist von zahlreichen Psychologen erwähnt worden. Jung zum Beispiel nannte sie das Selbst, Assagioli bezeichnet sie als höheres Selbst, Gurdjieff sprach von der Essenz, Hendricks, Grof und andere vom Sein. Diese Namen sollen eine essentielle spirituelle Qualität in Mann und Frau erkennen helfen, die nicht identisch ist mit dem Verstand, dem Körper, dem Ego oder der Persönlichkeit, aber möglicherweise all diese Teile umfaßt und beeinflußt.

Der physische Körper

Der physische Körper ist die konkreteste Form, durch die die formlose Seele sich manifestieren kann. Der Körper kann definiert werden als die „gesamte materielle Struktur und Substanz des Organismus" (*American Heritage Dictionary*). Der lebende Organismus, den wir Körper nennen, besteht aus etwa 10 bis 100 Billionen Zellen, die sich zu elf physiologischen Systemen organisieren.

Außer seiner Funktion, kontinuierlich eine organische Form zu bewahren, prägt das Körpergewebe sich auch die Lebenserfahrungen ein. Zahlreiche verschiedene Formen von Körperarbeit, die nicht allein – wie medizinische Methoden – auf die Instandhaltung des Organismus abzielen, haben gezeigt, daß lange vergessene Traumata körperlich bewußt gemacht werden können, wenn der Körper auf eine bestimmte Weise berührt oder bewegt wird. Diese Prägungen durch Erfahrungen werden in der Psychologie als „unbewußtes Material" verstanden, aber auch hier ist immer noch nicht allgemein bekannt, daß wir zu diesem Material über den Körper direkten Zugang gewinnen können. Die Körpertherapie hat gezeigt, daß der Körper eine zuverlässige Aufzeichnung der persönlichen Geschichte enthält. Deswegen ist er ein fruchtbarer Boden für das Verstehen und Bewußtmachen der Traumata, die laut psychologischer Theorie die Persönlichkeit formen.

Die Emotionen

Trotz der inzwischen fast hundert Jahre alten psychologischen Forschung und Bezugnahme auf emotionale Erfahrungen in der Literatur und Wissenschaft im Laufe der gesamten übermittelten Geschichte gibt es immer noch keine klar definierte Vorstellung von den Emotionen.

In der heutigen Psychologie ist es nicht üblich, zwischen Verstand oder Gedanken einerseits und Emotionen andrerseits deutlich zu unterscheiden. Jung und andere haben diese Bereiche pauschal unter dem Begriff „Psyche" zusammengefaßt, obwohl Jung in seiner Typologie die Funktion der Gefühle als getrennt vom Denken defniert. Psychotherapeutinnen und -therapeuten jedoch, die intensiv mit der Psyche arbeiten, machen einen empirischen Unterschied zwischen Gedanke und Emotion.

Einige zeitgenössische Psychologen arbeiten primär mit den Emotionen. Sie konzentrieren sich in ihrer therapeutischen Arbeit darauf, den Kontakt zu ihren Gefühlen wieder herzustellen, der durch unsere betont rationale Einstellung zum Leben verlorengegangen ist.

Während einige Psychologen einen ausführlichen Katalog von Emotionen aufgestellt haben, beschränken andere sich auf ein Grundrepertoire von fünf emotionalen Zuständen. Diese Therapeuten gehen davon aus, daß die Befreiung von alten traumatischen Emotionen sowie die Fähigkeit, emotionale Zustände bewußt wahrzunehmen, dem Menschen persönliche Freiheit schenkt.

Es gibt einige Beweise dafür, daß emotionale Signale sich im Gehirn von mentalen Signalen unterscheiden. Penfield, ein berühmter Nervenchirurg und Forscher an der McGill University in Montreal, hat sich bemüht aufzuzeigen, daß Emotionen in anderen Teilen des Gehirns verzeichnet werden als Gedanken. Auch ist seit mehreren Jahrzehnten bekannt, daß der Hypothalamus emotionale Signale übermittelt. Andere Untersuchungen weisen darauf hin, daß Emotionen in Zusammenhang mit dem limbischen System gebracht werden können, während Denkprozesse ihren Ursprung in der Gehirnrinde haben.

Ich definiere eine Emotion als „elektrochemisches Wellenphänomen, das sich körperlich ausdrückt und bewußte, instinktive und verhaltensmäßige Änderungen beinhaltet". Diese Definition berücksichtigt das wahrnehmbare Phänomen, daß eine bestimmte Emotion sich wellenförmig durch den Körper und das Bewußtsein bewegt. Dieser Ablauf hat einen Anfang, bei dem die Wahrnehmung subtil oder schwach ist; eine Mitte, bei der das Gefühl seinen Höhepunkt erreicht oder voll zum Ausdruck kommt; und ein Ende, bei dem sich die psychologischen Auswirkungen im Körper legen, so daß es zu einem Zustand der Ausgeglichenheit oder Ruhe kommt. Aus dieser Sicht ergibt sich eine Form der Arbeit mit Emotionen, bei der wir ihre wertvollen expressiven Eigenschaften achten, ohne zuzulassen, daß sie das Bewußtsein beherrschen. Wir werden das in den folgenden Kapiteln noch näher untersuchen.

Der Verstand

In *Geist und Evolution* (1986) stellt Marilyn Ferguson fest, daß „niemand weiß, was das Bewußtsein oder was der Verstand ist. Es gibt auch keinen Grund anzunehmen, daß von den Wissenschaftlern im nächsten Jahr oder Jahrzehnt die große Erleuchung kommt". Auch wenn ich grundsätzlich damit übereinstimme, würde ich gern eine Arbeitsdefinition des Verstandes einführen, und zwar bezeichne ich als Verstand (*mind*) die nachweisbaren Effekte der intellektuellen, unbewußten, überbewußten und intuitiven Funktionen. Diese Funktionen wirken zusammen, um die komplexe geistige Aktivität hervorzubringen, die sowohl die Speicherung von Informationseinheiten innerhalb des Organismus beinhaltet (wahrscheinlich vor allem im Gehirn, obwohl das noch nicht definitiv bewiesen ist) als auch die Organisation, Wiederauffindung und Analyse dieser Informationen. Der Großteil dieser Aktivitäten kann – anders als Emotionen zum Beispiel – ohne große physiologische Erregung vor sich gehen.

Ein Gedanke kann eine Emotion bewirken, die wiederum zu einer Erregung des ganzen Körpers führen kann. Andrerseits kann ein Gedanke aber auch fast einen ganzen Tag lang anhalten, ohne daß es zu solchen physiologischen Auswirkungen kommt. Die Psychologie hat sich der Erforschung dieses Bereiches im letzten Jahrhundert ausführlich gewidmet und infolgedessen sehr viel darüber erfahren. Das Verstand-Gehirn agiert als oberster Kontrolleur des autonomen Nervensystems. Untersuchungen in den letzten zwanzig Jahren haben gezeigt, daß der Verstand sich sogar über das autonome Nervensystem hinwegsetzen kann. Heute existieren physiologische Daten, die erklären, was Yogis uns seit Jahrhunderten vorgeführt haben, daß nämlich der Herzschlag, die Sauerstoffversorgung und anderes mehr willentlich gesteuert werden können. Der Verstand kann folglich – je nach Entwicklung – eine große Macht auf die gesamte Person ausüben. Das heißt, wenn er eine breitgefächerte, relativ genaue Datenbank enthält und die geistigen Fähigkeiten ausgebildet hat, die nötig sind, um diese Daten anzuwenden, kann er zum hochentwickelten Instrument für die Führung eines produktiven Lebens werden.

In der Geschichte der Psychologie, die vor allem ein geistiges Gebiet ist, wurde auf Gehirnforschung und kognitive Entwicklung immer sehr viel Nachdruck gelegt (eine Parallele zur heutigen Betonung wissenschaftlicher Untersuchungsmethoden). Das hat zwei weitreichende Folgen gehabt: 1. Das umfassende Potential und die Macht des menschlichen Verstandes, Informationen zu sammeln, Phänomene zu analysieren, vorauszusagen und sogar zu beeinflussen, ist eindringlich belegt worden. 2. Die gleichzeitige Vernachlässigung anderer Seiten des ganzen Menschen – Körper, Emotionen und Geist – hat zu einem Ungleichgewicht in der Auffassung vom Leben geführt. Vor allem in der westlichen Gesellschaft tendiert der gebildete Mensch dazu, „kopfbetont" zu sein, überzeugt davon, daß die Lösung menschlicher Probleme darin liegt, noch mehr Daten zu sammmeln, noch komplexere Analysen zu liefern und zu einem noch umfassenderen rationalen Verständnis zu gelangen.

Der Verstand ist ganz eindeutig zu weitreichenden und wunderbaren Leistungen imstande, wofür die zeitgenössische Technologie ein bemerkenswertes Beispiel ist. Aber als isoliertes Instrument, das nur unzureichend auf den Körper, die Emotionen und die Seele des ganzen Individuums eingestimmt ist, kann der Verstand einen Menschen (oder kollektiv eine Gesellschaft) zu Schöpfungen und Handlungsweisen anleiten, die nicht dem Menschen, der Gesellschaft oder der Umwelt als ganzer dienen.

Die Teile bilden ein Ganzes
Diese Teile vermischen sich und verschmelzen in uns auf außerordentlich komplexe Weise, während wir uns vom Neugeborenen zum Erwachsenen entwickeln. Wir haben uns zur Gewohnheit gemacht, unsere Aufmerksamkeit im Leben auf die Entwicklung eines Teils von uns zu richten, und zwar auf Kosten sämtlicher anderer Teile. So können wir zum Beispiel zu großartigen intellektuellen Leistungen gelangen und dabei die Seele oder den Körper völlig vernachlässigen.

Spirituell Suchende können versuchen, sich ausschließlich auf die Seele einzustimmen, ohne die entsprechenden geistigen und emotionalen Grundlagen zu entwickeln, die die Absichten der Seele befördern. Auf ähnliche Weise können Athleten oder Muskelmenschen emotionale oder spirituelle Eingebungen ignorieren und diese ihrer ausschließlichen Beschäftigung mit dem Körper opfern.

Je einseitiger wir werden, indem wir unsere gesamte Energie auf einen einzigen Teil konzentrieren, desto lauter schreit ein anderer Teil in uns nach Zuwendung. Die vernachlässigten Seiten, ob nun der Körper, der Verstand oder die Emotionen, senden Signale – in Form von Wünschen, Phobien, Ahnungen oder Symptomen –, die wir nicht überhören können. Je länger sie ignoriert werden, desto beharrlicher melden sie sich und schreiten fort zu selbstzerstörerischen Gewohnheiten, Unfällen oder Krankheiten.

Doch selbst im Zustand dieser Zersplitterung drängt uns etwas in Richtung Ganzheit. Jung behauptete, daß wir einen „Archetyp der Ganzheit" in uns tragen, der immer am Werk ist, um uns zu Fülle und Selbstverwirklichung zu führen. Carl Rogers nannte das den „sprießenden Haupttrieb", der wie die scheinbar zarte, aber doch zähe Triebspitze der Kiefer den Organismus kontinuierlich zu einem umfassenden Wachstum anleitet.

Der Unterschied zwischen Seele und Persönlichkeit

Ich unterscheide zwischen der Seele als der spirituellen Komponente der gesamten Person und der Persönlichkeit, die sich durch äußere Konditionierung entwickelt. Die Erforschung der Persönlichkeit – ihrer Entstehung, ihrer Verhaltensmuster und ihres Einflusses auf das tägliche Leben – ist die Domäne der traditionellen Psychologie gewesen. In der klassischen Psychologie wird allgemein akzeptiert, daß die Persönlichkeit identisch ist mit der Person. Und diese Person wird als Produkt der Einflüsse von Eltern und Umgebung in diesem Leben betrachtet. Die Erforschung der Seele hingegen hat bis zum Auftauchen der transpersonalen Psychologie, welche versucht, das spirituelle und das psychische Wesen miteinander zu verbinden, weitgehend im Rahmen religiöser und spiritueller Lehren stattgefunden.

Bei meiner eigenen Arbeit betrachte ich die Seele als Träger des essentiellen Wesens des Selbst – was die Evolutionsgeschichte und den Sinn des derzeitigen Lebens einschließt. Ich habe festgestellt, daß der Mensch sich vom Zentrum der Seele aus nach außen entwickelt, und zwar in Form von fortschreitenden Persönlichkeitsschichten, die sich um das Zentrum herum bilden. Die Persönlichkeit umfaßt die ganze Summe gesammelter Lebenskonditionierungen, die in Körper, Verstand und Emotionen enthalten sind. Sie ist eine Schöpfung dieses Lebens und löst sich mit dem Tod auf, während die Seele ewig ist.

Im Idealzustand sind diese beiden Kräfte – die Seele und die Persönlichkeit – miteinander verbunden und gemeinsam auf die Lebensaufgabe ausgerichtet, wobei die Persönlichkeit als ein Vehikel dient, durch das die Seele ihre Aufgabe und ihr Schicksal manifestieren kann. Das ist jedoch nicht immer der Fall. Die Persönlichkeit wird durch dieses Leben geformt, vor allem von Eltern, Lehrern und Institutionen, die häufig nicht auf das Wesen und die Lebensaufgabe der kindlichen Seele eingestimmt sind. Häufig ist es so, daß die Persönlichkeit des Kindes von den psychischen Einflüssen und allgemeinen kollektiven Werten der Zeit geformt wird, was ihre Entwicklung zu einem „Vehikel, das der Seele dient" nicht immer unbedingt fördert. Die Folge kann sein, daß die Persönlichkeit tatsächlich zum Hindernis für den Ausdruck der Seele wird.

Maßstab für eine gut entwickelte Persönlichkeit ist, inwieweit sie die Person in die Lage versetzt, mit ihrer Umgebung in Interaktion zu treten. Einer schwer neurotischen oder psychotischen Persönlichkeit zum Beispiel gelingt es vielleicht noch nicht einmal, die grundlegendsten Lebensanforderungen zu bewältigen. Es kann auch sein, daß eine Persönlichkeit erfolgreich funktioniert und die Person, gemessen an den gesellschaftlichen Werten, allem äußeren Anschein nach sehr viel leistet und erreicht, während die Bedürfnisse der Seele überhaupt nicht befriedigt werden. Das alles geht so lange gut, wie es nicht zu tiefgreifenden Veränderungen entweder in der Persönlichkeit oder im sozialen Bezugssystem dieser Person kommt. Aber in kritischen Zeiten, häufig in der Lebensmitte, kann die Person das Gefühl bekommen, daß alle ihre Bestrebungen sinnlos waren. Etwas anderes in ihr, das lange vernachlässigt wurde, schreit auf, um gehört zu werden. An diesem Punkt kann die Anpassung an die Gesellschaft, die bislang Quelle für so viel persönliche Genugtuung war, aufhören, befriedigend zu sein.

Dem psychologischen Studium verdanken wir sehr viel Wissen über den Aufbau und die Entwicklung der Persönlichkeit, was uns hilft, die geistigen und emotionalen Abläufe zu verstehen, die das Denken, Fühlen und Verhalten eines Menschen beeinflussen. Aber die meisten Theorien, mit denen die Psychologen vertraut sind, kümmern sich nicht um die Belange der Seele und des Körpers. Wir können also psychologisch mit der Persönlichkeit arbeiten, ohne jemals das grundlegende Wesen und die Lebensaufgabe des ganzen Menschen und damit all die Äußerungen von Seele und Körper mit ihrem offensichtlich grenzenlosen Streben nach Ganzheit einzubeziehen. Das Ziel der Psychotherapie besteht oft darin, kleinereUmschichtungen innerhalb der Persönlichkeit vorzunehmen, damit sie im Rahmen der gesellschaftlichen Wertestruktur besser funktioniert. Aber dieses Vorgehen hat wahrscheinlich keinen Erfolg bei einem Menschen, dessen Seele nach einer anderen Form des Ausdrucks strebt, oder für Menschen, die in einer überwiegend neurotischen oder destruktiven Gesellschaft leben. Wie Erich Fromm in seiner Analyse der Nazi-Gesellschaft bemerkte, war es geisteskrank, sich an eine geisteskranke Gesellschaft anzupassen.

Energie als intergrierender Faktor

Was ist dieser einzigartige leitende und vereinigende Faktor, der sämtliche Teile zu einem harmonischen Ganzen zusammenbringen kann? Er muß ganz eindeutig sämtliche Teile gleichzeitig durchdringen und eine integrierende Wirkung haben. Ich glaube dieser Faktor ist der Energiefluß im menschlichen System. Ich arbeite mit den Meridianen und dem Chakra-Energiesystem, um Zugang zum Prozeß der gesamten Person zu bekommen und diesen zu begleiten.

Untersuchungen des menschlichen Energiesystems gibt es im Westen noch nicht sehr lange. Mesmer postulierte die Existenz einer Kraft, die er den „animalischen Magnetismus" nannte – eine Kraft, die heilen kann. Wilhelm Reich legte mit seinem Werk über die „Orgonenergie" ein grundlegendes und tiefgreifendes Fundament für das Verständnis der Körper-Geist-Energiebeziehungen, und seine Erkenntnisse bilden die Basis für viele Formen der in diesem Jahrhundert praktizierten Körpertherapien. Die revolutionäre Arbeit des schwedischen Forschers Björn Nordenström, der einen elektrischen Schaltkreis im Körper postulierte, verspricht ein noch größeres Verständnis der Energie im Körper, ist aber von der medizinischen Fachwelt fast völlig ignoriert worden.

Im Orient dagegen ist das Phänomen der menschlichen Energie weithin anerkannt, und dieses Wissen wird in der empirischen Praxis therapeutisch seit Tausenden von Jahren angewendet. In den ältesten bekannten und belegten medizinischen Lehren – der ayurvedischen Medizin (deren Anfänge auf den Beginn des fünften Jahrhunderts v.Chr. geschätzt werden) und der chinesischen Medizin (2698 – 2599 v.Chr.) – wird Energie als primärer Lebensfaktor verstanden, der ganz real den Unterschied zwischen Leben und Tod ausmacht. Die Energiesysteme des Körpers sind ebenso wichtig wie die organischen Systeme.

Die Chinesen haben uns ein Bild des menschlichen Energieflusses überliefert, in dem verzeichnet ist, wie dieser durch zwanzig grundlegende Bahnen (Meridiane) verläuft, die alle miteinander verbunden sind. Der Energiefluß durch die Meridiane bildet innerhalb des Körpers alle 24 Stunden einen vollständigen Energie-Schaltkreis. Durch mehrere hundert Akupunkturpunkte – „Fenster" in den Meridianen – können wir direkten Zugang zum Energiefluß der Meridiane gewinnen.

Aus den Texten der indischen Yogis ist uns die Beschreibung der sieben grundlegenden Energiezentren (Chakras) bekannt, die ebenfalls miteinander verbunden sind und sämtlichen Teilen des Körpers dienen. Die Darstellung dieser Energiezentren finden wir auch in der chinesischen Philosophie (vor allem im Taoismus), obwohl dort ihre Anzahl und Lokalisierung etwas differiert.

In beiden Systemen stehen die Energiebahnen und -zentren in einer Wechselbeziehung mit den Organen und Drüsen des Körpers sowie mit den verschiedenen emotionalen Verfassungen und Bewußtseinszuständen. Der Energiefluß bezieht sämtliche Aspekte der ganzen Person ein – Körper, Verstand, Emotionen und Seele. Wenn die Energiekanäle und -zentren geöffnet sind, das heißt, wenn die Energie frei und ungehindert durch sie hindurchfließt, erfreut sich der Mensch eines fließenden Gefühls von Ganzheit; dazu gehören körperliche Gesundheit, emotionale Ausgeglichenheit, geistige Klarheit sowie ein spirituelles Wohlbefinden, das daraus resultiert, daß der Mensch mit seiner eigenen Seele und dem Geist der Natur in Einklang ist. Ist dagegen der Energiefluß in irgendeinem Kanal oder Zentrum blockiert, entsteht ein entsprechendes körperliches, emotionales oder geistiges Ungleichgewicht.

Die Wechselbeziehungen zwischen der energetischen Verfassung des Körpers und den verschiedenen Kombinationen physischer Symptome sowie emotionaler, geistiger und spiritueller Zustände werden in den traditionellen Texten ausführlich dargestellt. Während der letzten zehn Jahre hat es bedeutende empirische Untersuchungen darüber gegeben, wie dieses alte Wissen in der heutigen westlichen Welt auf den Körper angewendet werden kann.

Die wachsende Anwendung von Akupunktur, Akupressur und Chakra-Energieausgleich hat gezeigt, daß ein energetisches Gleichgewicht im Körper automatisch ein wachsendes Wohlbefinden auf der emotionalen Ebene mit sich bringt, was auch die intellektuellen Funktionen fördert. Ich habe festgestellt, daß die Energiesysteme des Körpers ein ausgezeichnetes Energiemodell sind, um zu Körper, Verstand, Emotionen und Seele Zugang zu gewinnen und sie in Einklang miteinander zu bringen. Wenn wir dem Energiefluß unsere Aufmerksamkeit schenken, können wir leichter ablesen, welche Ebene nicht im Gleichgewicht ist, und uns ihr dann entsprechend zuwenden.

Die direkte Arbeit mit den Energiesystemen des Körpers wird sich automatisch und gleichzeitig auf sämtliche anderen Aspekte von Körper, Verstand, Emotionen und Seele auswirken. Darüber hinaus können wir, wenn wir den Hinweisen dieses Systems folgen, 1. Zugang zu den Bereichen des Individuums gewinnen, die am dringendsten Zuwendung und Unterstützung brauchen; und 2. diese Bereiche mit den therapeutischen Mitteln behandeln, die am besten dafür geeignet sind. Wir können – je nach Toleranz des gesamten Systems – eine Intervention, Veränderung oder Harmonisierung bewirken. Indem wir die natürliche Regulierung des Energieflusses fördern und ihr folgen, können wir die Gesamtgesundheit eines Menschen auf organische Weise mit einem Minimum an Risiken unterstützen. Das bedeutet, wir können mit einer Geschwindigkeit und einem energetischen Kraftaufwand vorgehen, die harmonisch auf den Menschen abgestimmt sind.

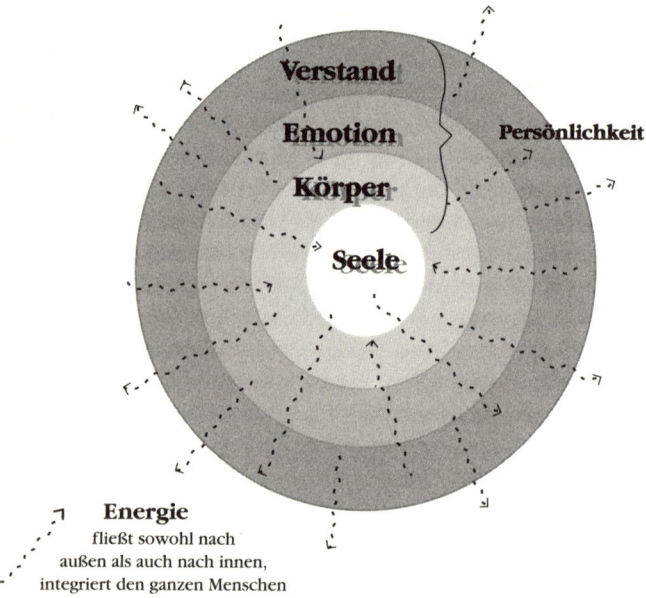

Abb. 1 Der Weg zur persönlichen Integration

Der Mensch, der sich selbst ganz verwirklichen möchte, tritt eine Reise an, die viele Stadien durchlaufen wird – körperlich, psychisch, transpersonal und spirituell. Die Genesung der Seele von der Wirrnis der Zersplitterung und der persönlichen Konditionierung ist keine automatische, ja noch nicht einmal eine „normale" Entwicklung im Leben. Sie stellt vielmehr ein außergewöhnliches Unternehmen dar, das Wachheit für jeden Bereich des gesamten

Wesens erfordert. Tatsächlich ist sie eine so ungewöhnliche Aufgabe, daß Gurdjieff sagte, sie könne ohne die Hilfe eines Meisters oder Lehrers nicht unternommen werden. Der Weg führt letztendlich über die soziale Anpassung und die erfolgreiche Persönlichkeit hinaus in transpersonale oder spirituelle Dimensionen. Die Arbeit ist ganzheitlich und umfassend.

Die transpersonale Integration zielt auf eine Integration von Körper, Verstand und Emotionen ab, so daß diese mit der Seele harmonieren. Sie ist so angelegt, daß sie für sämtliche Stadien der Reise zur Selbstverwirklichung gilt. Sie beinhaltet die Arbeit auf der köperlichen, psychischen und spirituelle Ebene, weil all diese Ebenen für diesen sich ständig weiter entfaltenden Prozeß erforderlich sind.

So ist zum Beispiel die psychologische Arbeit an der Persönlichkeit, die einen Menschen von elterlichen Bindungen und sozialen Programmierungen befreit, ein notwendiger und integraler Bestandteil dieses Prozesses. Nähert sich diese Phase ihrem Abschluß, wird deutlich, daß jetzt die spirituelle Arbeit an der Orientierung der Seele ansteht. Selbstverwirklichung oder Individuation erfordern, daß wir den Zugang zu unserer Seele zurückgewinnen und die Richtung respektieren, die sie uns vorgibt. Die Anleitung in dieser Phase ist traditionellerweise das Gebiet religiöser und spiritueller Disziplinen gewesen. Tatsächlich können einige spirituelle Praktiken die Seele direkt aktivieren, indem sie über die Persönlichkeit die energetischen Kanäle öffnen und damit den Menschen für das Einströmen der göttlichen Energie und eine höhere Führung empfänglich werden lassen. Wenn spirituelle Praktiken mit der entsprechenden psychologischen Arbeit an der Persönlichkeit kombiniert werden, wie bei der transpersonalen Integration, kann die Selbstverwirklichung gleichzeitig innerlich und äußerlich fortschreiten.

Im Verlaufe dieser Reise muß der Körper immer wieder von Blockaden befreit, auf den Prozeß eingestimmt und entsprechend stabilisiert werden.

Ganzheit erfahren
Der Zustand der Ganzheit kann so beschrieben werden, daß ein Mensch, der ihn erfährt, aus einem geeinten Bewußtsein von Körper, Verstand, Emotionen und Seele heraus agiert. Wenn die Fesseln der Konditionierung gesprengt werden, wird man sich des

tiefgründigen, selbstgesteuerten Prozesses stärker bewußt, der sich auf Selbstverwirklichung und Harmonie mit dem Kosmos zubewegt. Man wird wieder so empfindsam und empfänglich wie als Kind – sich selbst, anderen Menschen und dem großen Mysterium des Lebens gegenüber. Die „leise innere Stimme" kann wieder gehört werden.

Wenn man von der transzendenten Funktion der Seele geleitet und dabei von den vielen befreiten Aspekten der Persönlichkeit unterstützt wird, kann man seine individuelle Lebensaufgabe erkennen. Man geht auf das Leben mit freien Gedanken, klaren Gefühlen und Verhaltensweisen zu, die mit den Bedürfnissen von Körper und Geist übereinstimmen und mit der Wahrheit des Augenblicks harmonieren. Die Seele schimmert durch sämtliche Schichten der Persönlichkeit hindurch. Solch ein seelengelenkter Mensch ist in Einklang mit dem sich entfaltenden evolutionären Fluß des Universums, denn die individuelle Lebensaufgabe ist Teil jener viel größeren Ordnung, in der wir alle auf wunderbare Weise im Geist vereint sind. Solche Augenblicke der Ganzheit sind nicht so ungewöhnlich, wie man meinen möchte. Wir alle haben „Gipfelerlebnisse" gehabt – wie Abraham Maslow sie nennt –, Augenblicke, in denen, mit den Worten von W. B. Yeats, „wir den Tänzer vom Tanz nicht unterscheiden können". Ein Mensch, der ständig im Zustand der Ganzheit lebt, ist natürlich selten. Auch in der spirituellen Literatur müssen wir schon gründlich nach Beschreibungen von Yogis oder Heiligen suchen, die in einem Zustand „kosmischer Glückseligkeit" leben und trotzdem in ihrem Alltagsleben wirkungsvoll tätig sind.

Maslow definierte den selbstverwirklichten Menschen als jemanden, der die grundlegenden Überlebensbedürfnisse in einem Maße erfüllt hat, daß er weitergehen kann zu einem kreativen Prozeß, um sein ganzes Potential zu verwirklichen. Die „*Human-Potential*-Bewegung" hat dieses Potential über ein Jahrzehnt lang erforscht, und die transpersonale Psychologie hat uns das Verständnis spiritueller oder transzendenter Bedürfnisse sogar noch näher gebracht. Wir brauchen in diesem Wassermannzeitalter ganz eindeutig neue Vorbilder für das, was ein Mensch wirklich werden kann, oder besser ausgedrückt, was ein Mensch bereits ist, aber zurückgewinnen muß.

Ich habe mich immer für Heilige und Yogis interessiert, die die grenzenlosen Möglichkeiten des menschlichen Wesens zeigen, die über das Gewöhnliche und Angepaßte hinausgehen. Ich habe ihre Biografien und Tagebücher ausführlich gelesen, immer auf der Suche nach Hinweisen über ihren Weg und ihre Methoden. Natürlich reicht das Lesen selten aus. Aber ich hatte das Glück, innerhalb der letzten zehn Jahre so vielen selbstverwirklichten Individuen zu begegnen und mit ihnen zusammenzuarbeiten, daß ich zuversichtlich an die Möglichkeit einer völligen Neuorientierung des Menschen glaube. Und ich glaube auch daran, daß eine relativ kleine Anzahl solcher Individuen in der Welt – durch freie Kreativität und spirituelle Inspiration – für die Führung sorgen kann, die uns in die Lage versetzt, unsere schweren globalen, selbstzerstörerischen Probleme zu lösen.

Meine eigene Arbeit, sowohl an mir selbst als auch mit meinen Klienten, hat die Förderung all dieser Möglichkeiten zum Ziel. Meine Träume und Visionen unterstützen mich fortlaufend in meinem Glauben, daß wir in jener Zeit leben, die die alten hebräischen Schriften im Buch des Jeremias uns verkündet haben:

Nein, das ist der Bund, den ich nach jenen Tagen mit dem Hause Israel schließen will, spricht der Herr: Ich werde mein Gesetz in ihr Inneres legen und es ihnen ins Herz schreiben: Ich werde ihr Gott sein, und sie werden mein Volk sein. Da wird keiner mehr den anderen lehren und sprechen: „Erkennet den Herrn!", sondern sie werden mich alle erkennen, klein und groß. (Jeremia 31:33)

Zusammenfassung
Körper, Verstand, Emotionen und Seele bilden zusammen die ganze Person. Auch wenn diese Bereiche tatsächlich nicht getrennt voneinander existieren, weil ihre Funktionen sich überlappen und vermischen, können sie trotzdem als Elemente beschrieben werden, die ihre eigenen erkennbaren Wesenszüge aufweisen. Die Seele ist eine freie, unsterbliche Essenz, die die grundlegende Lebensaufgabe oder den grundlegenden Lebensentwurf enthält. Die Lebenskonditionierungen prägen sich dem physischen Körper ein. Eine Persönlichkeitsstruktur entwickelt sich Schicht um Schicht durch die Lebenskonditionierung, die von der jeweiligen Familie, Gesellschaft und Lebenszeit abhängig ist.

Die Energie im menschlichen System, die durch bestimmte Bahnen (Meridiane) und Zentren (Chakras) fließt, gilt als primärer Faktor, der Körper, Verstand, Emotionen und Seele durchdringt und miteinander verbindet.

Das Ziel der transpersonalen Integration ist die Förderung einer wahren psychisch-spirituellen Transformation, bei der der Klient den Sinn und Zweck seiner eigenen Seele wiederfinden und ihn mit seiner Persönlichkeitsstruktur in Einklang bringen kann. Methoden für diesen Prozeß werden im Abschlußkapitel dieses Buches beschrieben.

Kapitel 2
Die Seele

> Der Traum ist die kleine, verborgene Tür im Innersten und Intimsten der Seele, welche sich in jene kosmische Urnacht öffnet, die Seele war, als es noch längst kein Ichbewußtsein gab, und welche Seele sein wird, weit über das hinaus, was ein Ichbewußtsein je wird erreichen können.
> C. G. Jung, *Die Bedeutung der Psychologie für die Gegenwart,* 1934

Die Seele als Grundlage eines ganzheitlichen Modells
Obwohl die Diskussion um die Existenz der Seele in fast jeder überlieferten Philosophie zu finden ist, haben wir keinerlei wissenschaftliche Beweise für ihr Vorhandensein. Trotz dieses Mangels an wissenschaftlichen Belegen ist es aber für die Formulierung einer ganzheitlichen Sicht des Menschen sowohl möglich als auch notwendig, eine klare Vorstellung von der Seele zu entwickeln.

Bei dem hier vorgestellten Modell ist die Seele das vitale Zentrum, die Essenz des ganzen Seins. Sie ist einzigartig und unsterblich. Nach meinen Untersuchungen betritt die Seele ein bestimmtes Leben als stark aufgeladene energetische Matrix oder als ein Entwurf, der komplexe Potentiale für die Realisierung des Lebens sowie Unabgeschlossenes aus der Zeit vor diesem Leben enthält. Sie ist die spirituelle Entsprechung des DNA, die die genetische Kodierung für die körperliche Entwicklung enthält.

Die Chronik der Seele
Durch meine psychologisch-spirituelle Arbeit mit Hunderten von Menschen bin ich zu der Überzeugung gelangt, daß die Seele kein

„unbeschriebenes Blatt" ist, wenn sie ein bestimmtes Leben betritt, sondern vielmehr ein eng beschriebenes Buch ihrer Evolution mit einer äußerst individuellen Bedeutung und Geschichte. Diese Chronik beinhaltet offensichtlich Erfahrungen, Bilder und Symbole, die keinen direkten Zusammenhang zur Geschichte des gegenwärtigen Lebens aufweisen.

Sokrates glaubte, daß die Seele vor dem Körper existierte. Vor ihrem Eintritt in den Körper war die Seele mit einem umfassenden Wissen ausgestattet. Wenn die Seele jedoch ihre derzeitige materielle Form annimmt, „verdummt" sie. Sokrates glaubte, daß die Seele wiedererweckt und ihr ursprüngliches Wissen zurückerlangt werden kann. Dieser Glaube war die Grundlage seiner Bemühungen, die Seelenkräfte mit Hilfe von Ironie und induktiver Vernunft zu stimulieren. In tiefgehenden psychotherapeutischen Sitzungen, bei der Meditation, mystischen Zuständen, bei Drogenerfahrungen oder anderen veränderten Bewußtseinszuständen kommt es häufig zum Wiedererleben von Eindrücken, die aus der Zeit vor diesem Leben stammen.

Dieses Material ist oft ein Hinweis darauf, daß das menschliche Bewußtsein zeitlich zurückreicht bis zu den grundlegenden Wurzeln und Anfängen der menschlichen Geschichte. Bilder, Eindrücke und Ereignisse tauchen auf, die nicht durch die derzeitigen Lebenserfahrungen erklärt werden können. Jung definierte dieses tiefe archetypische Bewußtsein, auf das er bei vielen Patienten stieß, als das „kollektive Unbewußte" und bezeichnete damit ein Reservoire an historischen, unpersönlichen Informationen, das eine Chronik der menschlichen Geschichte enthält. Auf dieser Ebene sind wir alle verbunden mit dem gemeinsamen Erbe unserer Art.

Nach östlicher Sicht trägt die Seele eine Chronik zusammen, die Wissen, traumatische (oder nicht abgeschlossene) Erfahrungen, besondere Stärken und Fähigkeiten, Schuld (oder Karma) und damit die Summe und die Folgen vieler vorheriger Leben beinhaltet. Während ihrer langen evolutionären Reise von der Kindheit bis zu ihrer Reife (die Tausende von Jahren dauern kann) sammelt die Seele Informationen über das Leben auf der Erde. Sie enthält in sich die Chronik dieser vergangenen Erfahrungen, die das gegenwärtige Leben dahingehend beeinflussen können, daß bestimmte Dinge erreicht, karmische Schulden abbezahlt, Erfahrungen abgeschlossen und alte Wunden geheilt werden.

In meiner eigenen Therapie und in der Entwicklung von Hunderten von Klienten, mit denen ich gearbeitet habe, war das Auftauchen von Material aus vergangenen Leben wichtig. Erinnerungen wurden wiedergewonnen, die aus der Seelenebene des Bewußtseins stammten und keinerlei Zusammenhang mit der Geschichte des gegenwärtigen Lebens aufwiesen. Oft liefern diese „Erinnerungen" Schlüssel für augenblickliche Lebensprobleme oder enthüllen einschränkende Verhaltensmuster, die aufgelöst, verändert oder transformiert werden können. Ob die Seelenchronik auf der Geschichte vergangener Leben oder der spirituellen Essenz beruht, ist wissenschaftlich natürlich nicht bekannt, doch ihr Inhalt kann trotzdem wertvolle Einsichten vermitteln und uns eine symbolische Anleitung für die erfolgreiche Verwirklichung unseres gesamten menschlichen Seins schenken.

Verbindung zum universellen Geist
In Kapitel 1 habe ich die individuelle Seele von einer universelleren Einheit unterschieden, die ich den Geist nannte. Nach den meisten spirituellen Lehren stammt die Seele vom universellen Geist ab, der „die allumfassende, kreative Ordnung des Kosmos" darstellt. Der taoistische Meister Ni Hua-Ching schreibt in *The Uncharted Voyage Toward the Subtle Light*:

Der Geist selbst ist unendlich und kann somit auch als persönliche Form in Erscheinung treten. Er ist über jede Definition erhaben und bedarf keinerlei doktrinärer Vorstellungen ... Der Geist ist unpersönliche Energie, während die Seele persönlich geprägt ist ... Beim Tode kehrt die personifizierte Seele zum Geist zurück, der die Wurzel des Lebens weiterträgt.

Die individuelle Seele trägt in sich den Funken oder „das Licht" des universellen Geistes. Auf diese Weise wird sie durchdrungen von und ist in Einklang mit dem großen „schweigenden Puls des Universums", den George Leonard in seinem Buch *The Silent Pulse* beschreibt:

Ganz gleich, wie unvollkommen wir sein mögen, im innersten Kern existiert in jedem von uns ein schweigender Puls oder vollkommener Rhythmus, ein Komplex aus Wellenformen und Schwingungen, der total individuell und einzigartig ist und uns trotzdem mit allem universellen Leben verbindet.

Da die Seele erfüllt ist von dem „allesdurchdringenden Stoff des Universums", der auch sämtliche anderen Seelen erfüllt, ist sie imstande, auf der spirituellen Ebene mit allen anderen eins zu sein. Und trotzdem ist die individuelle Seele paradoxerweise einzigartig und beinhaltet eine Individualität, die sich niemals wiederholt. Sie ist ein Kern oder Same, der sein eigenes Muster der Verwirklichung mit sich bringt, und dieses individuelle Muster ist gleichzeitig integraler Bestandteil eines größeren universellen Musters. Und so kann die individuelle Seele mit der Ordnung des universellen Geistes mitschwingen. Leonard sagt:

Bei jedem Schritt auf dem Weg sind alle Wesenheiten verbunden mit dem großartigen Gewebe aus Informationen, das das Universum darstellt... Obgleich die Gesamtinformation des Universums letzten Endes „in" jedem von uns zugänglich ist, ist die Menge dessen, was wir verschlüsseln und ausdrücken können - eine wirklich winzige Menge - begrenzt durch unsere konkrete Geschichte, Kultur, Sprache und unser Nervensystem.

Die Aufgaben der Seele
Nach meinen eigenen Erfahrungen mit Klienten bringt die Seele offensichtlich zwei umfassende Aufgaben mit ins Leben, und zwar
1. die persönliche Bestimmung zu erfüllen und
2. die Form und den Rahmen zu gestalten, in dem diese Bestimmung verwirklicht werden kann.

Bei der Geburt besitzt die Seele die Information und die Energie – eine Art zeitunabhängigen Entwurf–, die notwendig sind, um in dem vor ihr liegenden Leben ihre individuelle Bestimmung zu verwirklichen. Die Bestimmung kann definiert werden als „ein Potential für gewisse Handlungen, Verwirklichungen, kreative Schöpfungen oder Leistungen im Leben". Für das Individuum ist die Bestimmung die Verwirklichung des Entwurfs der Seele. Ich nenne diesen Energie-/Informationskomplex der Seele das „Meisterprogramm".

Auch wenn das Kleinkind schon der Seele Ausdruck verleiht, ist es keinesfalls ausgerüstet, seine Seelenbestimmung zu verwirklichen. Körper, Verstand und Emotionen werden, während jeder dieser Teile Lebenserfahrungen sammelt, erst das Material bilden, mit dem die Seele ihre Bestimmung verwirklicht. „Eine Seele kann sich ohne einen dafür geeigneten Körper nicht kontinuierlich weiterentwickeln, denn der physische Körper ist es, der das Material für ihre Entwicklung liefert" (Hartmann, zitiert nach Hall, 1977).

Das Leben wird zu einem fortwährenden Prozeß des Ausgleichs zwischen dem Drängen der Seele nach Erfüllung ihrer Bestimmung und dem Sog der physischen Welt, das heißt zwischen den eigenen materiellen Formen und den Formen der Umgebung, die das Leben annimmt. Die Seele, die vom Geist abstammt, möchte im Geist leben; die materielle Form, in der jener Geist existiert (Körper, Verstand und Emotionen), möchte sich ausleben. Eine Seele zum Beispiel, die sich der Bestimmung widmet, der Menschheit zu dienen, muß die physische Stärke und Kraft, die geistige Einsicht und Konzentration, das emotionale Mitgefühl und die entsprechenden Kontakte zu Menschen entwickeln, die sie in die Lage versetzen, diese Bestimmung zu erfüllen. Dabei kann jedoch jede dieser zu entwickelnden Fähigkeiten auch leicht zur ausschließlichen Beschäftigung werden und den Menschen von seiner übergeordneten Seelenaufgabe ablenken. So kann zum Beispiel das Ziel, einen kräftigen Körper zu entwickeln, sich verselbständigen und primär im Leben werden und den Bodybuilder zu dem Glauben verführen, daß der Körper an allererster Stelle steht und sämtliche anderen Aspekte des Seins sich ihm unterordnen müssen. Ähnlich kann die intellektuelle Entwicklung unsere Aufmerksamkeit völlig in Anspruch nehmen und richtungsweisend für unser ganzes Leben werden.

Der Prozeß des Ausgleichs zwischen irdischen oder materiellen Errungenschaften und der Entfaltung der Seelenbestimmung kann als komplizierte Choreographie beschrieben werden, die sich ständig auf die Ganzheit zubewegt:

Das Kreuz oder was der Held auch immer als schwere Last trägt, ist er selber, oder genauer gesagt, sein Selbst, seine Ganzheit, ebensosehr Gott wie Tier, nicht nur empirischer Mensch, sondern die Fülle seines Wesens, die in der Tierwelt wurzelt und über das Menschliche in die Göttlichkeit hinaufreicht. Seine Ganzheit bedeutet eine ungeheure Gegensätzlichkeit. (Jung, Symbole der Wandlungen, 1973)

In der westlichen Philosophie wurde die Dualität von Seele und Materie erstmals von Plato artikuliert. Später wurde in der traditionellen religiösen Praxis des Westens die vorrangige Bedeutung der Seele mit Nachdruck betont, oft um den Preis des Ausschlusses oder sogar der Zerstörung des Körpers. Mit ihrer ausschließlichen Konzentration auf das spirituelle Ziel und den spirituellen Ausdruck haben solche Praktiken manchmal das Verständnis dafür verzerrt, daß die materielle Form von der Seele und für die Seele geschaffen wurde, und zwar allein für den Zweck, daß diese ihre eigenen Bedürfnisse und Aufgaben realisieren kann. Den Gegenpol dazu bildeten jene, die (mit Hilfe von Logik und Wissenschaft) nach irdischen Errungenschaften trachteten und dazu tendierten, von den materiellen Formen abhängig und beherrscht zu werden, und zwar unter Ausschluß der Führung der Seele.

Der Ausdruck der Seele im Verlauf der verschiedenen Lebensphasen

Im Verlauf der einzelnen Lebensphasen von der Empfängnis bis zum Tod schwankt der Prozeß des Ausgleichs zwischen Geist und Form von der Vorherrschaft der Seele zur Vorherrschaft von Körper, Verstand und Emotionen hin und her. In den folgenden Abschnitten werden wir den Weg verfolgen, den die Seele durch diese verschiedenen Phasen nimmt.

Die pränatale Phase

Wenn die Seele eine physische Gestalt annimmt oder erschafft, bringt sie ihre Geschichte und ihre Aufgabe, wie oben beschrieben, in diesen Körper oder dieses Vehikel ein. Sie übernimmt außerdem auch den genetischen Komplex beider Eltern. Diese genetische Kodierung beeinflußt die Art und Weise, wie die Aufgabe der Seele in der Form verwirklicht werden kann.

Der genaue Zeitpunkt, zu dem die Seele in den Körper eintritt, ist Thema vieler religiöser und esoterischer Spekulationen. Die Vermutungen, wann diese Vereinigung stattfindet, reichen von der Zeit der Empfängnis, dem dritten Schwangerschaftsmonat bis zu einem Jahr nach der Geburt und so weiter.

Viele Menschen, die sich einer Therapie unterziehen oder religiöse Erlebnisse und Drogenerfahrungen haben, berichteten davon, daß sie sich in der pränatalen Phase als „reines Sein" oder „reine Seele" empfunden hätten. Ein Mann erzählte zum Beispiel, wie er sich mit dem Sperma identifizierte, das sich im vaginalen

Kanal aufwärts bewegte, und wie er dann – als es mit dem Ei verschmolz –, eine Lichtexplosion wahrnahm und ein Gefühl von Vollkommenheit empfand.

In östlichen Kulturen glaubt man, daß die Seele sich ihre Eltern (und damit den Fötus) selbst wählt, und zwar aufgrund von früheren Verbindungen mit ihnen und/oder von Umständen und Vorbedingungen für das bevorstehende Leben, die die Eltern liefern können. Edith Fiore, Past-Life-Therapeutin und Autorin des Buches *You Have Been Here Before*, berichtete auf der Konferenz der Gesellschaft für Past-Life-Forschung und -Therapie (1983 in Oakland) davon, daß bei 2000 Rückführungen in vergangene Leben etwa 80% der Klienten behaupteten, früher bereits schon einmal mit den Eltern zusammengewesen zu sein.

Ich habe während einer Therapiesitzung in einem veränderten Bewußtseinszustand diese Phase der ersten Kontaktaufnahme der Seele selbst einmal erlebt. Im folgenden beschreibe ich diese Erfahrung als Beispiel dafür, auf welche Weise eine solche Offenbarung sich vollziehen kann:

Ich schwebe über dem Fötus. Ich befinde mich in ihm und bin doch sehr viel größer als er. Tatsächlich dehne ich mich weit über den Körper der Mutter hinaus aus in die Umgebung, in das Bewußtsein des Vaters und einen weitläufigen geografischen Raum, der die Gegend umfaßt, in der sie leben. Ich bin in Kontakt mit meiner Quelle. Ich weiß, was ich tue. Ich erinnere mich an mein wahres Zuhause. Ich weiß, warum ich jetzt als physisches Leben Gestalt annehme, und ich schaffe mir den Körper genauso, wie ich ihn brauche. Ich bin eine schöpferische Wellenbewegung, die den Körper aus dem genetischen Material der Mutter und des Vaters formt. Ich arbeite mich bis in die Zellen vor.

Ich bin mir der Mutter und ihrer Verfassung bewußt, gleichwohl nicht davon abhängig. Meine Essenz durchströmt und beeinflußt sie, aber die Mutter nimmt das nicht wahr.

Ich bin keinesfalls auf den Fötus beschränkt, ich dehne mich weit über ihn hinaus aus bis zu meiner Quelle, während ich mich gleichzeitig in dieser Dimension befinde. Ich bin frei, in einen weiten Raum zu reisen, der sich über diese Welt hinaus erstreckt. Und trotzdem bin ich ständig konzentriert damit beschäftigt, diesen Körper zu erschaffen. Das ist ein wichtiges

„Projekt". Ich weiß bereits vieles von dem, was mir in dem bevorstehenden Leben widerfahren wird. Ich kenne die speziellen Aufgaben, die ich mir selbst gestellt habe. Ich möchte mich an mein Zuhause und den Weg zurückerinnern, wenn dieses Leben beendet ist. Und ich kann bereits sehen, wie diese Erinnerung verdunkelt wird, wie ich den Kontakt damit verliere. Ich konzentriere mich ganz intensiv darauf, meinen Körper so weit mit mir selbst anzufüllen, daß ich immer in Berührung mit diesem Wissen, dieser Energie bleibe.

Viele meiner Klienten haben von ähnlichen Wahrnehmungen in der pränatalen Phase berichtet. Die Seele scheint anwesend zu bleiben, während sie sich allmählich auf die physische Form einstimmt, wobei sie trotzdem von ihrer Existenz und ihrer Aufgabe weiß, die über diese Form hinausreichen. Ich glaube, daß das Gefühl ozeanischer Glückseligkeit, von dem Freud in Verbindung mit der Schwangerschaft sprach, zum Teil eher mit dem Vorherrschen dieser Seelenpräsenz zusammenhängt als mit dem idealen, allumfassend nährenden Zustand, den der Mutterleib bietet.

Während der gesamten pränatalen Phase und bis hinein in die Geburtserfahrung fährt die Seele fort, einen lenkenden Einfluß auszuüben, während sie gleichzeitig Form annimmt und die damit verbundenen Erfahrungen und Zustände erlebt.

Die Geburt
Nach der Freudschen Theorie, die von Otto Rank untermauert wurde, ist die Geburt das erste grundlegende Trauma im Leben. Der Fötus erlebt innerhalb relativ kurzer Zeit dramatische physische Veränderungen, die sich auf das System dauerhaft auswirken können. Die Seele muß von diesem physischen Trauma nicht zwangsläufig in Mitleidenschaft gezogen werden. Wenn die pränatale Phase relativ günstig verläuft und der Einfluß der Seele auf den Fötus immer noch vorherrschend ist, kann ein Kleinkind mit der unangenehmen körperlichen Erfahrung der Geburt ohne jede oder nur mit geringer Traumatisierung umgehen. Eine meiner Klientinnen zum Beispiel, die bei verändertem Bewußtsein in Kontakt mit ihrer eigenen Geburtserfahrung kam, beschreibt diese wie folgt:

Ich trete ein in die Phase der Geburt. Ich spüre an der Energie, dem Körper meiner Mutter und meinem eigenen physi-

schen Körper, wie sie sich vorbereitet. Ich beobachte den Prozeß der Wehenkontraktionen, während die ständig stärker werdenden Wellen mich durch den Geburtskanal bewegen. Meine Wahrnehmung durchdringt sämtliche Aspekte dieses Ablaufs. Ich bin im Bewußtsein meiner Mutter, kenne ihre Gedanken und Gefühle, ihren körperlichen Schmerz (der dazu führt, daß ein leichtes Schuldgefühl entsteht). Ich nehme auch den Druck – ich würde es nicht Schmerz nennen – auf meinen eigenen physischen Körper wahr. Gleichzeitig ist der größte Teil von mir getrennt von diesem Geschehen und beobachtet es interessiert. Ich kann beschließen, an diesem Prozeß auf der physischen Ebene voll teilzunehmen. Das ist schmerzlich, erstickend, beengend, entsetzlich beängstigend. Aber ich kann mich aus dieser Identifikation auch lösen und bin dann wieder eine Seele, die die natürliche und wunderschöne Entfaltung des Lebensprozesses beobachtet.

Wenn die körperlichen und emotionalen Umstände der Schwangerschaft nicht lebensfördernd sind, kann die Seele in einen Überlebenskampf verwickelt werden, durch den sie tief in die Identifikation mit dem Körper getrieben wird. Wenn zum Beispiel ein Elternteil oder beide Eltern das Kind nicht wollen, wenn es mißlungene Abtreibungsversuche gibt oder dem mütterlichen Körper lebensspendende Elemente fehlen (aufgrund mangelnder Ernährung, Krankheit oder Drogenvergiftung), kann die Seele sich ihrer unsicheren Verbindung zum physischen Leben bewußt werden. Tatsächlich kann sie Zurückweisungen erleben, noch bevor sie jemals geboren wurde. Eine Klientin machte die Erfahrung, daß der sie umgebende Schoß ihrer Mutter fast völlig vergiftet war. Ihre Mutter war stark alkoholabhängig; sie wollte das Kind nicht und hatte häufig Depressionen. Die Klientin beschrieb ihre Erfahrungen wie folgt:

Sie (die Eltern) streiten sich wieder wegen mir. Keiner von beiden will mich. Sie machen sich gegenseitig Vorwürfe. Meine Mutter hat so schwere Depressionen, daß es sich anfühlt, als würde ich in einem schwarzen Sumpf schwimmen. Ich fühle mich wie unter Drogen. Ich möchte nicht in diese Umgebung hineinkommen. Wer wird mir beistehen? Wer wird mir zeigen, wie man dieses Leben lebt?

Die Geburtserfahrung kann für eine Seele, die bereits dermaßen vorbelastet ist, noch weitergehende schwächende und behindernde Folgen haben. Wie bereits bei der Vorstellung von Fiores Arbeit erwähnt wurde, kann es sein, daß eine solche Seele sich aus karmischen Gründen Eltern sucht, die sie zurückweisen. Die Bearbeitung von Themen wie Ablehnung und Minderwertigkeitsgefühle kann Teil des Seelenschicksals sein.

Andrerseits kann eine Seele bei der Geburt und in der Säuglingszeit ziemlich „klar" bleiben – erfüllt von ihrem eigenen Licht, wach und verbunden mit dem Geist –, vor allem, wenn sie von den Eltern als ein wertvolles, geliebtes Wesen empfangen wird.

Ein sensibler Mensch kann spüren, daß ein neugeborenes Kind von Reinheit und Klarheit umgeben ist, von einer Süße, die an das Göttliche mahnt und uns Liebe, Mitgefühl und Achtung abverlangt. Oft verspüren wir in Gegenwart eines Neugeborenen ein Gefühl von himmlischem Frieden. Die Seele hat immer noch die Vorherrschaft, und ihr „Licht" leuchtet.

Säuglingszeit und frühe Kindheit
Während ein Mensch sich von der Säuglingszeit zur Kindheit weiterentwickelt, tritt der Prozeß des Aufbaus der komplexen Formen von Körper, Verstand und Emotionen in den Vordergrund. Konditionierungsprogramme senken sich Schicht für Schicht in diese komplexe Struktur, um die Persönlichkeit zu bilden. Allmählich überlagert die Persönlichkeit die Seele, während ein Großteil der Lebensenergie von der simplen Aufgabe in Anspruch genommen wird, mit der Umgebung zurechtzukommen. Persönlichkeiten und Subpersönlichkeiten werden gebildet, und im allgemeinen werden diese irgendwann im Alter zwischen sechs und zwölf Jahren in ihrem Ausdruck stärker als die Seele.

Meistens erziehen wir Kinder dazu, sich an die existierenden sozialen Strukturen, Rollen und Verhaltensmuster anzupassen. Nur selten wird die individuelle Seele überhaupt wahrgenommen, geschweige denn in ihrem eigenen Wesen und ihrer Aufgabe ermutigt. Wie Alice Miller in ihrem Buch *Das Drama des begabten Kindes und die Suche nach dem wahren Selbst* schreibt:

Wir kommen voll unbegrenzter Möglichkeiten in diese Welt und möchten diese ungehindert weitergeben, müssen aber feststellen, daß unsere Eltern das nicht wollen. Sie möchten lieber brave kleine Jungen und Mädchen ... Der Mehrzahl sensibler Menschen bleibt das wahre Selbst tief und gründlich verborgen. (1979)

Aber trotz der Prägung durch die Eltern schimmert die Seele weiterhin durch die Schichten der Konditionierung hindurch, am häufigsten dann, wenn ein Kind spielt – vertieft in spontane und freie Aktivitäten, bei denen es seine Natur ausdrücken kann, während es experimentiert, phantasiert und auf eine Art und Weise schöpferisch wirkt, die völlig einzigartig ist und nicht begrenzt wird durch bereits etablierte Verhaltensweisen oder -normen. Nur einige wenige Kinder sind in der Lage, sich den Kontakt zur Seele in hohem Maß zu bewahren. Einige Männer und Frauen, Künstler, Autoren, Heiler und Mystiker haben Kindheiten beschrieben, in denen sie die tiefgründigen Gesetze des Universums „kannten" und spürten, daß sie ständig von einer Quelle geleitet wurden, die umfassender war als sie selbst. Der Dichter William Blake beschreibt seine Freundschaft mit Engeln, die er sah und mit denen er kommunizierte. Ähnlich behauptet Herr A., der Heiler, der die Hauptfigur von Montgomerys Buch *Der Heiler* ist, er habe von frühester Kindheit an direkten Kontakt zu „Kreisen des Wissens (gehabt), die diesen Planeten umgeben" und ihm beibrachten, kleine Tiere und sogar Menschen zu heilen.

In seiner Autobiografie *The Knee Of Listening* berichtet Da Free John von einem Zustand der Glückseligkeit, den er in der frühen Kindheit erlebte und „das Strahlen" nannte:

In meinen frühesten Lebensjahren erfreute ich mich eines Zustands, den ich immer „das Strahlen" nannte. Ich erinnere mich daran, wie ich als Baby neugierig forschend herumkrabbelte und dabei ein unglaubliches Gefühl von Freude, Licht und Freiheit empfand, und zwar in der Mitte meines Kopfes, der in Energien badete, die von oben frei herabströmten und in meinem Körper und meinem Herzen auf- und abstiegen und kreisten. Es war eine Sphäre der Freude, die sich vom Herzen her ausdehnte. Und ich war eine leuchtende Form, eine Quelle von Energie, Seeligkeit und Licht. (1972)

Er schreibt, daß er diesen Bewußtseinszustand später verlor und erst nach vielen Jahren der psychischen und spirituellen Suche wiedergewann.

Jugendzeit und Erwachsenenjahre

Bis zum Beginn der Adoleszenz sind die meisten Kinder schon durch und durch programmiert auf die Gesellschaft, in der sie leben, und auf ihre Umgebung. Die „kleine Stimme" der Seele wird nur selten gehört, und wenn, wird sie meistens als Phantasie oder Unsinn verworfen. Wenn ich zum Beispiel mit älteren Jugendlichen arbeitete, stellte ich oft fest, daß sie in Träumen oder Visionen tiefgehende Eingebungen der Seele empfingen. Diese numinösen Ereignisse lieferten offensichtlich wertvolle Anleitungen für ihren Lebensweg, wurden aber meistens von den Träumern und ihren Freunden oder Angehörigen als reine Phantasie abgetan. In der Kultur der Indianer hingegen werden solche Erfahrungen als klare Botschaften geachtet, die Aufschluß über die Lebensaufgabe geben, besonders wenn sie in der Pubertät auftreten.

Die Konditionierung setzt sich während der Jugendzeit, der frühen Erwachsenenjahre bis in das Erwachsenenleben hinein verstärkt fort, während ein Mensch durch Schule und Berufserfahrung darauf vorbereitet wird, seine Stellung als nützlicher Bürger einzunehmen. Diese Entwicklungsphasen führen zur Prägung der Persönlichkeit, die beim Erwachsenen meistens aus einer ziemlich festen Struktur von Verhaltensmustern besteht. Diese Struktur ist für ein produktives soziales Leben absolut notwendig und wertvoll; das Ego und die Subpersönlichkeiten müssen aufgebaut werden. Die gesellschaftliche Konditionierung ist wesentlich für den gesellschaftlichen Ausdruck.

Wenn ein Individuum in der Mitte seines Lebens auf dem Höhepunkt seiner körperlichen, emotionalen und geistigen Kräfte angelangt ist, hat es vielleicht in diese und die entsprechenden irdischen Erfolge so viel investiert, daß die Seele völlig in Vergessenheit geraten ist. In diesem Fall ist das Gleichgewicht zwischen Seelenschicksal und irdischer Persönlichkeit verlorengegangen.

Im Verlaufe der fortschreitenden Lebensphasen besteht nämlich generell die Tendenz, daß die Persönlichkeit die Seele überschattet. Die Analogie vom Lehrer, der von seinen Schülern überwältigt wird, kann helfen, dieses Phänomen zu beschreiben: Die Schüler haben das Klassenzimmer vielleicht völlig in Beschlag genommen, sie bestimmen den Unterricht und die Pausen und schließen vielleicht die ganze Schule, während der Lehrer, der bestens qualifiziert dafür ist, sie bei der Entwicklung ihrer Intelligenz und Gesundheit anzuleiten, gefesselt und geknebelt unter dem Pult liegt. Doch obwohl der Lehrer seines Amtes vorübergehend enthoben wurde, lebt er immer noch, und seine Anwesenheit übt tatsächlich einen Einfluß auf die Klasse aus. Solange er präsent ist, besteht die Chance, daß einige Schüler beschließen, ihn loszubinden, ihm auf die Füße zu helfen und zuzulassen, daß er die Ordnung wiederherstellt.

Die Seele *lebt* immer. Ihre Präsenz wirkt sich auf den gesamten Menschen aus, selbst wenn sie willentlich ignoriert wird. Sie übt das ganze Leben lang einen unbewußten Einfluß aus und begibt sich manchmal in Umstände, Beziehungen oder Möglichkeiten, die ihren Zwecken dienen, vom Ego und von der Persönlichkeit aber abgelehnt werden. Sie werden solche Ereignisse, die nicht in ihr Muster passen, als bedrohlich für sich wahrnehmen, was tatsächlich auch der Fall sein mag. Das Ego wird um seine Vorherrschaft kämpfen. Und trotzdem wird die Seele fortfahren, dem Menschen ihre Ratschläge zuzuraunen, bis die Möglichkeiten für die Erfüllung ihrer Bestimmung ganz ausgeschöpft sind (an diesem Punkt kann sie beschließen, sich zurückzuziehen und das Leben zum Abschluß zu bringen). Es ist ein Glück für den ganzen Menschen, wenn das Ego den Kampf verliert und die Seele die Entwicklung des Menschen bis zur Verwirklichung seiner Aufgabe vorantreiben kann.

Dieser Ablauf wurde mir einmal auf sehr dramatische Weise bewußt, als ich mit einer fünfzigjährigen Frau arbeitete, die eine mysteriöse Krankheit hatte. Sie litt unter einer fortschreitenden Lähmung, für die die Ärzte keine physiologische Ursache finden konnten. Diese Lähmung hatte ihre linke Körperseite befallen, und sie verlor sehr schnell ihr Sprachvermögen. Wenige Jahre zuvor hatte sie eine sehr schmerzliche Trennung von ihrem Verlobten erlebt, durch die ihre Hoffnung und Erwartung auf eine Ehe zerstört worden waren und sie im Hause ihres alternden, kränklichen Vaters zurückblieb, den sie schon seit vielen Jahren versorgte.

Zu der Zeit, als ich mit dieser Frau arbeitete, befand sie sich in einer Privatklinik. Ich wurde gebeten, sie körperlich zu behandeln und zu beurteilen, ob Akupressur ihr helfen könne. Während ich mit ihr arbeitete, hatte ich plötzlich das deutliche Gefühl, daß sich eine „Wesenheit" am anderen Ende des Zimmers befand. Ich lenkte meine Aufmerksamkeit dorthin und „sah" oder „spürte" das „Doppel" der Frau. Für mich war das Doppel ihre Seele, die mich dabei beobachtete, wie ich den Körper der Frau behandelte.

Ich reagierte ungehalten. Innerlich sagte ich zu ihrer Seele: „Komm zurück hier in deinen Körper. Er braucht dich. Was machst du da drüben?" Die Antwort der Seele war nicht weniger verblüffend: „Sie (die Persönlichkeit) fängt überhaupt nichts mit ihrem Leben an. Sie hat aufgegeben, und ich kann nichts mehr mit ihr tun."

Wenn die Seele von den Konditionierungen so stark überlagert wird, daß sie nicht durchscheinen kann, und die Persönlichkeit die absolute Vorherrschaft hat, wächst eine „Dunkelheit" im Inneren des Menschen, deren Anzeichen in geistiger oder emotionaler Abgestumpftheit, körperlichem Abbau, Unfällen, Depressionen oder „Unglück" bestehen. Ein solcher Mensch läuft unbewußt und wie im Schlaf umher; er ist vom Weg seiner eigenen Seele abgekommen. Die Rückkehr zur Seele kann durch einen bewußten Transformationsprozeß oder einen großen Schock passieren, durch den die Persönlichkeitsstruktur vorübergehend außer Kraft gesetzt wird.

Andrerseits wird der Mensch, der seiner eigenen Seele folgt und das Vehikel der Persönlichkeit nutzt, um ihre Aufgabe zu verwirklichen, durch das Leben immer „leichter". Er hat das Gefühl, mühelos von einem Moment zum nächsten zu fließen, als tanzte er einen wunderschön choreographierten Tanz, den er vollkommen beherrscht.

Die freie, expansive Seelenenergie kann durch den ganzen Menschen tanzen und bringt eine umfassende Kreativität, Spontaneität und Vitalität für Verstand, Körper und Emotionen mit sich. Und weil ein solcher Mensch sich auf seinem Weg befindet und eins mit seinem Tao ist, erlebt er in seinem eigenen Inneren Stärke, Ruhe und Gewißheit.

Individuation und Seelenaufgabe
Jung glaubte, daß die höchste und wichtigste Aufgabe im Leben die Individuation sei – ein Prozeß der Entfaltung, bei dem ein Mensch sein eigenes Selbst oder seine eigene Seele voll entwickelt und ihre Aufgabe erfüllt. Er ging davon aus, daß diese Entwicklungsphase erst in der zweiten Lebenshälfte erreicht werden kann, wenn genug Reife, Lebenserfahrung und Bewußtsein von der Existenz des Todes vorhanden sind, um die Seele vorwärtszu-

drängen. Getreu seiner lebenslangen Gewohnheit, seine psychologischen Thesen an sich selbst zu überprüfen und zu belegen, verfolgte er seinen eigenen Individuationsprozeß bis zu seinem Ende. Einen glänzenden und faszinierenden Bericht darüber finden wir in Jungs Buch *Erinnerungen, Träume, Gedanken* (1971).

Bei seinem letzten gefilmten Interview war Jung über achtzig Jahre alt, und trotzdem schien ein klares Licht in seinen Augen, und sein Gesicht strahlte. Er hatte eine große „Leichtigkeit" - lachte, strahlte Vitalität aus und war ganz bei der Sache. Es war überhaupt kein Gefühl da, als ob er geistig regredierte oder abbaute, im Gegenteil, seine Präsenz erinnerte an das Bild einer aufsteigenden Flamme. Dabei muß ich auch an Mutter Teresa denken. Ein Leuchten, das weit über ihre kleine körperliche Gestalt hinausreicht, geht von ihr aus, und ihr Lächeln strahlt im wahrsten Sinne des Wortes Hoffnung und Segen aus.

So sieht es in dem Menschen aus, der den Sinn und die Aufgabe der Seele achtet. Während der physische Körper altert, tritt die Seele ganz in den Vordergrund und dominiert schießlich wieder genauso wie in der Kleinkindzeit. In den späteren Lebensphasen kann ein Mensch die Integrität und Befriedigung eines Leben spüren, dessen Zweck erfüllt wurde, und er fühlt einen inneren Frieden bei der Vorstellung, durch den Tod überzugehen in die nächste Dimension.

Die Rückkehr zur Seele
Der Prozeß der Individuation erfordert die Rückkehr zum tiefen, eigentlichen Sinn der Seele. Das ist ein subtiler und umfassender Prozeß, dessen Entfaltung sich meistens über eine ganze Lebenszeit erstreckt. In gewisser Weise ist es merkwürdig, daß wir so weit weg von uns hinaus in die Welt wandern und die komplizierte Anpassungsstruktur der Persönlichkeit weben müssen, nur um allmählich festzustellen, daß wir uns im Sumpf verloren haben und uns wiederfinden müssen, indem wir zurückkehren zum Zentrum, wo wir anfingen - zu jener Flamme tief im Inneren unseres eigenen Wesens. Diese Rückkehr kann zu einer faszinierenden und schöpferischen Reise werden. Sie kann uns fordern und unbequem sein. Aber die Belohnung besteht darin, daß wir die Freude und das Gefühl von Sinn wiedergewinnen, die uns zutiefst zu eigen sind.

Eine Klientin, die ernsthaft daran arbeitete, sich von den zahlreichen Schichten einengender Konditionierung zu befreien, hatte folgenden Traum, der die allmähliche Enthüllung des Selbst ganz bildlich beschreibt:

Ich sah mich selbst in meiner Haut, und meine Haut und die äußeren Muskeln waren durch eine Reihe von Instrumenten aus Aluminium sehr stark gedehnt worden, wie Hebel, die sie nach außen drückten, wodurch mein Äußeres sehr fest und rigide wurde, um eine Verteidigungsmauer zu bilden. Mich von innen vorarbeitend, achtete ich sehr sorgfältig darauf, nur immer ein Instrument nach dem anderen abzubauen und zusammenzuklappen, so daß sich meine äußere Schale ganz allmählich meinem Kern näherte. Schließlich wurde die äußere Haut an bestimmten Stellen weich, geschmeidig und sogar locker, bevor sie dann dank ihrer natürlichen Elastizität eine neue Form annehmen konnte, die zu meinen tatsächlichen Konturen *paßte. Dieser Prozeß war harte Arbeit, und es kostete schwere körperliche Mühe, die Mechanismen zu lockern und umzufunktionieren.*

Die „Verteidigungsmauer" dieser Klientin, die sie aufgebaut hatte, um mit bedrohlichen Einflüssen in ihrem Leben fertig zu werden, war tatsächlich in ihren Körper eingebettet, so daß ihre Muskulatur sehr fest und rigide war, als sie mit der Therapie begann. Aber als ihr Köper, ihr Verstand und ihre Emotionen anfingen loszulassen, konnte sie darunter die „weiche, geschmeidige" Beschaffenheit ihrer „tatsächlichen Konturen" und damit ihre eigene Seelenidentität spüren.

Manchmal brauchen wir Hilfe für den Prozeß der Enthüllung des Selbst. Auch wenn die Seele in sich immer all das Wissen enthält, das sie braucht, um ihre Aufgabe zu erfüllen, ist dieses Wissen vielleicht nicht leicht zugänglich, weil die rigide Persönlichkeitsstruktur einen zu starken Panzer gebildet hat. Viele der Wachstumsmethoden des New Age, einschließlich Therapie, spiritueller Arbeit mit einer Meisterin oder einem Meister, Meditation, Gruppentrainings, in denen die individuelle Integrität gewahrt bleibt, und ähnliches, können helfen. Die transpersonale Integration kann Menschen dabei unterstützen, die Seelenebene im Verlaufe der psychischen Arbeit bei der frühesten passenden

Gelegenheit zu erreichen und damit Zugang zu der Weisheit zu bekommen, die die Seele in sich birgt, um diese Weisheit dann für die weitere Individuation des Selbst zu nutzen.

Ich habe beobachtet, wie beim *Latihan* – einer konfessionslosen spirituellen Übung aus dem Subud, die sich von innen entfaltet – die Seele im Zentrum zum Leben erwacht. Irgendwie dringt die höchst intensive Energie des Latihan bis zum Kern eines Menschen vor und aktiviert ihn. Dann beginnt die Seele allmählich, durch die Persönlichkeit hindurchzuscheinen. Dieser Prozeß, der oft als „Läuterung" bezeichnet wird, kann dem Ego, das sich in seiner Persönlichkeitsstruktur wohl fühlt, destruktiv und bedrohlich scheinen. Gurdjieff lehrte, daß dieses Wachsen des „Seins" (der Seele) von innen die wichtigste Aufgabe im Leben sei. Jede Übung, die die eigentliche individuelle Seele stimuliert und unterstützt, kann die so dringend benötigte Seelennahrung liefern, die die Individuation möglich macht.

Im allgemeinen glaubt man, daß das Selbst sich nur indirekt mitteilt, in tiefen Träumen, Visionen oder anderen unbewußten Abläufen. Ich habe festgestellt, daß es möglich ist, einen direkten Kontakt zur Seele herzustellen. Tatsächlich ist es das Erste und Wichtigste für einen modernen Mann oder eine moderne Frau auf der Suche nach der eigenen Seele, daß sie die Wahrheit und Göttlichkeit der Seele anerkennen. Ist diese Wahrheit erst einmal realisiert und ein stabiler Kontakt dazu hergestellt worden, kann der Mensch anfangen, aus der tiefen Weisheit seines „Meisterprogramms" zu schöpfen und sie in seinen Lebensweg einzubringen. Dann wird die Persönlichkeit allmählich losgelassen und neu aufgebaut, um dem Weg der Seele zu dienen.

Energie und Seele

Was ist die Energie der Seele? Oder ist die Seele reine Energie? Klar ist, daß die wissenschaftliche Beantwortung dieser Fragen noch aussteht. Was wir wissen, läßt mehr Fragen als Antworten aufkommen. So war zum Beispiel H. Burr in der Lage, ein ordnendes Energiefeld zu entdecken und zu messen, das den Fötus umgibt. Sheldrake stellt die Theorie auf, daß Organismen von einem „morphogenetischen" Feld umgeben sind, das Informationen verzeichnet und weiterleitet. Könnte es sein, daß die Seele ihr Verzeichnis mittels ihres eigenen Energiefelds mit in dieses Leben bringt? Die meisten Religionen behaupten, daß etwas den Tod des Körpers überdauert. Könnte dieses „Etwas" ein Energiefeld sein, das durch das Leben verändert und ergänzt wird? Wenn die Seele ein Energiefeld ist, dann würde dieses den ganzen Menschen – Körper, Verstand und Emotionen – ein Leben lang durchdringen und einen ständigen Einfluß auf die subatomare Ebene ausüben, wo Energie zu Materie wird. Diese Spekulation böte eine Erklärungsmöglichkeit für das allesdurchdringende Wesen der Seele.

Eine weitere Spekulation über Seele und Energie hat mit dem Phänomen des Lichtes zu tun. In der gesamten mystischen Literatur wird immer wieder das „Licht" der Seele erwähnt, das infolge spiritueller Praktiken durchschimmert. Der chinesische esoterische Klassiker *Das Geheimnis der goldenen Blüte* gibt mystisch Suchenden eine faszinierende Anleitung:

Wenn das Licht zirkuliert, treten die Energien des ganzen Körpers vor seinen Thron ... Deswegen müßt ihr nur das Licht zum Zirkulieren bringen; das ist das tiefste und wunderbarste Geheimnis. (Wilhelm, 1977)

Wenn die Seele Licht ist, dann kann sich das ganze Wesen des Menschen nach der Seele ausrichten, sobald dieses Licht zum Zirkulieren gebracht wird. Eine meiner Klientinnen erzählte mir von einer Nahtodeserfahrung, die sie machte, als sie im Krankenwagen zur Klinik gefahren wurde. Sie konnte weder sehen noch fühlen und kaum hören. Trotzdem sah sie ein Licht in ihrem Herzen und wußte, daß es wichtig war, es dort zu bewahren. Und sie stellte fest, daß ihr das gelang, indem sie sich darauf konzentrierte! Das Licht der Taschenlampe, das der Sanitäter im Krankenwagen gelegentlich auf sie richtete, half ihr dabei, sich daran zu erinnern, das Licht in ihrem Herzen zu erhalten.

In den letzten Jahren ist mein Interesse an diesen Lichterlebnissen zunehmend gewachsen. Wenn solche Erlebnisse bei meiner Arbeit mit Klienten auftauchen, sind sie immer begleitet von Heilungen, Visionen, transzendentalen Einsichten und einer Befreiung von den alläglichen Verwicklungen im Leben. Obgleich es keinen Beweis für die Beziehung dieses Lichts zur Seele gibt, glaube ich, daß es mit der Verwirklichung der Seele einhergeht.

Ich habe mit dem Astrophysiker Arthur Toor über Energie und Licht gesprochen, und er erklärte: „Licht und Gravitonen (Elementarteilchen) stellen die einzige Energie dar, die von der Materie unabhängig ist. Das heißt, Licht wird von der Materie erzeugt, aber einmal hergestellt, ist es unabhängig von seiner Erzeugerquelle und kann sich frei, ungehindert und rein bewegen." Sämtliche anderen Energien bleiben eng an die Materie gebunden, von der sie erzeugt werden. Könnte es sein, daß die Seele sich selbst durch die Materie des Körpers als Licht erzeugt und sich dann, nach Beendigung ihrer Aufgabe mit Hilfe dieser Materie, „frei, ungehindert und rein" bewegt?

Zusammenfassung
In diesem Kapitel habe ich die Seele als unsterbliche Essenz des ganzen Menschen beschrieben. Sie ist ausgerichtet auf den allumfassenden universellen Geist, der ihre Quelle ist. Ich habe die Theorie dargestellt, daß die personifizierte Seele eine Chronik ihrer früheren evolutionären Reise in sich trägt (was auch vergangene Leben einschließen kann), welche das derzeitige Leben beeinflussen kann. Darüber hinaus habe ich gesagt, daß die Seele die Bestimmung ihres derzeitigen Lebens als „Meisterprogramm" in sich trägt.

Als Aufgaben der Seele wurden genannt: 1. Die Vollendung ihrer Bestimmung und 2. die Entwicklung einer passenden Form durch Körper, Verstand und Emotionen, um diese Bestimmung zu verwirklichen. Dann wurde der Ausdruck der Seele im Verlauf der Entwicklungsphasen von der Geburt bis ins Erwachsenenleben beschrieben, und zum Abschluß wurde der Energieaspekt der Seele untersucht.

Kapitel 3
Der Körper

> Ich glaube, der menschliche Körper ist
> eine außergewöhnliche, geniale Demonstration
> der Macht des Bewußtseins,
> Energie in Materie und Materie
> in Energie umzuwandeln.
> Brugh Joy, *Weg der Erfüllung*

Eine Definition des Körpers
Der Körper ist die *geordnete physische Substanz* des Menschen, die von den subatomaren Partikeln bis zu den kompliziert miteinander verflochtenen organischen Systemen reicht und sich aus etwa 10 bis 100 Billionen Zellen zusammensetzt. Diese Zellen entwickeln sich zu zahlreichen komplexen Systemen wie Skelett, Muskeln, Kreislauf, Atmungs- und Verdauungssystem, Nerven, Drüsen, Sinneswahrnehmung, Fortpflanzung, Haut, Urogenital-System usw. Diese gesamte komplexe Struktur stammt ab von einem einzigen Ei der Mutter und einer einzigen Samenzelle des Vaters, aus denen sich der Fötus bildet. Ausgehend von dieser ersten Vereinigung bildet sich allmählich ein vollständiges menschliches Körpersystem, das sich bis zu seinem Tode ständig weiterentwickelt und/oder verändert.

Die medizinische Wissenschaft behandelt Krankheiten und körperliche Störungen und kümmert sich um die generelle Gesundheit der organischen Funktionen des Körpers. Auf diesem Gebiet wurde enorm viel Wissen angehäuft. Das Wissen, das über die Beziehung zwischen Verstand und Emotionen einerseits sowie physische Strukturen und Funktionen andererseits gesammelt wurde, ist dagegen vergleichsweise gering. In diesem Buch werden wir uns auf die Wechselbeziehungen dieser Elemente konzentrieren, denn wenn diese Beziehungen ans Licht gebracht werden, kann das der Entwicklung des ganzen Wesens dienen.

Der Körper als Chronik des Lebens
Wie ein außergewöhnlich komplexes Aufzeichnungsinstrument registriert der Körper jedes wichtige Ereignis im Leben. Er ist eine wandelnde Geschichte unseres Lebens. Das ist eine kühne Behauptung, aber die Körpertherapie hat bereits beträchtlich viele Beweise dafür erbracht, daß die Lebenserfahrungen im Körper gespeichert werden. Menschen, die Körperarbeit wie Rolfing, Bioenergetik, Alexander-Technik, die Rosenmethode, Jin Shin Do, Akupressur, Zero-Balancing und Akupunktur praktizieren, sind vertraut mit dem Phänomen, daß Erinnerungen, die im Körper gespeichert wurden, durch stimulierende Berührungen ins Bewußtsein treten. Daß diese alten gespeicherten traumatischen Muster im Körper losgelassen oder geklärt werden müssen, bevor ein Mensch seinem physischen und psychischen Potential entsprechend agieren und dieses zum Ausdruck bringen kann, ist unter Körpertherapeuten eine allgemein verbreitete Überzeugung.

Formen der Körperpanzerung
Reich entdeckte, daß der Körper sich als Reaktion auf bedrohliche Ereignisse durch Anspannung der Muskeln, Faszien und Blockierung des Energieflusses „panzert". Traumatische Erfahrungen werden dem Körper in Form von Panzerungen einverleibt und verbleiben dort so lange, bis sie freigesetzt werden. Er sagt:

Fast jeder Mensch hat im Zustand der Reife nicht nur einige oder viele neurotische Züge entwickelt, sondern eine Art zu stehen, zu schauen, Mund und Kinn zu halten, zu sprechen, zu atmen, den Brustkorb vorzuschieben und das Becken vielleicht einzuziehen, die für ihn typisch und unwiderrufbar, wenn nicht sogar rigide und weitgehend verhärtet ist. Diese sichtbaren und analysierbaren körperlichen Manifestationen stellen die äußeren Anzeichen für den Charakterpanzer dar; sie bilden zusammen mit den inneren Muskelverspannungen den Charakter- oder Muskelpanzer. (Reich, Charakteranalyse, *1970)*

Ein Kind fällt von seinem Dreirad und verletzt sich an den Oberschenkeln – eine sehr schmerzhafte Erfahrung. Darüber hinaus erlebt es auch noch die Enttäuschung oder Angst, von den Eltern nicht sofort gefunden und getröstet zu werden. Diese komplexe Reaktion wird im Körper verzeichnet und als Information gespeichert, die seine zukünftigen Handlungen, Gedanken und Gefühle beim Dreiradfahren steuern kann. All das wird übersetzt in Muskelreaktionen im Körper des Kindes. Was als einfacher Unfall in der Kindheit begann, kann auf diese Weise beim erwachsenen Menschen zu einem holprigen Gang führen.

Während unser Körper von der Empfängnis bis zur physischen Reife wächst und sich weiterentwickelt, reagiert er auf die Reize der Umgebung, und diese Reaktionen prägen sich so ein, daß sie in den verschiedenen Gewebeschichten des Körpers und selbst im Energiesystem dauerhaft gespeichert werden. Diese allmähliche Ansammlung sowohl lustvoller als auch schmerzhafter Erfahrungen verfestigt sich zu einem komplexen Netzwerk von ineinandergreifenden Panzerungsmustern, die ich mit der Bildung der verschiedenen Persönlichkeitsschichten in Zusammenhang gebracht habe. Diese Muster steuern auf einer unbewußten Ebene unsere Körperreaktionen.

Der Körper führt dieses wachsende Archiv von Lebenserfahrungen meist auf einer unbewußten Ebene. Das Kind zum Beispiel, das vom Dreirad fiel, ist vielleicht bei Schmerzen oder Bewegungen an dem Körperteil, der damals verletzt wurde, empfindlicher.

Deswegen schont oder schützt es womöglich diesen Teil seines Körpers, und dadurch wird das neuromuskuläre Muster, das sich beim ursprünglichen Fall gebildet hat, verstärkt. Oft passiert es dann, daß sich ein rigides Muster entwickelt, das zu einer körperlichen Unausgewogenheit führt; diese körperliche Unausgewogenheit diktiert eine Verhaltensreaktion, durch die die Bewegungsfreiheit eingeschänkt wird, was tatsächlich weitere Unfälle in diesem Körperbereich herbeiführen kann. Diese starren Muster bilden den „Panzer" eines Menschen.

Der Panzer erwachsener Körper besteht aus einem komplexen neuromuskulären Gewebe, gestaltet aus den individuellen „Schlingen und Ketten" der Lebenserfahrung jedes einzelnen Menschen. Kluge Körpertherapeuten können durch einfache Beobachtung sehr viel von dieser Lebensgeschichte am Körper ablesen – sowohl im Ruhezustand des Körpers als auch, wenn dieser sich bewegt.

Die Formen der Panzerung im Körper werden mit der Zeit immer komplexer. Durch frühe oder „Wurzel"-Traumata (Geburt, Säuglingszeit und frühe Kindheit) etablieren sich Primärprogramme auf den tiefsten Ebenen, die die Tendenz haben, sich in Form immer komplexerer und noch tiefer eingebetteter Schichten der Panzerung fortzusetzen. Ein Körpertherapeut, der erfahren in der Auflösung dieser Panzerung ist, nähert sich diesen Schichten meistens, indem er sich von Bereichen an der Oberfläche zu immer tieferen Schichten oder von den jüngsten bis zu den ältesten Erfahrungen vorarbeitet. Eine wirklich tiefgehende Psychotherapie geht im allgemeinen ähnlich vor – vom jüngsten bis zum ältesten oder regressivsten Material.

**Der Körperpanzer und seine Verbindung
mit den Schichten der Persönlichkeit**
Wie wir in Kapitel 2 gesehen haben, birgt die Seele den essentiellen Sinn und Zweck eines jeden Lebens. Ich habe diese tiefste, unberührteste Ebene eines Menschen das „Meisterprogramm" genannt, um darauf hinzuweisen, daß die Seele der rechtmäßige Meister für das menschliche Wesen als Ganzes ist. Das Meisterprogramm enthält das wahre Wesen des Menschen und liefert eine Leitvorstellung für dessen Verwirklichung, die frei von jeder Konditionierung ist. So kann das Meister-Programm zum Beispiel eine umfassende Aufgabe oder „Berufung" beinhalten, wie den Dienst an der Menschheit, oder aber auch das Programm für eine enger gefaßte, hochspezialisierte Aufgabe wie die Entdeckung und Bestimmung eines bestimmten Naturgesetzes.

Die Entwicklung in der Form – das heißt in Körper, Verstand und Emotionen – geschieht durch die Lebenserfahrung. Die Konditionierung durch die Umwelt bewirkt, daß sich viele Persönlichkeitsschichten um die Seele und das Meisterprogramm herum zu bilden beginnen, und nach meiner Erfahrung entsprechen diese Schichten im großen und ganzen den Schichten des Körperpanzers. Folglich habe ich diese aufeinanderfolgenden Schichten, die sich um die Seele und das Meisterprogramm herum bilden, den Kern, das Metaprogramm, den Persönlichkeitskörper und die Persona genannt. Wenn Panzer und Persönlichkeitsmuster sich im Körper „verfestigen", können sie den freien Ausdruck des Meisterprogramms behindern. In den folgenden Abschnitten werden die Persönlichkeitsschichten in der Reihenfolge beschrieben, wie sie sich vom Seelenzentrum ausgehend nach außen hin entwickeln.

Der Kern
Der „Kern" (*core*) eines Menschen ist jenes weiche, verletzliche, unschuldige Körperbewußtsein des Kleinkindes, das noch nicht durch Abwehrstrukturen geschützt ist. Er ist der Seele und dem Meisterprogramm sehr nahe, die deutlich durch ihn hindurchscheinen. Der Kern birgt eine genetische Prägung, nämlich die angestammten Identifikationen, die mit dem Körper einhergehen. Er enthält auch das Material des „kollektiven Unbewußten" – historische Prägungen des menschlichen Wesens, die die ganze Menschheit beeinflussen.

Diese Ebene des Seins birgt auch den grundlegenden „Mythos" der Person, der die frühesten Muster, die der Körper verzeichnet, sowie Emotionen und elementare geistige Prozesse beinhaltet, die das Kleinkind verinnerlicht. Wenn ein Mensch zum Beispiel liebevoll willkommen geheißen wurde und als kleines Kind mit Zuneigung behandelt und beschützt worden ist, wird der Kern seiner Gefühle und seines Körpers mit ziemlicher Wahrscheinlichkeit eine unbewußte, lebensbejahende Botschaft von Wärme und Sicherheit enthalten. Ein Mensch hingegen, der ein schweres Geburtstrauma erlitt oder als Kleinkind mißbraucht oder vernachlässigt worden ist, wird in seinem Kern ein Gefühl von Unsicherheit und Angst mit sich tragen, das in eine lebensverneinende Botschaft übersetzt wird.

Diese Ebene kann auch pränatale Eindrücke und die Geburtserfahrung einschließen. Wenn diese Erfahrungen traumatisch sind, können sie einen prägenden Einfluß ausüben, der sich auf das restliche Leben hindernd auswirkt. In der konkreten Erfahrung ist der Mutterleib keinesfalls eine besonders behagliche Umgebung; oft wird der Fötus in unbequeme Haltungen gedrückt. Er ist den emotionalen Stimmungen der Mutter ausgesetzt. Er spürt die Vibrationen jedes lauten Geräusches und die geringfügigste Anstrengung im Körper der Mutter wie beim Fallen, beim Koitus und anderen Gelegenheiten. Es kann in dieser Zeit zu schweren Traumata kommen.

Eine Klientin durchlebte noch einmal einen pränatalen Zustand, der die Grundlage für ihr lebenslanges Minderwertigkeitsgefühl darstellte. In einer Therapiesitzung kam sie durch

Regression und Einstimmung auf die Ebene ihres Seelenbewußtseins in bewußten Kontakt mit ihrer eigenen pränatalen Phase. Sie berichtete von der folgenden Erfahrung:

Es ist sehr unbequem hier drinnen. Ich spüre, daß meine bloße Existenz bedroht ist. Ich werde ganz auf eine Seite gequetscht. Ich kann mich im Mutterleib nicht ausdehnen, weil es eine dunkle Stelle hier gibt, die äußerst lebensbedrohlich ist. Es ist, als liefe ein großer Riß durch den Schoß, und ich möchte damit nicht in Berührung kommen ... Oh mein Gott! Jetzt sehe ich, was es ist! Mutter hatte vor meiner Empfängnis eine Abtreibung. Sie wollte kein Baby, weil sie nicht verheiratet war und wußte, daß ihre Eltern auf eine uneheliche Schwangerschaft entsetzt reagieren würden. Gegen ihren eigenen Wunsch ließ sie die Abtreibung vornehmen. Ich sehe, daß dieser Riß durch ihren Schoß die Auswirkung einer gewalttätigen Handlung ist. Ich kann diesem Ort nicht vertrauen. Ich kann der Liebe nicht vertrauen! Sie möchte mich, das fühle ich, aber das andere Baby wollte sie auch, und das hat sie nicht davon abgehalten, es zu vernichten.

Beim bewußten Rückblick auf diese Sitzung erkannte die Klientin, daß sie der Liebe immer mißtraut hatte, selbst der ihrer Eltern, die sie ganz offenkundig liebten. Sie weigerte sich von klein an, sie um irgend etwas zu bitten, auch nicht um Nahrung. Sie schrie nicht, wenn sie Hunger hatte. Unbewußt fürchtete sie, daß jede Forderung nach Leben, die sie äußerte, mit ihrer Vernichtung beantwortet werden würde. Diese Klientin hatte sich auf der tiefsten unbewußten Ebene immer wertlos gefühlt. Die Angst war eingebettet in den physischen Kern, bis ihre Therapieerfahrung das Trauma freilegte und ins Bewußtsein brachte, so daß sie es rational bewerten konnte. Sie erkannte, daß die vorhergehende Abtreibung keine Ablehnung ihrer Seele gewesen war. Im Verlaufe der nächsten Monate begann sich ihre mißtrauische Einstellung, die bislang in einem ganz konkreten Sinne instinktiver Betandteil ihres gesamten Lebens gewesen war, aufzulösen. Sie konnte die Liebe und Fürsorge, die ihre Eltern tatsächlich immer für sie hatten, neu schätzen und annehmen lernen.

Unsere Beziehung zu unserer kosmischen Mutter ähnelt sehr stark der zu unserer leiblichen Mutter. Diese erste Verbindung birgt den Samen sämtlicher späterer Erwartungen und Erfüllungen. Wenn wir im Uterus und während der ersten Zeit außerhalb des Uterus nur mangelhaft versorgt wurden, wird es uns emotional schwerfallen, überhaupt irgendwelche Energien anzunehmen ... Wir sind dann mißtrauisch und unfähig, uns der Zuwendung, die für uns da ist, zu öffnen. (Kurtz und Prestera, Botschaften des Körpers, *1979*)

Das Geburtstrauma ist auch ein Teil der Kernstruktur. Der intensive körperliche Druck, der Übergang von der intrauterinen zur extrauterinen Umgebung und der Schmerz des ersten Atemzugs, das alles hat dramatische Auswirkungen auf den verletzlichen physischen Körper. All das zusammen kann Ursache für eine organische Angstreaktion im Neugeborenen sein. Die traditionelle Psychologie hält diese primäre Angst für die Urform sämtlicher neurotischen Ängste. Aber selbst ein schweres Geburtstrauma kann mit Hilfe der Macht der Seele überwunden werden.

Während der langen Entwicklungsphase, die zum Erwachsenen führt, wird die Prägung des Kerns meist unter vielen Schichten der Persönlichkeit und der Abwehrstrukturen vergraben. Es kommt nicht häufig vor, daß Erwachsene so verletzlich, unschuldig und eins mit der Essenz sind, wie sie es in der frühen Kindheit waren. In der Therapie, vor allem wenn sie auch Körperarbeit beinhaltet, oder im Verlaufe des spirituellen Wachstums kann ein Mensch, nachdem viele kürzer zurückliegende Schichten abgetragen wurden, zurückgehen bis zum Kern seines eigenen lebendigen Seins und mit den ersten formgebenden Prägungen in Berührung kommen.

Das Metaprogramm
Die erste komplexe Schicht der Persönlichkeit beginnt in der Kleinkindzeit und entwickelt sich während der Kindheit weiter. Sie unterscheidet sich vom Kern durch ihre kompliziertere, aber auch leichter zugängliche Struktur. Janov hat sie den „primären" Bereich des Bewußtseins genannt, Bandler und Grinder das „Metaprogramm", und Harris bezeichnete sie als „Lebensposition". Ich werde hier und im folgenden die Bezeichnung „Metaprogramm" verwenden.

Das Metaprogramm setzt sich zusammen aus frühen Prägungen im körperlichen, emotionalen und zum Teil auch im geistigen

Bereich, die im Körper gespeichert wurden. Das Besondere an diesen Prägungen ist, daß sie imstande sind (es sei denn, sie werden geändert) dauerhafte biochemische und elektrische Codes im Hypothalamus und im Nervensystem zu bilden, die später im Leben durch ähnliche Reize reaktiviert werden können. Das Metaprogramm geht daher tief und bildet das primäre unbewußte Material. Da zu der Zeit, wo es entsteht, die Abwehrmechanismen noch nicht fest installiert sind, wird das Metaprogramm für nahezu unlöschbar gehalten. Verinnerlichte Anweisungen von wichtigen Bezugspersonen, traumatische Erfahrungen – besonders, wenn mit der emotionalen Verzweiflung ein körperlicher Schmerz einhergeht –, dramatische Ereignisse und Vorstellungen, die von anderen übernommen werden, drücken dem Unbewußten ihren Stempel auf. Auch grundlegende Glaubenslehren, von der Familie oder anderen wichtigen Menschen oder Institutionen übernommen, durchziehen das Metaprogramm wie Furchen.

Beispiele für Anweisungen des Metaprogramms sind: das nonverbale Motto „Das Leben ist immer schwer", das aus den familiären Verhaltensweisen abgeleitet wurde; die verinnerlichte Version von Mutters ständiger Kritik wie „Du bist ausgesprochen langsam" oder „Du kannst mit deinem Bruder einfach nicht mithalten"; oder der auf familiären Erfahrungen beruhende bewußte oder unbewußte Beschluß „Da ich ihnen doch nichts recht machen kann, egal wie ich mich anstrenge, kann ich mir ihre Aufmerksamkeit ja genausogut holen, indem ich mich unmöglich benehme."

Das Metaprogramm fungiert als tiefgreifende Matrix, die das ganze Leben lang einen starken Einfluß auf das Verhalten, Denken und Fühlen ausübt. Seine primären Anweisungen bleiben – weitgehend unbewußt – so lange bestehen, bis sie ins Bewußtsein gebracht werden (diese Arbeit leistet gewöhnlich die Psychotherapie). Diese Schicht bildet das „Skelett" oder die „Tiefenstruktur" der Persönlichkeit. Das ist die Struktur, die Freud zu der Aussage brachte, daß der grundlegende Charakter eines Menschen etwa im Alter von sechs Jahren feststeht. Die meisten nachfolgenden Entwicklungen der Persönlichkeit haben ihre Wurzeln in dieser Ebene. Kubie sagte, daß diese Schicht, wenn sie erst einmal gebildet wurde, „zur affektiven Basis wird, zu der das Individuum für den Rest seines Lebens tendenziell immer wieder automatisch zurückkehren wird. Das wiederum ist die wichtigste

Grundlage entweder für sein Gefühl der Sicherheit oder für seine Verletzlichkeit im Leben". (Kubie, 1958)

Immer wenn die Ereignisse, die zur Entwicklung dieser Schicht führen, schmerzlich waren, kann es sein, daß ein Mensch sein ganzes Leben damit verbringt, sich davor zu schützen, diesen Schmerz noch einmal zu erfahren. Er wird dabei bewußte, vorbewußte und unbewußte Mittel einsetzen, die ihm helfen sollen zu vermeiden, daß er noch einmal in diese schmerzvolle Lage gerät.

Eine der faszinierendsten und therapeutisch wertvollsten Leitvorstellungen, die sich aus der Ebene des Metaprogramms ergeben können (und die auch einiges Material vom Kern und von der Seele mit einschließen), ist der persönliche Mythos, der zuerst von Jung erkannt und später von einigen Jungianern, vor allem von dem Züricher Analytiker Arnold Mindell, weiterverfolgt wurde. Der persönliche Mythos kann einem frühen, wiederkehrenden Traum oder Personen oder Motiven enstammen, die in frühen Phantasien vorherrschend waren. Durch Lieblingshelden oder -heldinnen, Märchen oder eine unauslöschliche frühe Erfahrung angesprochen, fühlt sich das kindliche Denken zu einer Geschichte hingezogen, die zu seiner eigenen mythischen Leitvorstellung wird. Dieser Mythos kann sich ständig wiederholen und einen Menschen ein ganzes Leben als eine Art unerbittliche Vorstellung antreiben. Der Mythos kann positiv (heldenhaft) oder negativ und selbstzerstörerisch sein. Wenn er durch Therapie oder tiefe Einsicht bewußtgemacht wird, kann er transformiert und als zentrale, lebenswichtige Leitvorstellung und damit als sehr positive Kraft im Leben eines Menschen zurückgewonnen werden. (vgl. Mindell, *Dreambody*)

Der Persönlichkeitskörper
Der grundlegende Körper der komplexen Persönlichkeit wird aus dem Metaprogramm und um dieses herum gebildet. Während das Kind im Verlaufe sämtlicher Entwicklungsphasen bis zum Erwachsenen zahllosen Ereignissen und Einflüssen begegnet, formen sich komplizierte Persönlichkeitsmuster. Die Persönlichkeit umfaßt die Egostruktur, Abwehrsysteme und ein bestimmtes Repertoire an Rollen und Subpersönlichkeiten. Stone behauptet, daß die Persönlichkeit vor allem aus den vielen Subpersönlichkeiten besteht, die sich während der Entwicklung bilden. Die meisten dieser Strukturen haben ihre Wurzeln im Metaprogramm. Ein Kind zum

Beispiel, dessen Metaprogramm die Botschaft enthält, daß es „langsam" ist, tendiert dazu, diese Botschaft durch sein Verhalten zu manifestieren und viele Erfahrungen zu sammeln, die sie bestätigen. Ein Kind, das sich auf den Schutz seiner Familie nicht verlassen konnte, wird auch weiterhin zu Beziehungen neigen, die ihm keinen Schutz gewähren. Andrerseits fördert das frühe Vertrauen in andere das Vertrauen in späteren Beziehungen im Leben.

Die Persona

Die letzte Schicht der Persönlichkeit, die Persona, ist wie ein Furnier, das die gesamte Konstruktion überzieht. Sie ist die Politur oder der Schliff, den die Person der Gesellschaft zeigt. Sie ist die Maske, mit der wir der Welt gegenübertreten. Diese beinhaltet die Anpassung an Zeit und Kultur, Sitten und Moral, an Kleidermoden, Sprachgewohnheiten und das äußere Verhalten in der Welt. Die Persona findet oft als Rolle oder Charaktertyp Ausdruck wie „der nette Junge", „der brutale Kerl", „das brave kleine Mädchen" und so weiter. Manchmal verwechselt ein Mensch dieses Furnier mit seinem wahren Selbst, woraufhin auch seine Freunde und Bekannten fälschlicherweise annehmen, daß dieser Mensch wirklich das ist, was die Persona zeigt. In Wirklichkeit kann eine attraktive, wirkungsvoll angelegte Persona mit gutem Benehmen eine ängstliche, chaotische, innere Persönlichkeit verdecken, die voller Groll ist und sich nur zeigt, wenn der Mensch seine Verletzlichkeit nicht mehr unter Kontrolle hat – wie bei schwerer Krankheit, Betrunkenheit oder unter Schock.

Wurzeltraumata und neurotische Muster

Wichtige prägende Erfahrungen – ob lustvoll oder schmerzlich, stärkend oder schwächend – werden im Verlaufe der ganzen Entwicklung in den Körper eingebettet. Solche zentralen Prägungen bilden die Grundlagen für die Persönlichkeitsschichten. Positive Prägungen fördern starke Persönlichkeitsgrundlagen, die dem Selbst helfen können, sich zu verwirklichen. Andrerseits können manche negativen Erfahrungen als Wurzeltraumata agieren, die eine schwächende Wirkung auf das Selbst und die Persönlichkeit haben.

Die Vorstellung von einem „Wurzeltrauma", das heißt einer tiefen Wunde, die die gesamte folgende Entwicklung beeinflußt, wurde zuerst von Freud entwickelt. Er stellte fest, daß ein besonders schmerzliches Erlebnis in der frühen Kindheit im Unbewußten vergraben (und damit dem Bewußtsein nicht zugänglich) sein und von dort einen tiefgreifenden Einfluß ausüben kann. Barker nennt diese Erfahrungen „kritische Wunden" und bezeichnet sie als Ausgangspunkte für Neurosen:

Verletzungen, zu denen es meist während der Entwicklungsphasen kommt, sind dann kritisch, wenn die Instinkte des Individuums, sein Selbstgefühl, sein Gefühl von Kontinuität, sein Selbstbild oder seine grundlegenden Werte im Leben Schaden genommen haben. Ich habe festgestellt, daß man diesen Schaden an dem Punkt suchen muß, wo das Egobewußtsein sich aus der instinktiven Matrix (mein Wort dafür ist „Kern") bildet; das kann in jeder Keimphase passieren. Eine solche Wunde, die in der Persönlichkeit vergraben wurde, führt zu einer Blockierung des kontinuierlichen Flusses psychischer Energie im Stamm der Persönlichkeit bis hinauf in sämtliche weiteren Windungen der Wachstumsspirale. (Baker, Healing in Depth, *1972)*

Ich habe festgestellt, daß Wurzeltraumata in sämtliche Schichten der Persönlichkeit (und des Körpers) eingebettet sein können, vor allem aber in das Metaprogramm. Ein Wurzeltrauma enthält in sich verkapselt die mächtige Energie oder Wucht seiner ursprünglichen Erfahrung. Und es erfordert ständig eine enorme Menge an Energie, es verborgen zu halten. Es agiert auch als magnetischer Konzentrationspunkt, um den herum sich nachfolgend ähnliche Traumata (Knoten) entwickeln können. Als tiefverwurzelte neurotische Muster verstärken das Wurzeltrauma und die ihm verwandten Knoten sich gegenseitig.

Wurzeltraumata und die Muster ihrer Beziehungen sind in Abbildung 2 dargestellt. Ich habe versucht zu zeigen, daß ein Wurzeltrauma, das in die Kernebene eingebettet ist, in den nachfolgenden Schichten der Persönlichkeit weitere Traumata gleichen Inhalts anzieht und schafft (wie zum Beispiel das Trauma, verlassen zu werden).

Die Aufladung des Wurzeltraumas mit psychischer Energie wird durch jedes neue Trauma verstärkt, welches außerdem zusätzliche Aufladungen schafft, die wieder zurück auf die Wurzel wirken. Auf diese Weise entsteht eine sich selbst verstärkende Aufladungsschleife, die im Körper eingebettet ist und sich, meiner Erfahrung nach, nicht entlädt, solange der Körper nicht von der Wurzelenergie befreit wird. Darüber hinaus können Wurzeltraumata sich in jedem Bereich der Person – im emotionalen, körperlichen, geistigen Bereich oder in einer Kombination dieser Bereiche (was tatsächlich am häufigsten der Fall ist) – abspielen, aber die meisten werden direkt im Körper verzeichnet, wo ihre blockierte Energie festgehalten wird.

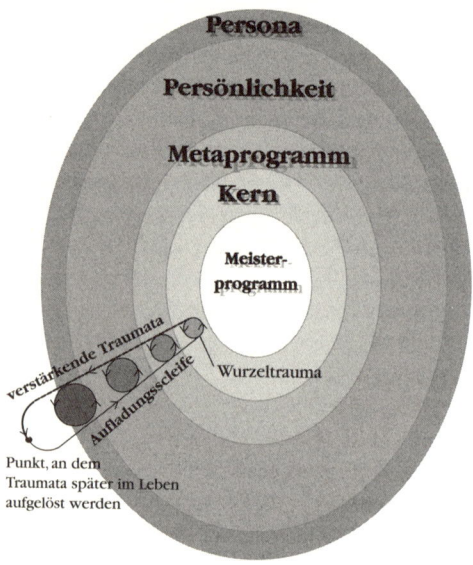

Abbildung 2

Wir können in ein Wurzeltrauma eindringen, es ins Bewußtsein bringen und heilen, vor allem, wenn wir im Körper Kontakt damit aufnehmen. Dadurch kann dem Wurzeltrauma „der Strom abgedreht" werden, was oft der Beginn eines Prozesses ist, bei dem sowohl seine Struktur enthüllt wird als auch die sämtlicher weiterer Knoten, die sich von dieser Struktur herleiten. Meiner Erfahrung nach bewirkt die Suche nach kritischen Wunden eine viel tiefergehende und effektivere Heilung von Neurosen als die Analyse auf der Persönlichkeitsebene. Für die orientalische Medizin ist es oberster Grundatz, daß der medizinische Experte versucht, die Ursache oder Wurzel der Krankheit aufzuspüren, statt sich damit zufriedenzugeben, lediglich die Symptome zu beseitigen.

Wie in der Psychoanalyse allgemein ankannt, ereignen sich Wurzeltraumata am häufigsten in der frühen Kindheit. Jüngste Untersuchungen zeigen, daß es sogar in der pränatalen Phase zu Wurzeltraumata kommen kann. Eine schwierige Geburt kann ein solches Trauma prägen. Hin und wieder kann sich ein sehr schweres Trauma auch in späteren Jahren ereignen, zum Beispiel durch eine lebensbedrohliche Krankheit oder den Tod einer wichtigen Bezugsperson.

Der stark gepanzerte Körper ist auch der mit der größten Abwehr. Ein solcher Mensch ist meistens abgehärtet gegen übliche Beschwerden, abgestumpft gegen Schmerz und auch begrenzt im Spektrum seiner physischen und emotionalen Reaktionen. Der stark gepanzerte Körper kann so unsensibel werden, daß er Schmerzsignale, deren Wahrnehmung für die Erhaltung seiner eigenen Gesundheit so notwendig ist, gar nicht mehr beachtet. Ein solcher Körper ähnelt mehr einer programmierten Maschine als dem unendlich sensiblen, reaktionsfähigen und intelligenten Organismus, der fähig ist zum Leben. Er reagiert auf der Grundlage eingebauter Muster, die durch frühere Traumata geprägt sind, auf die Gegenwart. Die Gewohnheit des gepanzerten Menschen, sich zu schützen und zu verteidigen, wird stärker als seine Fähigkeit, das Leben in seiner ganzen Fülle zu erfahren. Darüber hinaus wird seine Ausrichtung im Leben fast ausschließlich von der tiefverwurzelten Persönlichkeitsstruktur und der ständigen Vermeidung von Schmerz bestimmt. Ich glaube auch, daß die Last der gesammelten Traumata aus der Vergangenheit sowie selbstzerstörerische körperliche Muster beim alternden Körper Degenerationskrankheiten, Unfälle und Depressionen verursachen können. Es hat mich immer fasziniert, daß alte Yogis und Menschen, die daran gearbeitet haben, ihren Körper vital und beweglich zu halten (durch Körperübungen, Körperarbeit oder aktive körperliche Tätigkeit), oft noch im hohen Alter in gesunder und vitaler Verfassung sind. Mir scheint, daß der Körper durch kontinuierliche körperliche Übung von alten Traumata befreit und in die Lage versetzt werden kann, auf augenblickliche Herausforderungen, Krankheiten oder Streß mit Stärke zu reagieren.

Den Körperpanzer auflösen

Der Körperpanzer kann durch entsprechende Körperarbeit aufgelöst werden. Tatsächlich ist das auch das explizite Ziel der hochentwickelten Formen von Körperarbeit, die darauf abzielen, die Panzerungsmuster fortschreitend „aus den Angeln zu heben". Während diese Arbeit vorangeht, treten sowohl die Traumata, die mit der Panzerung verbunden sind, als auch entsprechende Persönlichkeitsfaktoren zutage.

Wenn die Prägungen vom Energiekörper entfernt werden, kommt es oft zu Erinnerungen an die früheren Ereignisse, die mit der ursprünglichen Verletzung assoziiert werden. Das Einprägen von Schwingungen im Körper ist eine Grundlage für das Phänomen der Muskelerinnerung. (Smith, Innere Brücken, 1990)

Im Idealfall wird der Panzer Schicht um Schicht aufgelöst, wobei von der äußeren Oberfläche zum tieferliegenden inneren Gewebe vorgegangen wird, und im Verlaufe dieses Prozesses wird das entsprechende psychische Material verarbeitet. Im Idealfall werden auch die Einheit und Integrität von Körper, Verstand, Emotionen und Seele bei jedem Schritt dieses Prozesses respektiert.

In seinem Buch *Der Leib und die Träume* weist Arnold Mindell auf den Trugschluß hin, man könne – auf dem Hintergrund irgendeines theoretischen Bezugsrahmens – lediglich daran arbeiten, die Körperstruktur zu verändern.

Es ist gefährlich, Menschen umzustrukturieren, nur weil diese Umstrukturierung einem körperlichen Ideal oder irgendeiner Gesundheitstheorie entspricht. Der Begriff „normal" kann nicht verallgemeinert werden. Jedes Individuum hat seine eigene Norm. Weiterentwicklung beruht auf dem, was die Chinesen Tao nennen. Es ist nicht Sache des Therapeuten, eine Veränderung im Körper zeitlich festzusetzen, sondern diese hängt ab von den Hinweisen, die uns der Körper des Patienten gibt.

Ähnliches gilt, wenn in der Psychotherapie lediglich das Denken und die Emotionen der Persönlichkeit erforscht werden (Psychoanalyse), ohne begleitendes körperliches Loslassen der neuromuskulären Schichten, die die Gedanken und Emotionen festhalten. Unter diesen Umständen kann es niemals zu einer permanenten Befreiung von der Panzerung kommen. Neurotische Muster sind eingebunden in den Körper und tendieren dazu, wiederzukehren, vor allem bei Streß. Wird jedoch die Körperarbeit kombiniert mit einer entsprechenden psychischen Verarbeitung, können die Persönlichkeitsmuster allmählich losgelassen werden, es kann wieder Raum dafür geschaffen werden, daß das Meisterprogramm der Seele in den Vordergrund tritt.

Körperbereiche, Energiebahnen und das zugehörige psychische Material

Nachdem wir uns jetzt einen Überblick darüber verschafft haben, wie der Körper Muster der Persönlichkeitsentwicklung speichert, kann es nützlich sein zu erfahren, welche Art Muster sich tendenziell in welchen Körperteilen bilden. Der zweite Teil dieses Kapitels ist eine Art Handbuch für die verschiedenen Kategorien psychischen Materials, die im allgemeinen mit speziellen Körpersegmenten in Verbindung gebracht werden. Dieses Wissen stammt aus meinen Erfahrungen mit Hunderten von Studenten und Klienten und aus der wachsenden Sammlung von Literatur zum Thema Körperarbeit, die sich mit diesen Entsprechungen beschäftigt. Es kann uns nützliche Hinweise geben, welche Möglichkeiten wir bei der Arbeit mit bestimmten Körperteilen haben. Im Grunde ist es bei der transpersonalen Integration wichtiger als alles andere, dem tatsächlichen organischen Prozeß der Körperentspannung zu folgen, wie bei der prozeßorientierten Psychologie (Mindell), und nicht an irgendeiner bestimmten Interpretation von Inhalten festzuhalten. Trotzdem hilft die traditionelle Erfahrung mit bestimmten psychophysischen Entsprechungen unsere Wahrnehmung schärfen.

Ich benutze hier eine Reihe von Darstellungen der etablierten Körperarbeitsmethoden, um die Wechselbeziehungen zwischen Körperteilen und psychischen Inhalten zu illustrieren. Die wichtigsten sind meiner Erfahrung nach die uralten energetischen Modelle der Meridiane und der Chakras, wie sie in Kapitel 1 vorgestellt wurden, denn der Körper wird integriert und vereint durch Energie (vgl. Abbildungen 3-6) So wird jeder Körperteil bzw. jedes Körpersegment primär definiert durch seine energetische Entsprechung. Bei der transpersonalen Integration wird der Körper „gelesen", und Unausgewogenheiten werden grundsätzlich durch die Energiematrix korrigiert.

Es ist ganz wesentlich, im Kopf zu behalten, daß sämtliche Teile des Körpers miteinander in Verbindung stehen – sowohl physiologisch als auch energetisch. Ist ein Teil beeinträchtigt, wird das allmählich auch andere Teile beeinflussen, vor allem innerhalb des Energiesystems. So gibt es zum Beispiel acht übergeordnete Energiekanäle (die acht „außergewöhnlichen Meridiane"), die sämtliche Meridiane und Körperteile direkt miteinander verbinden und ständig dafür sorgen, daß Integrität und Ausgeglichenheit bewahrt bleiben.

Zusätzlich zu den allgemeinen Ausgleichsfunktionen der außergewöhnlichen Meridiane können bei der Körperenergiearbeit die folgenden Grundsätze der traditionellen chinesischen Medizin angewendet werden:

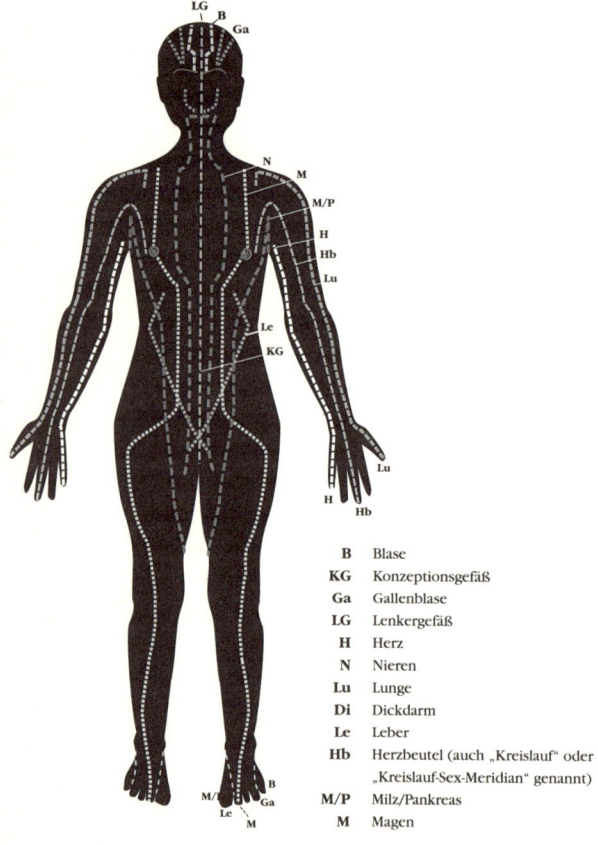

B	Blase
KG	Konzeptionsgefäß
Ga	Gallenblase
LG	Lenkergefäß
H	Herz
N	Nieren
Lu	Lunge
Di	Dickdarm
Le	Leber
Hb	Herzbeutel (auch „Kreislauf" oder „Kreislauf-Sex-Meridian" genannt)
M/P	Milz/Pankreas
M	Magen

Abb. 3   Die vorderen Meridiane

Der Körper

1. Energie (Ki oder Chi) fließt kontinuierlich in einem 24-stündigen Rhythmus durch den ganzen Körper/das Bewußtsein. Energie kann deswegen nicht in isolierte Teile getrennt werden, auch wenn wir anhand ihrer speziellen Bahnen (Meridiane) bestimmte Disharmonien festmachen können.
2. Wie oben, so unten: Unausgewogenheiten oder Störungen im oberen Bereich des Körpers (Nacken, Brustkorb, Kopf usw.) spiegeln sich wider in entsprechenden Disharmonien des unteren Bereichs (Becken, Beine oder Füße) und umgekehrt. (Chiropraktikern und Osteopathen ist wohlbekannt, daß Probleme im Nackenbereich sich im Kreuzbein widerspiegeln.)
3. Wie vorne, so hinten: Unausgewogenheiten oder Verletzungen im vorderen Bereich des Körpers finden oft ihre direkte Entsprechung auf gleicher Höhe im Rücken und umgekehrt. Lassen Sie uns nach diesen allgemeinen Aussagen jetzt fortfahren mit der Erforschung einzelner Körperteile. Die Abbildungen 3 bis 9 zeigen die Meridiane und die Chakras in ihrer Beziehung zu den entsprechenden Körpersegmenten.

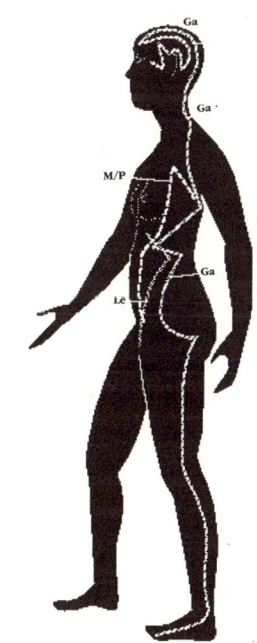

Ga Gallenblase
Le Leber
M/P Milz/Pankreas

Abb. 4   Die seitlichen Meridiane

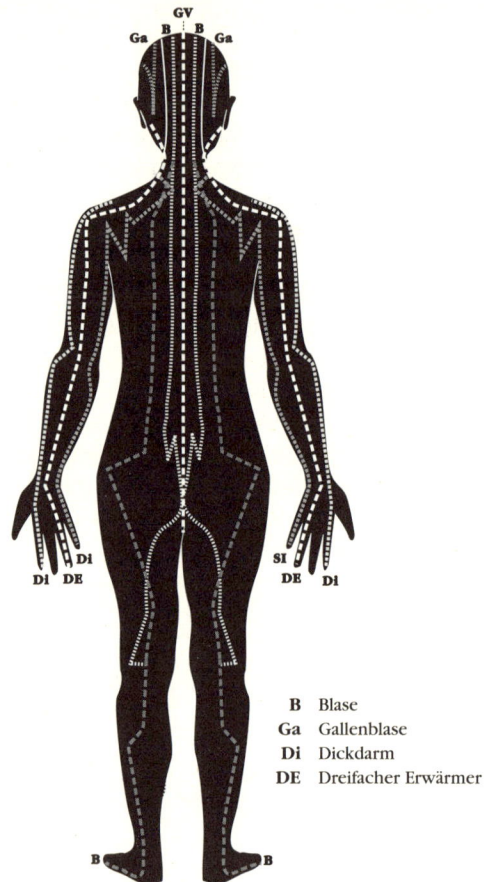

Abb. 5   Die rückwärtigen Meridiane

Der Rücken
Nach der chinesischen Medizin steht der Rücken für die Vergangenheit. Der Rücken fängt die Wucht äußerer, physischer oder psychischer Stöße auf und verteidigt oder panzert sich entsprechend. Mit der Zeit verleibt sich die Rückenmuskulatur, die ein komplexes Gebilde aus mehreren Schichten darstellt, die Panzerungsmuster ein. Diese Panzerung kann dann allmählich die Haltung der Wirbelsäule und/oder des Beckens und des Schultergürtels beeinträchtigen.

Energetisch ist für den Rücken der langgeschwungene Blasen-Meridian charakteristisch (vgl. Abbildung 7). Dieser Meridian beginnt an der Innenseite des Augenwinkels, läuft weiter über die Spitze des Kopfes und fließt dann in vier Bahnen (einschließlich der beiden bilateralen Bahnen) die ganze Länge des Rückens hinunter. Dann läuft er durch die Beine und Füße weiter nach unten und endet im kleinen Zeh. Im Rückenbereich des Blasenmeridians gibt es etwa 80 Akupunkturpunkte („Fenster" mit Ausblick auf den Energiestrom). Das ist nicht weiter verwunderlich, da doch der Rücken ein so fruchtbares Feld für die Speicherung alter Verletzungen und der daraus folgenden Disharmonien ist. Das folgende Beispiel für die Speicherung eines Traumas im Rücken stammt von einem Studenten:

Mir wurde klar, daß mein Rücken immer sehr viel Aufmerksamkeit verlangt hat. Ich kann im ganzen Rücken eine große Spannung wahrnehmen, die von der Mitte meines Halses bis ganz hinunter in die untersten Bereiche verläuft..., und diese Spannung breitet sich bis zu den mittleren Rippen aus. Ich

Abb. 6   Die Chakras

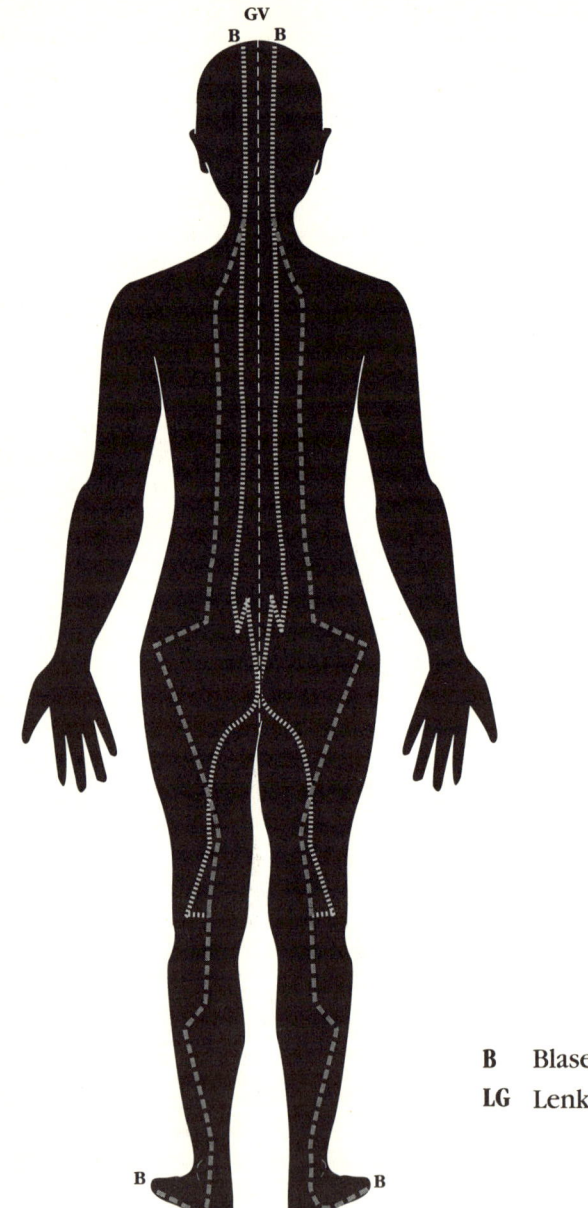

B Blase
LG Lenkergefäß

Abb. 7   Der Blasen-Meridian

erkannte unter Tränen und Ärger, wie ich vor etwa fünf Jahren überfallen worden war und das niemals ganz verarbeitet hatte. Ich wurde brutal ins Gesicht geschlagen, ging in die Knie und erhielt mehrere Hiebe auf meinen Rücken und in den Nacken ... Mir fällt auf, wie gereizt ich werde, wenn mir jemand über den Rücken streicht ... Fast ist es, als ob mein Rücken mir sagt, daß es Zeit ist hervorzutreten, Zeit, daß ich meinen Vorderkörper ausfülle und meinen Rücken nicht so behandle, als gäbe es ihn gar nicht.

Dieser Student befreit sich von seiner traumatischen Erfahrung im Rücken jetzt glücklicherweise mit Hilfe einer Kombination von Körperarbeit und psychologischer Verarbeitung.

Außer daß er die Last der Vergangenheit zu tragen hat, ist der Rücken auch den normalen Belastungen des Lebens ausgesetzt. Laut Alexander Lowen ist der obere Rücken Sitz für Gefühle und Belastungen wie „Anforderungen von Autoritäten, Pflichten, Schuld und sowohl physischem als auch psychischem Druck". Der untere Rücken trägt eine „Kraft, die durch die Beine aufwärts strebt und das Individuum sowohl in seiner aufrechten Position unterstützt als auch darin, den Forderungen und Belastungen, denen es ausgesetzt ist, standzuhalten".

Gefühlsmäßige Einstellungen zu Sexualität, Selbstkontrolle, Selbständigkeit und Standfestigkeit sind emotionale Kräfte, die sich durch den Rücken aufwärts bewegen können. Ist es da ein Wunder, daß so viele Menschen unter Verspannungen und Schmerzen in diesem Bereich leiden?

Der Blasen-Meridian mit seinen 80 Akupunkturpunkten im Rücken bietet Zugang zu den hier angesammelten Spannungen. Man könnte direkt an den Akupunkturpunkten im Bereich der Beschwerden arbeiten, um den Klienten vom Schmerz und der Anspannung zu befreien.

Aber da der Meridian ein erweiterter Energiefluß ist – der im Kopf beginnt und sich über den Rücken bis zu den Füßen erstreckt –, kann auch über Akupunkturpunkte außerhalb des speziell belasteten Bereiches Energie freigesetzt werden. Die Lösung von Blockaden im Blasen-Meridian fördert automatisch die Freisetzung von gespeichertem psychischem Material und bewirkt sowohl eine psychische Lösung als auch die Befreiung von körperlichen Verspannungen.

Wechselbeziehung zwischen dem Rücken und verschiedenen Organen

Der Blasen-Meridian steht nicht nur in direkter Beziehung zur Rückenmuskulatur, sondern ist auch noch mit anderen organischen Funktionen verbunden. 13 (26 bilateral) „zugeordnete" Punkte entlang und außen am Wirbelsäulensystem stehen in Verbindung mit sämtlichen Hauptorganen des Körpers. Für jedes der folgenden Organe gibt es einen speziellen Punkt: Lungen, Herz, Herzbeutel, Leber, Gallenblase, Milz und Bauchspeicheldrüse, Magen, Nieren, Dickdarm, Dünndarm, Zwerchfell und dreifacher Erwärmer (womit die drei wichtigsten Energiezentren des Körpers gemeint sind).

Stimuliert man den Nierenpunkt am Rücken, wird außer der Rückenmuskulatur auch die Niere selbst angesprochen. Ähnlich kann jeder der zugeordneten Punkte des Rückens entsprechende organische Funktionen und deren Gesundheit beeinflussen. Durch die Untersuchung dieser Punkte können wir Beschwerden in den entsprechenden Organen aufspüren und auch lindern helfen. Unser Verständnis des Blasen-Meridians liefert uns eine Erklärung dafür, warum Rückenbeschwerden sich oft in Form von organischen Leiden ausdrücken. Die energetische, muskuläre und haltungsmäßige Entspannung des Rückens ist ein ganz wesentlicher Teil der Befreiung des Bewußtseins, weil sich hier im Verlauf der Zeit soviel Material ansammelt und so viele körperliche Funktionen in Mitleidenschaft gezogen werden.

Der Rumpf

Laut Dr. Fritz Smith ist der Rumpf des Körpers (einschließlich Rücken) der Ort, „wo wir leben". Hier verzeichnen wir unser Leben, und hier befindet sich ganz offensichtlich auch das Zentrum der meisten organischen Funktionen. Der Oberkörper spiegelt den Kern des Menschen am umfassendsten wider.

Der Rumpf kann in mehrere Teile oder „Segmente" untergliedert werden, die mit unterschiedlichen funktionalen und psychischen Prozessen im Zusammenhang stehen. Beim folgenden Abschnitt müssen wir das Prinzip „wie vorne, so hinten" im Kopf behalten. Denn wir können bei jeder Störung im vorderen Bereich des Rumpfes davon ausgehen, daß sie auch Beschwerden im hinteren Bereich verursacht, und zwar oft an Punkten, die auf direkter Höhe des gestörten Bereichs liegen.

Das Becken

Das Becken ist ein schalen- oder gürtelförmiger Aufbau im unteren Rumpf. Es stellt eine strukturelle Grundlage für den gesamten Körper sowie die entscheidende Verbindung zwischen Rumpf und Beinen und Füßen dar, durch welche wir uns „erden" können. Die Steißbein- und Kreuzbeinwirbel bilden einen Kanal für die Nerven, die die sexuelle Energie liefern, welche das gesamte Körperbewußtsein vitalisiert. Kenneth Dychtwald (1981) behauptet, daß „ihr gesundes und flexibles Funktionieren als Notwendigkeit für ein vitales, freifließendes Körperbewußtsein betrachtet werden muß".

Abb. 8   Die Becken-Meridiane

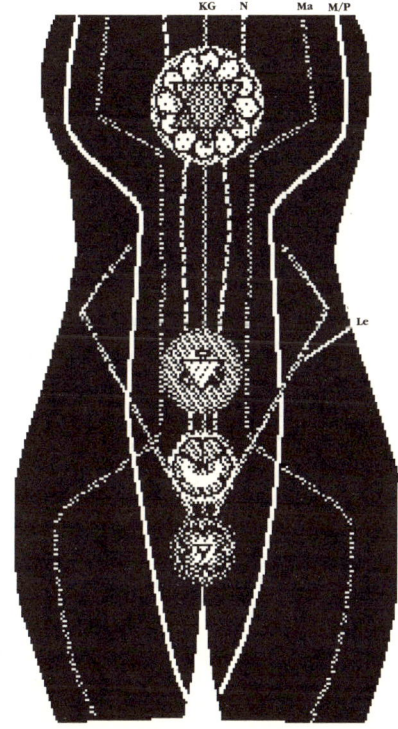

M/P	Milz/Pankreas
N	Niere
KG	Konzeptionsgefäß
Le	Leber
Ma	Magen

Die Becken-Meridiane

Das Becken kann mit einem Heizkessel im Keller eines großen Gebäudes verglichen werden; er kann das ganze Haus erwärmen und den Bewohnern Begeisterung, Kreativität, Lust und Kraft bringen – aber nur, wenn er richtig geheizt und gewartet wird. Energetisch wird das Becken sowohl von den ersten beiden Chakras als auch von sieben Meridianen versorgt – Dickdarm und Dünndarm, Nieren, Magen, Milz/Pankreas und Gallenblase –, die insgesamt 62 Akupunkturpunkte aufweisen (vgl. Abbildung 8).

Das Becken ist so entscheidend für ein gesundes physisches und psychisches Funktionieren, daß Körpertherapeuten sich diesem Körperteil manchmal zuerst zuwenden. Durch Auflösung von Blockaden im Becken bekommt der Klient Zugang zu der Erdung, Kraft und Stabilität, die er als Grundlage für die nachfolgende Arbeit braucht. Die Energie, die hier zur Verfügung steht, läßt ihn Vertrauen in das Gefühl körperlichen Überlebens fassen (erstes Chakra). Im Aikido-Training stellt dieser Bereich die Basis der Kraft dar, die sicher in der Erde verankert werden muß.

Die Nieren befinden sich im obersten hinteren Bereich des Beckens. Ihr Meridian verläuft von den Füßen aufwärts durch die Beine die Vorderseite des Rumpfes entlang nach oben. In der orientalischen Medizin gelten die Nieren als Lieferanten hochkonzentrierter physischer Stärke und Energie. Der Nieren-Meridian wird bei der Akupunktur oder Akupressur oft zuerst gestärkt, da er ein starkes Energiereservoir darstellt.

Ausscheidungs- und Fortpflanzungsprozesse

Zwei eminent wichtige physiologische Funktionen haben ihren Ursprung im Becken: Ausscheidung und Fortpflanzung. Diese sind im hohen Maße empfänglich für psychosomatische Reaktionen und entsprechen in etwa den ersten beiden Chakras. Die Schlackenbeseitigung aus dem physischen Körper wird vor allem von Dickdarm, Nieren und Blase erledigt. Der Dickdarm und die Blasenorgane befinden sich in der Beckenschale oder im Beckenraum. Auch ihre Meridiane verlaufen durch das Becken. Die Ausscheidung von Schlacken und toxischen Stoffen aus dem physischen Körper ist entscheidend für dessen Funktion und Überleben; wenn der Körper seine Abfallprodukte nicht loswerden kann, wird er schon bald toxisch und stirbt. Die Ausscheidung psychischer Schlacken – alter, starrer Vorstellungen, aufgestauter

Emotionen und ähnliches – ist ebenso ausschlaggebend für ein gesundes psychisches Funktionieren.

Freud verband die zweite Entwicklungsphase – die anale Phase, die im Alter von zwei Jahren beginnt – mit der Darmentleerung. Nach seiner Theorie kann das Kind, das durch die Sauberkeitserziehung Schaden nimmt, in dieser Phase steckenbleiben, was beim Erwachsenen zu „anal-fixierten" Charakterzügen führt. Typisch hierfür ist der Wunsch, an den eigenen Besitztümern festzuhalten, Verstopfung sowie Graumsamkeit gegenüber anderen. Die Sauberkeitserziehung eines Kindes gibt Aufschluß über dessen spätere Einstellung zu Pünktlichkeit, Autorität, Ordnung, täglichen Pflichten und vor allem zum Festhalten an Dingen.

Ähnliche Verhaltenszüge verbindet man mit einer gestörten Entwicklung des Wurzelchakras (das sich am unteren Ende der Wirbelsäule befindet), welches als Sitz des physischen Überlebenswillens betrachtet wird. Im äußersten Fall wird ein Mensch, dessen Leben bedroht ist, andere töten, um sein eigenes Überleben sicherzustellen. Der Instinkt zum physischen Überleben wird durch energische und ungezügelte Aggressionen ausgedrückt. Diese aggressiven Instinkte werden dem Kind im Verlaufe seiner sozialen Entwicklung ausgetrieben, können aber als Muskelpanzer mit gespeicherten Begleiterinnerungen im Becken sitzen.

Die Fortpflanzung mit ihren ebenso zahlreichen wie verschiedenen komplexen physischen, psychischen und emotionalen Aspekten für die in unserer Gesellschaft aufwachsenden Menschen wird mit den beiden Chakras im Becken in Verbindung gebracht, wenn auch grundsätzlich vor allem mit dem zweiten. Von den ersten Störungen der kindlichen Sexualität, die Freud mit einer mangelnden oralen Befriedigung in der Säuglingszeit gleichsetzte, bis zur turbulenten Zeit der Pubertät und weiter bis in die Fortpflanzungsphase des Erwachsenenlebens kann ein Mensch zahlreiche lustvolle und traumatische sexuelle Erfahrungen sammeln. Unsere gesellschaftliche Fixierung auf Sex ist Ausdruck des Kampfes um die Verarbeitung und Integration dieser Erfahrungen. Ein Großteil dieses Kampfes hinterläßt seine Spuren im Becken.

Die entsprechenden Erfahrungen können umfassen: sexuelle Spielereien in der Kindheit, die pubertäre Entwicklung sexueller Charakterzüge und Aktivitäten (einschließlich Masturbation, wachsender Brüste, Stimmveränderungen usw.), erste homosexuelle und heterosexuelle Kontakte, Koitus-Erfahrungen, die von Gewalttätigkeiten oder Ablehnung begleitet sind, Geburten und außereheliche Beziehungen.

Sexuelle Erfahrungen erzeugen im sich entwickelnden Körper der meisten Menschen sowohl Qual als auch Lust, und das alles spielt sich im Becken ab. Bei dem Versuch, Kontrolle über ihre überwältigenden und verwirrenden Erfahrungen zu gewinnen, schneiden viele Menschen einfach sämtliche Gefühle im Becken ab. Eine Studentin drückte das folgendermaßen aus:

Mein Becken fühlt sich tatsächlich ausgeschlossen, als wäre es das schwarze Schaf des Körpers, der Teil, der nicht wirklich dazu paßt. Und der Drang meines Beckens nach Anerkennung und Bestätigung ist in all den Jahren wirklich stark gewesen, vor allem wollte ich, daß Männer sich sexuell von mir angezogen fühlen, ohne daß ich wirklich sexuellen Kontakt zu ihnen wollte. Aber ich wollte, daß sie mich wollen. Mein Becken hat wirklich nicht viel Ahnung, wie seine Beziehung zu meinem restlichen Körper aussieht.

Nach Reichs Meinung sind Menschen in der heutigen Zeit so stark von ihrem Becken und ihrer Sexualität abgeschnitten, daß er die Funktion des Orgasmus in den Mittelpunkt seiner gesamten Theorie der gesunden Funktionen stellte – was auch die „Öffnung" des Beckens oder Auflösung von Blockaden im Becken beinhaltete. Er war es, der vor allem betonte, daß nur der freie Körper die Energieströme als Ganzkörperorgasmus erleben könne. Er glaubte, daß diese orgasmische Erfahrung der Schlüssel für ein erfülltes und gesundes Leben sei.

Zahlreiche Bücher sind in unserer Zeit über Sexualität geschrieben worden. Die Welt der Schlager, des Konsums und der Massenunterhaltung – sie alle verdanken ihren Erfolg zu großen Teilen unserer zwanghaften Beschäftigung mit Sex. Und trotzdem fördert dieses sexuelle Schwelgen die Gesundheit des Beckens nicht. Nur wenige Menschen scheinen im Becken auf natürliche Weise frei zu sein, imstande, sich aus dem Fundament des Körpers heraus spontan und freifließend zu bewegen, beim Liebesspiel mühelos zum Orgasmus zu gelangen und ein stabiles Selbstvertrauen zu entwickeln. Es braucht sehr viel mehr als Gespräche und Sexspiele oder sexuelle Anregungen, Techniken und Hilfsgeräte, um die Gesundheit und Freiheit sicherzustellen, die der natürliche Zustand des Beckens sind.

Der Bauchraum

Die Bauchhöhle oder der Bauch befindet sich in der Mitte des Rumpfes und grenzt nach unten an das Becken und nach oben an das Zwerchfell. Sie enthält sowohl die wichtigsten Verdauungsorgane (Magen, Milz, Bauchspeicheldrüse, Leber, Gallenblase und Dünndarm) als auch die inneren Verzweigungen der entsprechenden Meridiane. Dieser Bereich ist von daher extrem anfällig für äußere Einflüsse, die vom Verdauungsprozeß und körperlichen Einwirkungen ausgehen. Es ist wichtig zu bemerken, daß das Verdauungssystem lediglich durch Muskelwände vor der äußeren Umgebung geschützt wird. Im Reichschen System (und dem der Bioenergetiker) setzt sich die Bauchregion aus dem Bauch- und dem Zwerchfellsegment zusammen.

Die Energie der Bauchregion

Energetisch wird dieser Bereich von den Organ-Meridianen, die oben bereits genannt wurden, und vom Nieren-Meridian versorgt, der ebenfalls hier verläuft. So wird sie von insgesamt sechs Meridianen und 42 Akupunkturpunkten (die bilaterale Meridiane verbinden) direkt beeinflußt. Das dritte oder Solarplexus-Chakra befindet sich im Zentrum dieser Region (vgl. Abbildung 8).

Die Bauchregion wird funktional mit den Verdauungsprozessen in Verbindung gebracht und von daher auch mit dem ganzen Spektrum physischer Nahrung. Energieblockaden in diesem Raum können Verdauungsstörungen auslösen, die sich dann natürlich auch auf andere Systeme auswirken.

Dieser Bereich weist auch ein breites Spektrum an psychischen Entsprechungen auf, einschließlich der meisten Formen des emotionalen Ausdrucks. In einigen Yogatraditionen wird er das „emotionale" Gehirn genannt und mit persönlicher Macht und der außersinnlichen Fähigkeit des „Klarfühlens" in Verbindung gebracht.

Dychtwald nennt den Bauch „das Gefühlszentrum des Körper-Bewußtseins" und weist darauf hin, daß ganz offensichtlich viele Emotionen in dieser Region ihren Ursprung nehmen und sich von hier in andere Bereiche unseres Körpers ausbreiten. Er schreibt:

„Wenn sich in unserem Leben etwas ereignet, das Emotionen entstehen läßt, scheinen viele von diesen Emotionen aus unseren Gedärmen zu ‚wachsen' und dehnen sich dann durch den Rest unseres KörperBewußtseins aus."

Emotionen wie Ärger und Angst mit all ihren Variationen (Eifersucht, Neid, Sorge und ähnliches) sind in diesem Bereich besonders stark. Trotz der Erkenntnis, daß dies grundlegende Emotionen sind, werden Ärger und Angst in unserer Gesellschaft unterdrückt. Ein Kind lernt sehr früh, diese Emotionen tief im Bauch „wegzustopfen", statt sie zitternd oder brüllend durch Brustkorb und Kehle herauszulassen und ihnen damit Ausdruck zu verleihen.

Wenn wir die natürliche Welle einer Emotion nicht spüren und ausdrücken, wird sie im Bauch gestaut und blockiert diesen Bereich mit angehäuftem energetischem Müll. Dieser Müll wird zunächst vielleicht als Streß wahrgenommen; später kann er sich hier als Panzer festsetzen. Mit der Zeit kann der Streß oder der Panzer sowohl auf der emotionalen als auch auf der physischen Ebene Krankheiten hervorrufen und sich als Neurose und chronische Schwäche oder Krankheit manifestieren.

Ihre Erfahrungen mit dieser Blockierung im Bauch beschrieb eine Klientin wie folgt:

Während der Arbeit an meinem Körper entfalteten sich eine ganze Reihe von Erfahrungen und Erinnerungen. Aus dem unteren linken Darmbereich kamen Erinnerungen an meine letzte, sehr schwierige Schwangerschaft und dann auch Ärger auf meinen Mann. Dann Ärger und sogar rasende Wut darüber, daß ich für meinen Mann ein ganzes Buch und für meinen Vater einen Konferenzbeitrag getippt hatte, Ärger darüber, es nicht so zu können, wie sie es wollten, das Gefühl, versagt zu haben, benutzt worden zu sein, ohne Liebe zurückzubekommen.

Wenn das Energiesystem und die Bauchmuskulatur von solchen alten Ärgernissen gereinigt werden, kann ein Mensch die Fähigkeit zurückgewinnen, „aus dem Bauch heraus" zu fühlen und diese Gefühle nach unten durch Becken und Beine und nach oben durch Brustkorb und Kehlkopf auszudrücken. Das zieht ein Gefühl von persönlicher Macht und Egostärke nach sich (die auf dem freien Energiefluß durch das dritte Chakra beruhen), und entsprechend entwickelt sich auch die Fähigkeit, sich selbst zu behaupten. Man kann dann die eigenen Egogrenzen von denen eines anderen Menschen klar unterscheiden. Ein Mensch, der in diesem Bereich behindert ist, wird oft seine eigenen Gefühle mit denen anderer vermischen. Er neigt dazu, die Emotionen anderer zu verinnerlichen und in seinem eigenen Körper zu halten. Therapeuten zum Beispiel, die nicht geschult darin sind, sich von ihren Klienten abzutrennen, entwickeln oft Verdauungsprobleme oder einen Bläh- oder Fettbauch, um sich davor zu schützen, daß sie die Emotionen ihrer Klienten übernehmen.

Freiheit in der Bauchregion verschafft uns Zugang zu der natürlichen Lebensbegeisterung, die Alexis Zorbas durch sein Lachen „aus dem Bauch heraus" ausdrückt. Wir können Speisen und Gefühle zu uns nehmen und verdauen, und wir können zulassen, daß Körper und Verstand damit genährt werden.

Der Brustkorb
Für unsere Zwecke definieren wir den Brustkorb als den Bereich des Rumpfes, der oben von den Schultern eingerahmt wird, die Rippenbögen einbezieht und im unteren Bereich am Zwerchfell endet. Er umfaßt sowohl den oberen Rücken, die Lungen und den Herzbereich als auch das Herzchakra. Bei den Reichianern wird dieser Bereich als „Thorax-Segment" bezeichnet. Der Brustkorb spiegelt enorm viele psychosomatische Prozesse wider. Dychtwald sagt:

Er übernimmt größtenteils die Funktion, Gefühle zu bündeln, zu verstärken und umzuformen. Die Gefühle, die vom Bauch aus durch das Zwerchfell aufwärts strömen, werden hier nicht nur verarbeitet, sondern darüber hinaus mit Leidenschaften und zwischenmenschlichen Beziehungen angefüllt... Da die Brust für die harmonische Integration dieser Aspekte des KörperBewußtseins verantwortlich ist, hat sie die Tendenz, sich selbst in einer Weise zu formen, die den Stil widerspiegelt, in dem das Individuum mit diesen Faktoren seines Lebens umgeht.
(Dychtwald, KörperBewußtsein, *1981*)

Die Atmung, die im Brustkorb zentriert ist, stellt den ersten Prozeß außerhalb des Mutterleibs dar, der dem Neugeborenen den Übergang vom Leben im Schoß zum Leben in der Außenwelt ermöglicht. Sie gehört auch zu den letzten Lebensäußerungen unmittelbar vor dem Tode. Deswegen ist der Brustkorb Ausdruck der vollständigen Lebensgeschichte eines Menschen, die sich in mehreren Schichten von Panzerung widerspiegeln kann.

Brustkorb-Meridiane und Brustkorb-Chakra
Die Tiefe und Komplexität des Brustkorbs zeigt sich auch an den sechs Meridianen, die ihn durchqueren – nämlich Niere, Magen, Milz/Bauchspeicheldrüse, Herz, Lungen und Herzbeutel. Jeder dieser Meridiane erweitert die Definition des Spektrums an psychischen Erfahrungen, die im Brustkorb möglich sind. Das gleiche gilt auch für das Herzchakra, das direkt in der Mitte des Brustkorbs liegt (vgl. Abbildung 9).

Abb. 9   Die Brustkorb-Meridiane

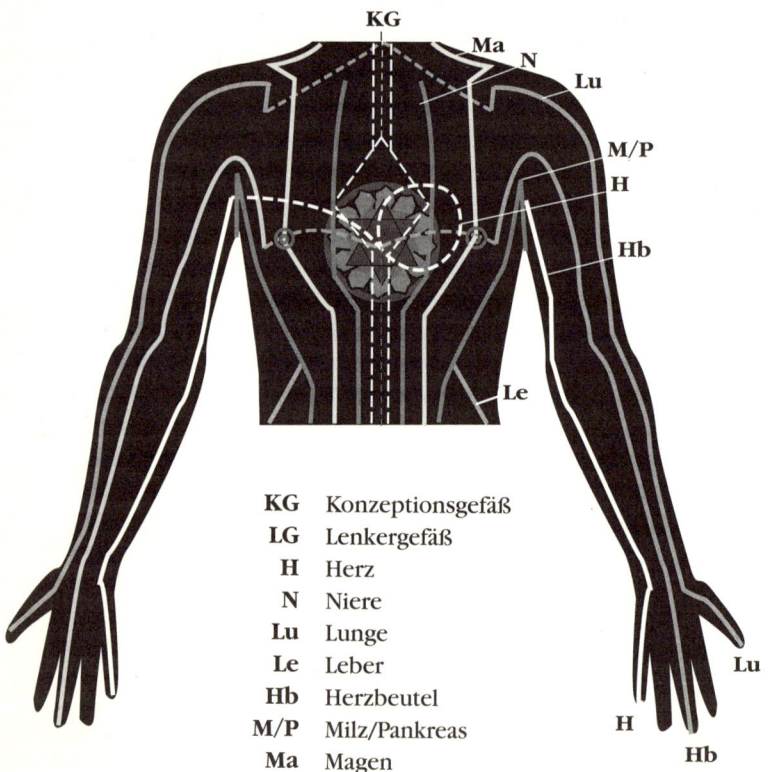

KG	Konzeptionsgefäß
LG	Lenkergefäß
H	Herz
N	Niere
Lu	Lunge
Le	Leber
Hb	Herzbeutel
M/P	Milz/Pankreas
Ma	Magen

Die Atmung und der Lungen-Meridian

Viele Psychologen und Therapeuten der unterschiedlichsten Richtungen haben zahlreiche Theorien über den Zusammenhang zwischen Atmung und Angst aufgestellt, aber am deutlichsten hat sich wahrscheinlich Fritz Perls zu diesem Thema geäußert: „Angst ist die Erfahrung, während irgendeines blockierten Erregungszustands nicht richtig atmen zu können. Es ist die Erfahrung, nach Luft zu ringen, wenn die Lungen den Dienst versagen, da die Muskeln den Brustkorb zusammenpressen." (Dychtwald, *Körper-Bewußtsein*, 1981)

Die tiefgreifenden Auswirkungen der Atembefreiung sind im letzten Jahrzehnt von „Rebirthing" und den zahlreichen Ablegern dieser Form von Atemarbeit demonstriert worden. Diese Praktiken haben gezeigt, daß der natürliche, vollständige Atemkreislauf meist während der Geburt oder kurz darauf blockiert wird und erst durch einen Prozeß bewußten Atmens wiedergewonnen werden kann. Man hat festgestellt, daß durch eine vertiefte, systematische Atmung aufgestautes psychisches Material herausgespült und der vollständige Atemkreislauf wieder hergestellt wird, wodurch wir den Kontakt zum eigenen Selbst und Geist wieder stärker spüren können.

Der Lungen-Meridian

Der Lungen-Meridian verläuft vom Solarplexus nach oben durch die Mitte des Brustkorbs, quer über den Brustkorb bis zu einem Punkt an der oberen Schulterseite und den Arm hinab bis zum Daumen. Der Lungen-Meridian steht in Verbindung mit der Emotion der Traurigkeit, dem Festhalten an längst Verlorenem und/oder der übermäßigen Trauer darüber. Tatsächlich bringt die Arbeit an der Bahn dieses Meridians im Bereich des Brustkorbs oft Verluste und Sorgen aus der Vergangenheit ans Licht, die nicht angemessen betrauert wurden. Eine Kollegin von mir arbeitete zum Beispiel an diesem Meridian im Körper eines Kindes, bei dem Autismus diagnostiziert worden war und das seit sieben Jahren weder gesprochen noch geweint hatte. Beim Lungenpunkt Nr. 1, der sich auf dem Pektoralmuskel im oberen Bereich der Brust befindet (wo besonders viel Trauer gespeichert wird), stiegen dem Kind Tränen in die Augen, und es sagte immer wieder „Mama". Seine Mutter hatte vor über sieben Jahren Selbstmord begangen. Nach dieser ersten Freisetzung der ursprünglichen

Trauer begann das Kind öfter einmal zu weinen, zu sprechen und allmählich auch zu lachen und zu spielen.

Der Herz-Meridian

Die Herzregion des Brustkorbs schließt sowohl das Herzorgan selbst als auch seinen Meridian und das Herzchakra ein. Der Herz-Meridian, der im Herzbereich seinen Ursprung nimmt, verläuft quer über den Brustkorb bis zur Innenseite des Armes und weiter bis hinunter in die Hand. Im chinesischen System ist er als „oberster Wächter" bekannt, was seine Rolle als Überwacher der Emotionen beschreibt. „Das Herz ist die Grundlage des Lebens und die Heimat des Geistes. Alles Bewußtsein und jeder Gedanke gehört dem Herzen an, und der Körper ist dem Herzen untertan wie ein Land seinem König" (Leung, 1971). Brennpunkt dieses Bereiches ist ein einzelner Punkt in der Mitte des Brustbeins, Konzeptionsgefäß 17, der der „Geist" genannt wird. Im chinesischen System wie auch in anderen Systemen verkörpert das Herz die Essenz oder den individuellen Geist des Menschen.

Der Herz-Meridian wird bei seiner Aufgabe, die Oberherrschaft auszuüben, unterstützt vom Herzbeutel-Meridian, der bekannt ist als „die Festungsmauer des Herzens". Die Energie des Herzbeutels umkreist das Herz und hat ihren Sitz in der Membran, die das Herz umgibt. Dieser Meridian läuft ebenfalls quer über den Brustkorb und durch die Mitte des Armes in die Handfläche, im Mittelfinger endend. Die Funktion dieses Meridians besteht sowohl darin, die Anweisungen des Herzens auszuführen und dieses zu schützen, als auch in der Überwachung der Blutzirkulation und der Entfachung der Sexualität. Krankheiten und Traumata des Herzens, so sagt man, werden grundsätzlich vom Herzbeutel erzeugt. Das heißt, der Schutzwall des Herzens hält den äußeren „Schlägen" stand, die sonst direkt in das Herz eindringen würden. Wenn der Herzbeutel zu schwach wird und das Herz nicht mehr schützen kann, können Traumata direkt in die Essenz des Menschen eindringen.

Ist dieser Bereich einigermaßen frei und fließt die Energie ungehindert durch die Meridiane und das Chakra, erlebt ein Mensch Begeisterung, Inspiration, Mitgefühl, Liebe und Freude im Leben, was darauf beruht, daß er sich selbst akzeptiert und zufrieden ist. Wenn meine Schüler am Herz oder Herzbeutel-Meridian eines Klienten arbeiten oder selbst eine Behandlung in diesem

Bereich bekommen, berichten sie von Gefühlen wie „zarte Wärme und Liebe", „Seligkeit", „überströmendes Mitgefühl" und „Transformation".

Das Herzchakra
So wie das Herz ständig schlägt und den physischen Körper erneuert und erhält, so erhält und erfrischt uns wahre Liebe, spontan und ohne äußeren Stimulus, immer und ewig fließend. (Chitrabhanu, The Psychology of Enlightenment, *1979)*

Das vierte oder Herzchakra entspricht Qualitäten wie Mitgefühl, Anteilnahme und dem Gefühl von Einssein mit allem Leben. Es schenkt uns eine direkte Verbindung zum Göttlichen. Durch dieses Chakra können wir ein Selbstvertrauen erfahren, das sich vom Selbstbewußtsein des Egos unterscheidet. In der Praxis des Yoga ist die Öffnung und Entwicklung des Herzchakras ein notwendiger Schritt auf dem Weg zur Erleuchtung. Ein tiefes Verstehen muß ergänzt werden durch eine umfassende Liebe für sich selbst, alle Mitmenschen und das Göttliche, sonst wird der Sucher kalt und gefühllos gegenüber dem Zustand des Menschen.

Die Herzregion des kleinen Kindes ist meistens offen und frei. Das Kind erlebt eine natürliche Selbstliebe und geht mit spontaner Zuneigung auf andere zu. Aber das Herz ist empfindsam und leicht verwundbar. Körperliche Ablehnung, gleichgültige Gesten und mißbilligende Worte verletzen das junge, weiche Herz. Wenn solche Verletzungen anhalten, wird das Kind die herzlichen Reaktionen allmählich unterlassen und Selbstschutzmechanismen mit der entsprechenden Panzerung im Körper entwickeln.

Mir ist in der ganzen Zeit meiner privaten Praxis und meines Unterrichtens bislang noch kein Mensch begegnet, dessen Herz nicht verletzt wäre. Das eigentliche Selbst, das sich vom innersten Kern her ausdrückt, ist liebevoll und empfindsam, fühlt sich auf natürliche Weise eins mit anderen und möchte ihnen Freude bereiten. Es sucht Anerkennung, sowohl, um seinen eigenen Wert bestätigt zu finden, als auch, um andere glücklich zu machen. Bei der Kindererziehung wird nur zu häufig mit Mißbilligung gearbeitet, die, wenn sie kontinuierlich eingesetzt wird, das Herz verwunden kann.

Bei der Körperarbeit mit Erwachsenen wird oft eine Schicht von Herzensverletzungen nach der anderen freigelegt. Die Panzerung hält diese Menschen so lange davon ab, Gefühle von Freude, Liebe und Mitgefühl zu erleben, bis dieser Bereich wieder geöffnet wird. Bei der „Öffnung des Herzens" eines Klienten ist ein Therapeut, der selbst ein offenes Herz hat, eine große Hilfe, denn dieser Prozeß erfordert die transformierende Kraft freifließender Herzensergie, die verbunden ist mit göttlicher Liebe. Verletzungen des Herzens können tatsächlich so weit vordringen zum innersten Kern und zu primären Erfahrungen mit Akzeptanz oder Ablehnung zurückreichen, daß göttliche Hilfe notwendig zu sein scheint. In diesem Fall kann der Körpertherapeut den Wunsch haben, sich an spirituelle Hilfsquellen zu wenden. In der charismatischen christlichen Bewegung wird eine tiefgehende Heilung des Herzens durch Gebete erreicht (MacNutt, 1985); des weiteren gibt es auf diesem Gebiet die inneren Heilungstechniken von Ruth Carter Stapleton und anderen (Stapleton, 1977; Sanford, 1966) mit Brugh Joys am Herzchakra orientierte Energiearbeit (Joy, 1987) und Gerald Jampolskys Technik der Heilung von inneren Einstellungen. Allen gemeinsam ist, daß sie die Macht des Göttlichen um Hilfe für eine tiefe, anhaltende Heilung anrufen. Dieser Hilferuf bewirkt oft wunderbare Lösungen und Wandlungen, die durch die gewöhnliche Psychotherapie offensichtlich nicht erreicht werden können. Wie Jampolsky es ausdrückt (1980): „Ich bin zu der Einsicht gelangt, daß Heilung und Liebe untrennbar miteinander verbunden sind."

Die natürliche Liebe, die vom offenen Herzen des Erwachsenen ausgeht und es durchströmt, ist nicht abhängig von der Zuneigung anderer. Brugh Joy sagt: „Die Großartigkeit der wachen Sicht des Herzens liegt in der direkten Verbindung zum Göttlichen."

Das Brust-Chakra
Brugh Joy lokalisierte ein weiteres Chakra in der Mitte des Brustkorbs zwischen Herz- und Kehlkopfchakra. Bei der Arbeit mit diesem Energiezentrum habe ich festgestellt, daß es oft Kummer und Verluste im Leben widerspiegelt. Solange der obere Bereich des Brustkorbs aufgrund dieses alten Kummers verspannt ist, kann der freie Fluß emotionalen Ausdrucks weder spontan aus dem unteren Rumpf aufsteigen, noch im Kehlkopf vollständig artikuliert werden.

Der freie und ganze Mensch muß das alte Leiden loslassen, das Körper und Verstand fortlaufend behindert und rigide, gepanzerte Muster bildet. Wenn wir uns mit Verlusten aus der Vergangenheit versöhnen, können wir unser Bewußtsein ganz in die Gegenwart bringen und die Fülle des Lebens genießen, die jetzt für uns da ist. Darüber hinaus kann uns die Befreiung von altem Kummer Zugang zum vollen Spektrum der Atmung verschaffen, was wiederum den Körper energetisch verjüngt.

Hals und Kehle
Hals und Kehle bilden einen Verbindungsweg oder eine Brücke zwischen Körper und Kopf. Durch diesen Kanal werden die organischen und emotionalen Prozesse im Rumpf an den Kopf weitervermittelt. Die Nervenimpulse, die ihren Ursprung im Körper haben, werden durch die Nerven im Hals weitergeleitet zum Gehirn. Komplexe Nerven- und Muskelstränge sind in diesem kleinen Bereich gebündelt und bilden so eine wichtige kommunikative Verbindung im Körperbewußtsein.

Die Energie von Hals und Kehle ist von großer Intensität. Sämtliche sechs Yang-Meridiane verlaufen hier, und alle kreuzen sich an einem einzigen Punkt (LG 14) zwischen dem siebten Nacken- und dem ersten Brustwirbel, wo der Hals auf den Rumpf trifft. Außer den Yang-Meridianen schicken auch fünf Yin-Meridiane (Lunge, Milz, Herz, Niere und Leber) Abzweigungen nach oben durch den Hals. Insgesamt verlaufen elf der zwölf Organ-Meridiane durch diesen schmalen Kanal. In dieser Region gibt es etwa zwölf Akupunkturpunkte. Acht davon werden „Fenster zum Himmel" genannt, was auf die in ihm liegende Möglichkeit hinweist, das Bewußtsein für höhere Ebenen zu öffnen. Außerdem befindet sich in der Mitte des Halses das Kehlkopfchakra.

Wenn die Energie sich in diesem Bereich staut, kann das zu zahlreichen verschiedenen Symptomen wie Nackenverspannung, Halsschmerzen, Kehlkopfentzündugen und einer ganzen Anzahl weiterer physischer Beschwerden führen. Die gestaute Energie kann sich auch als psychische Behinderung manifestieren, zum Beispiel als Unfähigkeit, sich kreativ auszudrücken, sich für sich selbst einzusetzen, die eigene Wahrheit zu vertreten oder in der Öffentlichkeit zu sprechen.

Wenn die Akupunkturpunkte von Hals und Kehle „verstopft" sind, sind auch die Yang-Meridiane, die zentralen Kanäle (das Lenker- und das Konzeptionsgefäß) sowie das Kehlkopf-Chakra entsprechend blockiert. Die Folge ist, daß die Energie und die kommunikativen Mitteilungen aus dem Körper nicht leicht zum Gehirn durchkommen. Somit stellt eine Blockierung in Hals und Kehle eine direkte Beeinträchtigung der geistigen Prozesse dar. Durch die Freisetzung von Energie in den Hals- und Nackenpunkten kann oft auch ein klareres Denken gefördert werden.

Emotionale Impulse, die ihren Ursprung tief im Körper haben, können im bewußten Ausdruck durch die Kehle gipfeln. So können sich zum Beispiel Ärger oder Angst, die mit dem Becken oder dem Solarplexus in Verbindung stehen, durch den Brustkorb nach oben bewegen und durch stimmlichen Ausdruck freigesetzt werden. Der unterdrückte Mensch, der schließlich sagen kann: „Ich ärgere mich", erlebt damit einen Durchbruch auf dem Weg zur Wiederaneignung seiner eigenen Macht und letzten Endes seiner selbst. Das ängstliche Kind macht einen wichtigen Schritt im Umgang mit der Angst, wenn es sagen kann: „Ich habe Angst." An der endgültigen Verarbeitung oder Lösung emotionaler Spannungen ist die Halsregion oft beteiligt.

Das fünfte Chakra
Der kreative Ausdruck, der im zweiten Chakra beginnt, trägt im fünften Chakra, dem Kehlkopfchakra, seine Früchte. Hier kann ein Mensch seine eigene Wahrheit ausdrücken, kreative Ideen entwickeln und schließlich die Macht, „etwas zu sagen zu haben" gewinnen sowie seine einzigartige Identität entwickeln. Spirituell Suchende, die das Kehlkopfchakra als Instrument ihrer eigenen Kreativität gereinigt und gemeistert haben, können durch die „Stimme" persönliche und heilende Kräfte übermitteln. Swami Radha sagt: „Wenn die Stimme zum Magneten wird, der andere anzieht, und im Herzen des Zuhörers eine Saite anklingt, dann ist das ein Zeichen dafür, daß der Schüler in Kontakt ist mit den Devas der Sprache, mit Sarasvati." Auch Telepathie und das „außersinnliche" Hellhören entwickeln sich im Kehlkopfchakra.

Es ist interessant zu sehen, wie die Entwicklungsphasen der Persönlichkeit sich in der Stimme widerspiegeln. Die Stimme eines Kindes klingt meistens ziemlich hoch, melodiös und unschuldig. In der Pubertät nimmt die Stimme einen tieferen Klang an. Nach einer Regulierungsphase findet der Erwachsene meistens endgültig zu einem Tonfall und einem Sprachstil, die er sein restliches Leben lang beibehält, es sei denn, die Stimme wird besonders geschult. Einige Menschen behalten aber trotz des großen Spektrums an Ausdrucksmöglichkeiten, die vom Instrument der Stimme beherrscht werden, eine jugendliche oder sogar kindliche Stimme. Ich habe mehrmals beobachtet, daß die kindliche oder jugendliche Stimme eines Menschen, der durch neue Einsichten geheilt und damit stärker und „erwachsener" geworden ist, einen reiferen Klang annimmt, wie um sich der neu erworbenen Reife ihres Besitzers anzupassen.

Der Kopf

In einer Gesellschaft wie der unseren, die der Vorherrschaft des Intellekts eine so große Priorität einräumt, gilt der Kopf, der das Gehirn beherbergt, im allgemeinen als Meister und Kontrollzentrum des Menschen. Das Gehirn mit seinen Billionen von Zellen und Millionen von möglichen synaptischen Verbindungen ist der „Bio-Computer", der letzten Endes die meisten organischen, rationalen und sogar emotionalen Prozesse steuert.

Sämtliche höheren mentalen Prozesse sind im Kopf zentriert. Außerdem konzentrieren sich hier auch die Sinne – Hören, Sehen, Tasten, Riechen – und die „außersinnliche" Fähigkeit der Hellsichtigkeit –, die in Verbindung mit dem Stirnchakra stehen.

Der Kopf verkörpert auch eine große energetische Intensität. Zusätzlich zu Lenker- und Konzeptionsgefäß kreuzen sechs Yang-Meridiane den Kopf, der etwa 112 Akupunkturpunkte aufweist. Die Yin-Meridiane von Leber und Herz schicken ebenfalls innere Verzweigungen in den Kopf. Das sechste (Stirn-)Chakra befindet sich in der Mitte der Stirn und das siebente (Kronen-)Chakra am Scheitelpunkt des Schädels.

Der freie Energiefluß im Kopf fördert offensichtlich die Evolution eines Menschen in Richtung Erleuchtung. Viele Menschen in unserer Gesellschaft leiden jedoch unter einem Energiestau oder einer Energiestagnation im Kopf. Wir sagen, daß ein Mensch „verkopft ist", und meinen damit, daß er auf das Leben vor allem mit mentalen Abläufen reagiert, die nicht adäquat mit den Emotionen und Körperempfindungen gekoppelt sind, welche die Einheit des Bewußtseins fördern. Eine Studentin berichtete: „Manchmal habe ich das Gefühl, als wäre mein Kopf vom Hals abgeschnitten. Der Hals aber schickt Botschaften an meinen Kopf, und so erzeuge ich selbst meine Kopfschmerzen."

Eine der vorrangigsten Aufgaben des Körpertherapeuten besteht darin, die Kommunikationskanäle zu öffnen, die zwischen dem Kopf und dem restlichen Körper verlaufen. Wenn diese Verbindungswege gereinigt sind, kann das Denken des Menschen die wertvollen Informationssignale aufnehmen, die von Körperempfindungen, Emotionen und außersinnlichen Wahrnehmungen gesendet werden, welche ein vollständiges Bewußtsein erkennt.

Das Gesicht ist ein Fenster

Das Gesicht ist vielleicht der ausdrucksstärkste Teil des Körpers, denn unsere Augen, Nase, unser Mund und die vielen willkürlichen Ausdrucksmuskeln zeigen unsere Reaktion auf das Leben. Es drückt unsere „Maske" oder Persona aus. In der Kindheit ist der Gesichtsausdruck leicht durchschaubar und spiegelt die Emotionen des Kindes unmittelbar wider. Später im Leben lernt ein Mensch vielleicht, seinen Gesichtsausdruck zu kontrollieren, meistens um sich dagegen zu wehren, daß man ihm alles vom Gesicht „ablesen" kann oder ihn „durchschaut". Das „versteinerte Gesicht" des Kriminellen und des Richters ist ein gutes Beispiel für die Panzerung des Gesichts. Die Kontrolle des Gesichtsausdrucks oder die Angewohnheit, bestimmte Grimassen zu ziehen oder ein falsches Lächeln aufzusetzen, können zu Muskelverspannungen führen, die sich festsetzen und allmählich den Gesichtsausdruck insgesamt behindern. Ein Student beschrieb sein Gesicht wie folgt: „Mein Gesicht versucht meistens, eine schöne Front zu zeigen, aber ich habe in der festen Panzerung um die Augen herum und in den Wangen ziemlich viele unerfreuliche Gefühle aufgestaut. Mein Lächeln ist oft defensiv und unaufrichtig." Das Kind, das sein Weinen unterdrückt, wächst vielleicht zum Mann heran, der nicht weinen kann. Andrerseits kann ein Kind, das sich angewöhnt hat, ständig zu schmollen, vielleicht schließlich gar nicht mehr lächeln. Diese Gewohnheiten können durch Körpertherapie oder ein bewußtes Training, wie Schauspielunterricht, verändert werden. Psychisches Material und Emotionen, die in den Gesichtsmuskeln gestaut wurden, können freigesetzt werden und ins Bewußtsein treten. Jack Rosenberg, der mit den Techniken der Gestalttherapie und Gesichtsentspannung arbeitet, hat festgestellt, daß ein Mensch, dessen Gesichtsmuskulatur befreit wird, auch damit rechnen muß, daß emotionales Material hochkommt, das ebenfalls geheilt werden muß. Ein Beispiel für diesen Ablauf stammt aus einem Seminar für Gesichtsmassage, das er im Esalen Institut durchführte:

Einer der Teilnehmer, der eine Massage bekam, fing an zu weinen und geriet in eine (für ihn) sehr beängstigende Reaktion, die um sein Gefühl kreiste, erstickt zu werden. Während wir an dieser erschreckenden Emotion mit Gestaltmethoden arbeiteten, wurde deutlich, daß er in ein sehr frühes Alter regrediert war – etwa sechs oder sieben –, als man ihm wegen einer gebrochenen Nase eine Vollnarkose aufzwängte. All die Angst und das Entsetzen jener frühen Jahre fanden im „Hier und Jetzt" erneut Ausdruck, und zwar vollständig und auf eine ganz reale Weise. (Dychtwald, 1981)

Ein Mensch, der die verschiedenen Formen der Gesichtskontrolle losgelassen hat und sich auf dem Weg der Selbstbefreiung befindet, kann ein breites Spektrum an Emotionen im Gesicht ausdrücken. Das Gesicht kann dann – wie auch in der Kindheit – die spontanen Reaktionen auf das Leben in Form von Gedanken oder Handlungen widerspiegeln. Körpertherapeuten und Psychologen betrachten die Augen, die manchmal als „Fenster der Seele" bezeichnet werden, als Indikatoren für die Vitalität, persönliche Freiheit und den Geist eines Menschen. Ein Mensch, der wenig Selbstwertgefühl oder Identität hat oder auf dem schwere persönliche Probleme lasten, hat meistens trübe oder „tote" Augen ohne jeden Glanz. Dagegen zeigen die Augen des Menschen, dessen individueller Geist aufblüht, Lebendigkeit, „Licht" und Tiefe. Vom Herz-Meridian, dem Sitz des individuellen Geistes, verlaufen innere Verzweigungen direkt bis in die Augen.

Das sechste und das siebente Chakra

Das sechste und das siebente Chakra werden traditionell in Verbindung gebracht mit dem „höheren Bewußtsein", der Fähigkeit unmittelbaren Wissens und dem Zustand des Einklangs mit der universellen Ordnung, den die spirituell Suchenden aller Zeiten immer wieder angestrebt haben. Die Entwicklung des Stirnchakras geht einher mit der Fähigkeit, durch Zeit und Raum zu sehen und Zugang zu haben zu einer umfassenderen Sicht des Lebens, als wir sie durch empirische Daten gewinnen. Das Kronenchakra vermittelt einem Menschen direkten Zugang zum universellen Wissen und der göttlichen Energie. Laut Joy stehen nur das Kronenchakra und das Herzchakra in direkter Verbindung zur göttlichen Energie. Die Arbeit am Schädel mit einem einfühlsamen

Körpertherapeuten kann uns wohltuend darin unterstützen, Zugang zu den Kräften dieser Chakras zu gewinnen.

Beine und Füße
Beine und Füße verbinden den Menschen mit dem Boden und damit mit der Realität der irdischen Ebene. Der Rumpf ruht auf den Beinen, welche ihn in die Welt hinaustragen, damit er seine Aufgabe erfüllen kann. Sechs Meridiane verlaufen in beiden Richtungen durch die Beine und in die Füße und weisen insgesamt 124 Akupunkturpunkte auf. (32 dieser Punkte sind auch als „Befehlspunkte" bekannt, weil sie einen tiefgreifenden, die Elemente harmonisierenden Einfluß auf das gesamte Körperbewußtsein ausüben.)

Wenn ein Mensch nicht in der Welt verwurzelt, das heißt unfähig ist, in seiner Umgebung und/oder der Gesellschaft zu funktionieren, mit ihr zurechtzukommen und zusammenzuarbeiten, zeigt er meistens eine entsprechende Schwäche in Beinen und/oder Füßen. Diese Schwäche kann sich in akuten Beschwerden wie Krankheiten oder Deformierungen äußern. Sie kann vom Körpertherapeuten als mangelnde Stabilität beim Stehen oder Gehen oder auch als Unterentwicklung der Beine und mangelnde Gefühls- oder Empfindungsfähigkeit in diesem Bereich wahrgenommen werden. Alexander Lowen, der Begründer der Bioenergetik, erläutert, welche Auswirkungen die Erdungsfunktion auf den gesamten Menschen hat:

Bioenergetisch ausgedrückt, hat die Erdung für das Energiesystem des Organismus die gleiche Funktion wie für einen elektrischen Hochspannungsschaltkreis. Die Aufladung der menschlichen Persönlichkeit kann gefährlich sein, wenn der Mensch nicht geerdet ist. Je mehr ein Mensch den Kontakt zum Boden spüren kann, desto mehr Aufladung kann er vertragen und desto stärkere Gefühle kann er verarbeiten ... Schließlich gibt es auch die Angst davor, auf seinen eigenen Füßen und das heißt allein dazustehen. Als Erwachsene stehen wir allein da; das ist die Realität unserer Existenz. Aber die meisten Menschen, so habe ich herausgefunden, sträuben sich dagegen, diese Realität zu akzeptieren. (Dychtwald, 1981)

Wenn die Lebenskraft nicht durch die Bein-Meridiane fließt, fühlt sich ein Mensch „abgehoben", steht nicht richtig in Verbindung mit seiner irdischen Aufgabe und mißtraut seiner „Stellung" im Leben. Eine Studentin berichtete, wie sie ihre Beine und Füße erlebte:

Ich wollte dieses „augenblickliche Leben" nicht leben, und als ich mich meinen Beinen zuwandte, bestätigte mich das in einem Gefühl, das ich mein Leben lang immer wieder gehabt hatte, daß ich nämlich nicht wirklich hier sein wollte –; ein Fuß war drinnen und ein Fuß draußen, und ich war unfähig, mich mit Hilfe meiner Arme und Beine in die eine oder andere Richtung zu bewegen. Meine große Angst ist, in einer Art Katatonie festzuklemmen, in einer Schwebe zu hängen, in der ich mich weder tot noch lebendig fühle.

Die Stimulation der Energie in den Beinen bringt einen „abgehobenen" Menschen stärker in seinen Körper. Ein solcher Mensch schwebt dann nicht mehr „im luftleeren Raum" oder ist ständig mit traumatischen Erlebnissen aus der Vergangenheit beschäftigt. Ein Mensch, der mehr Erdung entwickelt, fühlt sich körperlich stärker und ist es auch tatsächlich. Er gewinnt die Stabilität, die er braucht, um sich im Leben vorwärtszubewegen.

Gewöhnlich sind die Extremitäten weniger gepanzert als Rumpf und Hals. Vielleicht beruht das darauf, daß die Beine im natürlichen Verlauf des Lebens mehr bewegt und stimuliert werden. Trotzdem können hier tiefgehende Traumata gespeichert sein. So bringen einige Rolfer zum Beispiel rigide Faszien (Bindegewebe) an der Innen- bzw. Außenseite der Oberschenkel mit Mutter- bzw. Vatererlebnissen in Verbindung. Bei meiner zweiten Serie von Rolfing-Sitzungen erlebte ich meine eigene Geburt wieder, während der Rolfer an der Innenseite meiner Oberschenkel arbeitete. Das Faszinierendste an dieser Erfahrung war, daß ich mich, als ich geboren wurde, mit dem Wehenschmerz meiner Mutter identifizierte und mich deswegen schuldig fühlte, vor allem, als mir klar wurde, daß ich tatsächlich gar nicht geboren werden wollte. Ich wollte nicht wirklich in dieses Leben kommen. Viele Jahre lang spiegelte die mangelnde Lebendigkeit meiner Beine diese Weigerung wider.

Verbreitete Beinbeschwerden sind Schmerzen im Knie, Schwellungen oder ein allgemeines Schwächegefühl. Die Knie stehen oft in Verbindung mit Angst und der Notwendigkeit, sich den Herausforderungen des Lebens zu beugen:

> *In der alten chinesischen Medizin standen die Knie in Verbindung mit den Nieren. Die Nieren wiederum waren sowohl mit dem Element Wasser als auch mit den Sexualorganen verbunden. In ihrem System steht Wasser für Angst und damit in Wechselbeziehung zu dem Obengenannten. Unsere Sexualität steht für unsere größte Vitalität: Ein Mensch, der in die Knie gezwungen wird, empfindet dies immer als Demütigung. Der Kniefall vor einem König, einem alten Menschen oder einem Heiligenbild galt schon immer als Geste der Unterwerfung. Daraus können wir folgern, was es bedeutet, wenn wir uns weigern, die Knie zu beugen: „Ich werde mich deinem Willen nicht unterwerfen." – „Ich werde dich nicht anbetteln."* (Kurtz und Prestera, Botschaften des Körpers, 1976)

Füße und Erdung

Die Füße stellen unsere konkreteste Verbindung zur Erde her. Wenn sie stabil und mit den Beinen im Einklang sind, können wir durch sie die Energie und Kraft des Planeten in uns aufnehmen. Der Punkt Niere 2, „Sprudelnde Quelle", liegt in der Mitte der Fußsohle. Sein Name weist auf die Energieverbindung mit der Erde hin, die uns nähren kann. Tatsächlich ist er einer der stärksten Notfall-Wiederbelebungspunkte im ganzen menschlichen Energiesystem.

Wenn der feste Kontakt zur Erde und zu den Beinen durch eine Fehlhaltung der Füße behindert ist, entspricht dem die psychologische Schwäche, daß der Mensch nicht fest im Leben steht. Ich habe bei mehreren Mystikern beboachtet, daß ihre Füße keinen stabilen Kontakt zum Boden herstellen. Dieser Mangel an Erdung kann die Fähigkeit behindern, sich im gewöhnlichen Leben einer konkreten Aufgabe zu widmen und voranzukommen. Ein Mensch beschrieb das wie folgt:

> *Meine Füße fühlen sich nicht wohl. Sie strengen sich sehr an, fühlen sich unfähig und sind nicht recht verbunden mit meinem übrigen Körper. Ich habe das Gefühl, daß die Innenkante versucht, festzuhalten und herauszubekommen, was sie tun soll und wie sie es anfangen soll, während die Außenkante kaum den Boden berührt und vergleichsweise „wackelig" ist. Es ist, als wären die Außenkanten nie zur ihrer endgültigen Stellung herangereift, und die Innenkanten neigen zur Überkompensation*

(als wären sie niemals jung gewesen und würden alles sehr ernst nehmen). Die Außenkanten meiner Füße fühlen sich irgendwie „grenzenlos" an, als wären sie energetisch nicht präsent – sie hängen in der Luft, heimatlos.

Wenn die Füße keinen guten Kontakt zur Erde herstellen, zeigt sich diese Instabilität im ganzen restlichen Körper. Insofern geben die Füße dem ganzen Menschen Sinn und Nahrung. Dr. Fritz Smith sagte einmal, wenn die Füße nicht „offen" seien und nicht zuließen, daß die Energie in ihnen kreist, könne es sein, daß die Arbeit mit dem restlichen Körper keine anhaltenden Resultate zeigt.

Arme und Hände
So wie unsere Beine und Füße uns mit dem Boden verbinden, verbinden unsere Arme und Hände uns mit anderen Menschen und mit unseren Handlungen in der Welt. Als vielseitige Instrumente zur Berührung von Menschen und Dingen können wir sie in fast jede Richtung strecken. Dychtwald sagt:

Die Arme und Hände bilden die Kanäle, durch die sehr viele funktionelle Emotionen ausgedrückt werden; sie können Handlungen wie Schlagen, Streicheln, Stoßen, Packen, Halten, Nehmen, Geben, Ausstrecken, Manipulieren, Fühlen, Sich-schützen und Sich-ausdehnen weiter übertragen oder erzeugen ... Sie vermitteln die Emotionen, Aktionen und Funktionen des KörperBewußtseins an andere Menschen weiter. (1981)

Sechs Meridiane – einschließlich Lunge, Dickdarm, Herz, Dünndarm, Herzbeutel und dreifacher Erwärmer – verlaufen über die Arme und in die Hände, mit 61 Akupunkturpunkten auf jeder Seite (insgesamt also 122 Punkte in beiden Armen). Dementsprechend wird ein Teil der Funktionen und Energien jedes dieser Meridiane (einschließlich ihrer psychischen Entsprechungen) entlang der in Armen und Händen verlaufenden Bahnen verarbeitet. Atmung, Trauer, Ausscheidung, Verdauung (sowohl physisch als auch psychisch) – all das sind Vorgänge, die in Verbindung mit den Arm-Meridianen stehen. Besonders wichtig sind die Energiebahnen des Herzens (der Essenz) und seines Beschützers (des Herzbeutels), da sie helfen, nach außen auszudrücken, was dem individuellen Geist entspringt. Schwäche, Disharmonien oder

Verletzungen der Arme und Hände können einhergehen mit Problemen der Kontaktaufnahme und des Handelns. Ein jungscher Analytiker erzählte mir die Geschichte, wie er zur Psychiatrie kam. Er war Chirurg gewesen. Als er eines Tages während einer Operation nach dem Skalpell greifen wollte, wurde seine Hand mitten auf dem Weg gelähmt und löste sich mehrere Tage lang nicht aus der Greifhaltung. „An jenem Tage wußte ich, daß ich den falschen Beruf hatte", berichtete dieser erstaunliche Arzt. Nach einigen Wochen Therapie und dem festen Entschluß, seinen Beruf zu wechseln, verschwand die Lähmung, und die Kraft in seiner Hand kehrte zurück.

Das Greifen nach der Mutter ist in der Kleinkindzeit eine unserer natürlichsten Gesten, die sich im späteren Leben weiterentwickelt zur Kontaktaufnahme mit anderen Menschen. Ist Mutter nicht da oder entzieht sich unserer Berührung, lernen wir vielleicht schon sehr früh im Leben, uns zurückzunehmen, nicht nach anderen zu greifen und nicht um das zu bitten, was wir wirklich haben möchten.

Es ist ein natürliches Bedürfnis, andere zu halten und gehalten zu werden, sich gegenseitig zu berühren und kinästhetisch zu erfahren. „Berührungen sind eine lebenswichtige und belebende Energiequelle für mich", berichtete einer meiner Schüler. „Ich liebe es, mit meinen Händen zu arbeiten, ob ich nun in der Erde buddele, Ton forme oder einen Rücken streichele." Viele Klienten und Schüler, mit denen ich gearbeitet habe, waren völlig ausgehungert nach menschlichen Berührungen, die sie bestätigen, ihnen helfen, ihren Körper zu spüren, und ihnen ermöglichen, in Kontakt mit anderen zu sein.

Die Hände können als Heilungsinstrumente wahre Wunder vollbringen. Meine Arbeit hat mich davon überzeugt, daß Berühren, Halten, Umarmen und Ansichdrücken kinästhetische Anker sind. Wir wissen zum Beispiel, daß Babys, denen diese Berührungen vorenthalten werden, schwere Schäden entwickeln oder sogar Wachstumsstörungen zeigen können. Sie lernen, ohne Berührungen auszukommen, und weisen schließlich genau das zurück, was sie so dringend brauchen.

Und schließlich ist es wichtig, die Schultern als Brücke zwischen Armen und Rumpf zu erwähnen. Die Schultern vermitteln zwischen den emotionalen Kräften des Rumpfes und den expressiven Kräften von Armen und Händen. Im allgemeinen werden die

Schultern mit Verantwortung in Zusammenhang gebracht. Wir sagen: „Er trägt eine schwere Last auf den Schultern."

Verspannungen und Blockaden in diesem Bereich zeigen, daß der Mensch mehr Verantwortung trägt, als er bewältigen kann. Im Verlaufe der Zeit können sich Panzerungen ansammeln, die einen Menschen an der Einstellung festhalten lassen, daß das Leben eine Last ist.

Die Prägungen der Vergangenheit sind dort, wo wir sie finden

Nach dieser grundlegenden Übersicht über die verschiedenen Erfahrungen, die im allgemeinen in entsprechenden Körperteilen aufzufinden sind, ist es wichtig, darauf hinzuweisen, daß Erfahrungen in jedem Teil des Körpers gespeichert werden können und wir auch ganz unerwartet in Bereichen auf sie treffen können, die scheinbar keinen Zusammenhang mit ihnen aufweisen. Dabei fällt mir zum Beispiel das ungewöhnliche Erlebnis einer Frau mit dem Unfalltod ihres Vaters ein. Diese Erinnerung kam hoch, während die Therapeutin am Kopf der Klientin arbeitete. Während ihre Kopfhaut und ihre Schädelknochen massiert wurden, verzerrte sich ihr Gesicht vor Schmerz. Sie berichtete:

Ich sehe den gewaltsamen Zusammenstoß vor mir und fühle ihn. Ich sehe den Körper meines Vaters auf den Schienen liegen. Ich spüre den Schock und das Entsetzen im Körper und im Bewußtsein meiner Mutter, während sie Zeugin seines Todes ist.

Das war ein Gefühlserlebnis, das im ganzen Körper und Bewußtsein der Frau widerhallte, auch wenn der Zugang zu diesem Erlebnis sich über den Kopf eröffnete. Ich glaube, daß Erfahrungen sich sogar in den Chakras oder dem Energiefeld (der Aura) stauen können, das den Körper umgibt. Auf jeden Fall muß die Therapeutin oder der Therapeut offen und wach bleiben, um jede Erfahrung ernst nehmen zu können, von der Klienten berichten, und die Bereitschaft zeigen, dieser Erfahrung, in welchem Körperbereich sie auch auftreten mag, zusammen mit dem Klienten zu *folgen*.

Der freie Körper

Der freie Körper ist dem gesunden oder beweglichen Körper verwandt, wenn auch nicht identisch mit diesem. Körperliche Gesundheit heißt im allgemeinen, daß die verschiedenen Systeme einigermaßen normal funktionieren und keine ernsthaften Krankheitssymptome vorliegen. Ein „beweglicher" Körper hat einen gesunden Muskeltonus, ist flexibel und stark. Der „freie" Körper hat den Großteil seines Charakterpanzers losgelassen, und deswegen ist auch das Bewußtsein befreit von den grundlegenden traumatischen Prägungen der eigenen Vergangenheit. Ein solcher Körper ist lebendig, sensibel und wach gegenüber sich selbst. Er stellt das Gegenteil des abgestumpften, gepanzerten Körpers dar. Er ist von einer lebendigen Wachheit – propriozeptiv, kinästhetisch und emotional. Er ist frei, aus dem Moment heraus auf die augenblickliche Realität interner und externer Reize zu antworten. Man kann zu jedem Bereich eines solchen Körpers schnell einen bewußten Kontakt herstellen und oft auch bestimmte Energieströme, Chakras und Organe wahrnehmen.

Die Lebendigkeit des freien Körpers wird in Form von vibrierenden, kribbelnden oder prickelnden Empfindungen wahrgenommen, die sich anfühlen wie ein schwacher elektrischer Strom. Manchmal können diese Empfindungen auch innerlich als Lichtströme oder -flecken wahrgenommen werden. Eine meiner Schülerinnen beschrieb dieses Phänomen während einer körpertherapeutischen Sitzung mit den Worten: „Ich kann ganz deutlich sehen, wie sich eine grade Lichtlinie in meinem Körper bildet, während Sie mit mir arbeiten. Jetzt wird die ganze Körperhälfte hell, als würde langsam eine Neonröhre aufleuchten." Ich habe selbst ähnliche Erfahrungen gemacht und im Rahmen von körpertherapeutischen Sitzungen oder Trainings immer wieder davon erzählen hören. Und trotzdem ist ein freier Körper im gewöhnlichen Leben etwas ziemlich Ungewöhnliches. Tatsächlich ist er ein seltenes Phänomen, es sei denn, ein Mensch übt sich lange Jahre in spirituellen Praktiken (wie Yoga), die den Körper mit einbeziehen, oder befreit sich durch Körpertherapie, mit deren Hilfe die entsprechende persönliche Vergangenheit verarbeitet wird, von seinem Körperpanzer. Es ist eine Freude, einen solchen Körper zu bewohnen. Statt gebrechlicher zu werden, was gewöhnlich der Fall ist, kann ein solcher Köprer mit zunehmendem Alter immer stärker werden. Und er wird empfänglicher für die Botschaften der Seele.

Zusammenfassung

Der Körper ist die gesamte materielle Substanz des ganzen Menschen. Im Verlaufe seiner Entwicklung von der Empfängnis bis zur Reife zeichnet der Körper eine große Anzahl der verschiedensten Lebenserfahrungen auf; diese Erfahrungen prägen sich ihm ein und helfen, ihn zu formen. Die physische Lebenschronik sammelt sich in Schichten von Panzerungen an, die von den tiefsten Strukturen bis zur Oberfläche reichen. Diese Schichten entsprechen in etwa den Schichten der Persönlichkeit, nämlich dem Kern, dem Metaprogramm, dem Persönlichkeitskörper und der Persona.

Auch wenn der Körper als ein Ganzes agiert, bei dem sämtliche Teile sich gegenseitig beeinflussen, können in den einzelnen Bereichen der Panzerung bestimmte, allgemein verbreitete Erfahrungen aufgefunden werden.

Die Energiesysteme – die Meridiane und die Chakras – eröffnen uns den Zugang zu sämtlichen Teilen des Körpers. Nach meiner Erfahrung bewirkt die Befreiung dieser Systeme und damit ihr Wiederanschluß an den natürlichen, freifließenden Energiestrom automatisch eine Auflösung der entsprechenden Panzerung und eine Freisetzung der hier gespeicherten Lebenserfahrungen. Die fortschreitende Befreiung von der Panzerung führt allmählich wieder zu Lebendigkeit und schenkt uns Zugang zu den Informationen, die der Kern und das Meisterprogramm der Seele enthalten. Mit dieser Verbindung zur Seele und zu ihrer wahren Aufgabe kann ein Mensch sich voll selbstverwirklichen.

Kapitel 4
Die Emotionen

> Wird eine Emotion weder durch angemessenes Handeln ausgedrückt noch bewußt eingestanden, rächt sie sich, indem sie irgendein geistiges oder körperliches Leiden inszeniert.
> Weatherhead, zitiert nach Hall,
> *The secret teaching of all ages (1977)*

Emotionen als Energiewellen
In Kapitel 1 wurden Emotionen definiert als Erregungszustand des Organismus, der bewußte, organische und verhaltensmäßige Veränderungen beinhaltet. Dieser Erregungszustand schließt auch den Aspekt ein, daß eine Emotion eine elektrochemische Aktivität darstellt, die sich in Wellen durch den ganzen Körper bewegt.

Die westliche Psychologie erkennt grundlegende Emotionen wie Ärger, Angst und Traurigkeit an. Es gibt aber auch eine ganze Reihe von Emotionen, die Variationen oder Steigerungen der primären Emotionen darstellen. Einige Psychotherapeuten arbeiten eingehend mit Emotionen, weil sie von der Voraussetzung ausgehen, daß diese ein lebendiger Teil menschlichen Bewußtseins und menschlicher Freude sind. Andere hingegen wenden sich ihnen kaum zu, weil sie behaupten, daß Emotionen einfach eine bewußte Steuerung behindern. Es gibt aber bislang noch keine methodisch durchdachte praktische Theorie der Emotionen, die diese auf ganzheitliche Weise mit psychischen Prozessen sowie geistigen und spirituellen Zuständen in Zusammenhang bringt.

Die östliche Sichtweise
Zwei alte östliche Beschreibungen des menschlichen Organismus liefern uns anschauliche Darstellungen für ein ganzheitliches

Verständnis von Emotionen – das chinesische medizinische Modell von den fünf Elementen und die indische Darstellung der Chakras aus der Yogatradition. Beide Systeme werden energetisch beschrieben. Das chinesische Modell, das im Jahre 200 v. Chr. im *Nei Ching* zum ersten Mal aufgezeichnet wurde, beschreibt ein System von Emotionen und stellt diese in Zusammenhang mit den fünf Elementen und den Energie-Meridianen des Körpers. Dieses System folgt den „natürlichen Gesetzen" der energetischen Beziehungen in Körper, Verstand, Emotionen und Geist. Es ist das am leichtesten verständliche und praktisch umsetzbare Modell von Emotionen, das mir je begegnet ist, und liefert uns die Grundlage für eine Sicht der Emotionen und eine Arbeitsweise mit ihnen, die in Übereinstimmung mit sämtlichen anderen Aspekten des Menschen ist.

In den alten indischen Schriften des Yoga werden die Emotionen ebenfalls auf der Grundlage ihrer Verbindung zum Energiesystem der Chakras klassifiziert. Die beiden energetischen Modelle – das der Elemente mit ihren Meridianen und das der Chakras – liefern einen umfassenden Rahmen für das Verständnis der Emotionen. Ich glaube, daß beide zusammen eine vollständige Sicht der natürlichen emotionalen Reaktionen im Zusammenhang mit körperlichen, geistigen und spirituellen Prozessen bilden. Darüber hinaus weisen sie uns die Richtung für eine einheitliche Theorie der Emotionen, mit deren Hilfe wir bestimmen können, wo die natürliche emotionale Reaktion blockiert sein könnte oder welche Emotionen vielleicht übertrieben zum Ausdruck gebracht werden.

Sämtliche Emotionen, die im chinesischen Modell in Beziehung zu den fünf Elementen stehen, stellen natürliche Gefühlsreaktionen auf die verschiedensten Ereignisse dar und sorgen für ein gesundes und reiches emotionales Leben. Aber in der konkreten Persönlichkeitsstruktur stellen wir fest, daß einige Emotionen häufig zum Ausdruck gebracht werden, während andere merkwürdigerweise gar nicht vorhanden zu sein scheinen. Verbreitet ist auch, daß Familien von bestimmten emotionalen Mustern beherrscht werden. Eine Familie zum Beispiel kann Kummer vielleicht offen zeigen, verleiht aber ihrem Ärger nur selten oder überhaupt nicht Ausdruck. Dieses Modell der Emotionen erlaubt uns, emotionale Grundkomplexe in der Persönlichkeit zu bestimmen und dann in angemessener Weise damit zu arbeiten.

Ich habe mich dafür entschieden, mit Emotionen auf der Grundlage dieser energetischen Systeme zu arbeiten, weil sie den ganzheitlichen Prozessen, die zur Selbstverwirklichung führen können, auf folgerichtige Weise Sinn verleihen. Auch das westliche psychologische Verständnis ist damit gut vereinbar. Dr. Leon Hammers Buch *Dragon Rises, Red Bird Flies* ist eine empfehlenswerte klinische Beschreibung dieser Zusammenhänge.

Die Theorie der fünf Elemente
Die Theorie der fünf Elemente aus der chinesischen Medizin (die vor allem in der Akupunktur und der Akupressur angewendet wird) ist eine ganzheitliche Beschreibung des menschlichen Organismus. Die Welt und der Mensch werden dabei wahrgenommen durch das kosmologische Raster der fünf Grundelemente, -zustände oder -energien, und zwar Feuer, Erde, Metall, Wasser und Holz.

Das System der fünf Elemente ist ein Instrument zur Ordnung und Gruppierung von Vorstellungen zu einem praktischen Ganzen. Es existiert nicht allein für sich, sondern repräsentiert die Beziehungen der grundlegenden Energien untereinander ... Es hilft, einige der Formen des physiologischen Austauschs zu erklären, die zwischen all diesen Energien stattfinden ... und beschreibt, allgemein gesehen, die Beziehung des Menschen zu den Jahreszeiten und seiner physischen Umgebung. (Matsumoto u. Birch, Five Elements and Ten Stems, *1983*)

Es ist ein empirisches System, das aus der Beobachtung des menschlichen Organismus und seiner Umgebung seit dem Jahre 200 v. Chr. und vorher gewonnen wurde. Die medizinischen Anwendungsmöglichkeiten, die einer noch umfassenderen und älteren Kosmologie entnommen wurden, wurden durch eine jahrhundertelange klinische Praxis weiterentwickelt und getestet.

Der chinesische Buchstabe, der traditionell für „Element" steht, kann auch als „Phasen", „Bewegungen", „Kreuzungen" oder „Pfad" übersetzt werden. Jedes Element oder jede „Phase" repräsentiert eine Energie, einen Archetyp oder einen komplexen Zustand, der das menschliche Energiesystem und darüber hinaus viele körperliche Entsprechungen sowie zahlreiche Umgebungseinflüsse wie Jahreszeiten, Klima und Farben umfaßt. Diese Zusammenhänge werden in Tabelle 1 dargestellt.

Die Beziehungen zwischen den Elementen und bestimmten Gefühlen sind in der klassischen chinesischen Literatur ebenso grundlegend wie knapp gefaßt. Bei der Anwendung des Modells in der zeitgenössischen Praxis muß man folgende zwei Punkte beachten: 1. Der Beweis für die Gültigkeit der Verbindung dieser Emotionen zu den Meridianen und Organen des Körpers ist im Verlaufe von 2000 Jahren medizinischer Praxis in China dokumentiert worden. 2. Neue Beweise für die praktische Anwendbarkeit auf den zeitgenössischen westlichen Menschen werden von Praktikern, die mit diesen Theorien arbeiten, fortlaufend gesammelt und belegt (Teeguarden, Worsley, Connolly, Hammer, Raheem und viele Akupunkteure).

Während der Schüler die Entsprechungen zu den einzelnen Elementen lernt (Tabelle 2) und an Menschen beobachtet, entwickelt er ein bewußtes sinnliches Raster (visuell, auditiv, olfaktorisch und propriozeptiv), das ihm bei der Wahrnehmung und Einschätzung dessen, was der Klient braucht, von großer Hilfe sein kann.

Die Energiesysteme und die Emotionen
Im folgenden Abschnitt werden die Emotionen in Verbindung gebracht mit den Elementen und deren Meridianen. Wir werden zuerst die Beziehung zwischen emotionalen Mustern, Elementen und Meridianen erforschen und dann untersuchen, welcher Zusammenhang zwischen bestimmten Emotionen und den einzelnen Chakras besteht. Natürlich überschneiden sich die emotionalen Zustände, die den Elementen, Meridianen und Chakras entsprechen, da die großen Energiewirbel der Chakras in die Energieströme der Meridiane münden, die unterhalb von ihnen verlaufen.

Um der Klarheit willen werden bei unserer Besprechung die einzelnen emotionalen Zustände getrennt dargestellt, aber in dem Maße, wie der Schüler sich mit dem Körper und seinen Energiesystemen vertraut macht, wird die emotionale Interaktion zwischen den Meridianen und den Chakras deutlich. Bei der Arbeit mit den Emotionen, wie sie sich durch die Energiesysteme manifestieren, treten immer wieder gewisse Grundsätze und Muster zutage.

Die Emotionen

Grundsätze der Beziehungen zwischen Energien und Emotionen

1. Die Energiesysteme, zu denen die Meridiane und Chakras gehören, liefern die Basis für ein vollständiges Spektrum an emotionalen Äußerungen. Dieser umfassende Komplex von Emotionen bietet uns eine Anleitung, das Leben auf der Grundlage eines gesunden emotionalen Spektrums in seiner ganzen Fülle zu erfahren.
2. Wenn die Energieströme der Meridiane und/oder Chakras ausgeglichen sind, wird eine typische, „zentrierte" oder „angemessene" Emotion zum Ausdruck gebracht. (Die Beziehung zwischen diesen zentrierten Emotionen und den entsprechenden Elementen wird in den unten folgenden Abschnitten beschrieben.)
3. Wenn der Energiefluß aus dem Gleichgewicht gerät – zu stark oder zu schwach ist –, wird eine übertriebene Emotion gezeigt. Übertriebene Reaktionen gibt es, wenn die zentrierte Reaktion die Mitte darstellt, in beide Richtungen, zum Beispiel: Hysterie oder Traurigkeit, Sympathie oder Egozentrismus, Trauer oder die Weigerung zu trauern, Angst oder Draufgängertum, Ärger oder Apathie.
4. Ein gestörtes energetisches Gleichgewicht kann zu einem gestörten emotionalen Gleichgewicht führen, und dieses wiederum kann eine Störung des energetischen Gleichgewichts verursachen.
5. Disharmonien zwischen Energien und Emotionen können mit der Zeit zur Gewohnheit werden, und eine vorhandene Disharmonie kann sich kontinuierlich selbst verstärken.
6. Gewohnheitsmäßige energetisch/emotionale Muster können zu einem fixen emotionalen Muster innerhalb der Persönlichkeit werden, wobei bestimmte Emotionen häufig, andere hingegen selten oder gar nicht zum Ausdruck gebracht werden.

Die Theorie der fünf Elemente und die Emotionen

Das *Nei Ching* nennt fünf Emotionen, die mit den fünf Elementen verbunden sind. Diese sind: Freude, Sorge, Trauer, Angst und Wut. Diese fünf Emotionen liefern uns ein einfaches Raster, mit dessen Hilfe wir die primären emotionalen Komplexe bestimmen können, die organisch und energetisch im Körper verwurzelt sind. Jede dieser fünf Emotionen kann weiter aufgefächert werden zu einer Gruppe verwandter Affekte, die von „ausgeglichenen" bis zu „unausgeglichenen" emotionalen Äußerungen rangieren. So ist zum Beispiel Freude der ausgeglichene Ausdruck des Elements Feuer, wohingegen Trübsinn (mangelnde Freude) und Hysterie (zuviel Freude) unausgeglichene Äußerungen von Freude sind. Zusammengenommen enthalten die fünf Muster das ganze Spektrum sämtlicher Haupt- und Nebenemotionen. Dabei kann jede einzelne Emotion mit einem bestimmten Element in Verbindung gebracht werden, was uns in die Lage versetzt, primäre, ganzheitliche Bedürfnisse im Körperbewußtsein und in den Emotionen zu bestimmen und zu unterstützen. (Teeguarden hat mit dem Emotionsmodell der fünf Elemente und seiner Anwendung auf den westlichen Menschen ausführlich gearbeitet. In ihrem Buch *The Joy of Feeling* hat sie die emotionalen Muster in ihrer Entsprechung zu den einzelnen Elementen detailliert definiert und beschrieben.) In den folgenden Abschnitten werden die fünf primären Emotionen, die mit den fünf Elementen verbunden sind, sowie die ihnen verwandten Emotionen untersucht.

Abbildung 10: Die fünf Elemente

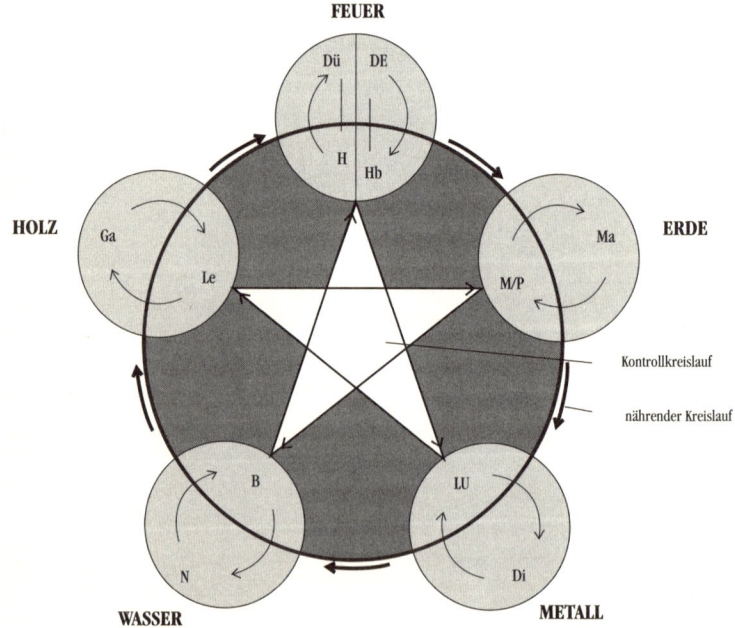

Die Emotionen

Die fünf Elemente – Feuer, Erde, Metall, Wasser und Holz – bringen ihre Energie durch zwölf Organ-Meridiane zum Ausdruck. Mit dem Feuerelement sind vier Meridiane, mit den vier weiteren Elementen jeweils zwei Meridiane verbunden. Der Energiefluß zwischen den Elementen bildet einen ineinandergreifenden, kontinuierlichen Kreislauf (vgl. Abbildung 10). Deswegen wirkt sich alles, was einen Teil dieses Systems beeinträchtigt, mit der Zeit auf sämtliche Teile aus. Wenn die emotionale Reaktion nicht behindert und auf Ereignisse angemessen eingegangen wird, befinden sich die Elemente in einem gesunden (und fluktuierenden) Gleichgewicht. Wird eines der Elemente häufig übermäßig beansprucht oder, im Gegenteil, unterdrückt, zieht das mit Sicherheit eine Disharmonie in diesem Element (und mit der Zeit auch in seinen „Mitelementen") nach sich. Bei der Beschreibung der Elemente und ihrer Emotionen in den folgenden Abschnitten muß diese integrierte Ganzheit immer mitbedacht werden.

Jedes der Elemente weist über die emotionalen Entsprechungen hinaus viele weitere Verwandtschaften auf, die den energetischen Zustand des Körpers anzeigen. Diese beinhalten: einen bestimmten Geruch und Geschmack, eine bestimmte Hautfarbe und stimmliche Äußerung, ein Sinnesorgan und ein Körperteil

Tabelle 1: Die Entsprechungen der fünf Elemente in der chinesischen Medizin

ELEMENT	HOLZ	FEUER	ERDE	METALL	WASSER
Richtung	Osten	Süden	Mitte	Westen	Norden
Jahreszeit	Frühling	Sommer	Spätsommer	Herbst	Winter
Klima	Wind	Sommerhitze	Feuchtigkeit	Trockenheit	Kälte
Prozeß	Geburt	Wachstum	Transformation	Ernte	Lagerung
Farbe	Grün	Rot	Gelb	Weiß	Schwarz
Geschmack	sauer	Bitter	süß	scharf	salzig
Geruch	erregend	brennend	zart	üppig	faulig
Yin-Organ	Leber	Herz	Milz	Lungen	Nieren
Yang-Organ	Gallenblase	Dünndarm	Magen	Dickdarm	Blase
Öffnung	Augen	Zunge	Mund	Nase	Ohren
Gewebe	Sehnen	Blutgefäße	Fleisch	Haut/Haare	Knochen
Emotion	Ärger	Freude	Sorge	Trauer	Angst
Stimmesäußerung	Brüllen	Lachen	Singen	Weinen	Stöhnen

oder -system. Außer diesen körperlichen Entsprechungen gibt es weitere, die sich auf die Umgebung, die Jahreszeiten, das Klima, die Planeten und die Art des Wachstums beziehen und helfen aufzuzeigen, wie der menschliche Organismus von seiner weiteren Umgebung beeinflußt wird (vgl. Abbildungen 1 und 2). Diese Indikatoren sind oft auch nützlich für die Bestimmung des emotionalen Zustands.

Tabelle 2: Die fünf Elemente, zusammengestellt auf der Grundlage verschiedener Quellen und traditioneller Texte

ELEMENT	1 FEUER	2 ERDE
MERIDIANE	Herz (H) (I) Kleines Yin Dünndarm (Dü) (II) Großes Yang Herzbeutel (Hb) (V) Absolutes Yin Dreifacher Erwärmer (DE) (VI) Kleines Yang	Milz/Pankreas (M/P) (XII) Großes Yin Magen (Ma) (XI) Mittleres Yang
ANZAHL DER PUNKTE:	H: 9, Dü: 19, Hb: 9, DE: 23	M/P: 9-11, Ma: 45
ZEIT:	H: 11-13 Uhr, Dü: 13-15 Uhr Hb: 19-21 Uhr, DE: 21-23 Uhr	M/P: 9-11 Uhr, Ma:7-9 Uhr
JAHRESZEIT	Sommer	Altweibersommer, zwischen den Jahreszeiten
KLIMA	heiß	feucht
FARBE	Rot	Gelb, Orange
STEHT FÜR:	Herrscher (H),unterscheidet das Reine vom Unreinen (Dü), Schützer des Herzens (Hb), Wärmeregulierung (DE)	Verdauung des Lebens, der Nahrung, Schutz, Energietransport
KÖRPERTEIL:	Blut, Gefäßsystem	Muskeln, Fleisch
ZEIGT DEN ZUSTAND VON:	Haut	Lippen
SINNESORGAN UND SINN:	Zunge, Sprache	Mund, Geschmack
KÖRPERFLÜSSIGKEIT:	Schweiß	Speichel
GERUCH:	sengend	zart
STIMME:	Lachen	Singen
TON:	F, Ha, Ho	A, Hu
LEBENSASPEKT:	Geist	Ideen, Meinungen

Die Emotionen

Das Feuer-Element und die Emotion der Freude

Das Element, das als Feuer bekannt ist, weist ein breites Spektrum an Eigenschaften auf, die für seinen natürlichen Zustand typisch sind: Wärme, Beschleunigung, Transformation. Es kann symbolisiert werden durch den Archetyp des Geistes – jene ewige Flamme aus der einen ursprünglichen Quelle, welche das Individuum erleuchtet, das Leben inspiriert und ihm Sinn verleiht. Im physischen Körper steht Feuer in Verbindung mit dem Kreislaufsystem,

3 METALL	4 WASSER	5 HOLZ
Lunge (Lu) (IX)	Niere (N) (IV)	Leber (Le) (VIII)
Großes Yin	Kleines Yin	Absolutes Yin
Dickdarm (Di) (X)	Blase (B) (III)	Gallenblase (Ga) (VII)
Mittleres Yang	Großes Yang	Kleines Yang

Lu: 11, Di: 20	N: 27, B: 67	Le: 14, Ga: 44
Lu: 3-5 Uhr, Di: 5-7 Uhr	N: 17-19 Uhr, B: 15-17 Uhr	Le: 1-3 Uhr, Ga: 23-1 Uhr

Herbst	Winter	Frühling
Trockenheit	Kälte	Wind
Weiß, Schwarz	Blau, Schwarz	Grün
Chi empfangen,	Wasserausgleich	Schaffen, planen,
Schlacken ausscheiden		entscheiden,
		beurteilen

Haut, Körperbehaarung	Knochen, Knochenmark	Sehnen, Bänder
Körperbehaarung	Kopfhaar	Nägel
Nase, Geruch	Ohren, Gehör	Augen, Sicht
Schleim	Urin	Tränen
faulig	stinkend	ranzig
Weinen	Stöhnen	Brüllen
O, Saaa	U, Chui, Fu	I, Shu (Hsu)
Geist der Tiere	Vertrauen, Mut	Wille

Tabelle 2: Die fünf Elemente (Fortsetzung)

	1	2
Element:	Feuer	Erde
SPIRITUELLE MANIFESTATION:	Geist	Intelligenz
PROZESS:	Wachstum	Transformation
EMOTIONEN:	Freude, Hysterie, Trübsinn	Anteilnahme, Sorge, Besessenheit, Egozentrismus
PERSÖNLICHKEIT:	aktiv	ruhig
TEMPERAMENT:	emotionales Auf und Ab	besessen
GESCHMACK:	bitter	süß
NAHRUNG:		
• Exzesse werden ausgeglichen durch:	salzig	sauer
• Kräftigen mit:	scharf	salzig
• Beruhigen mit:	bitter	süß
• Bei Krankheit:	sauer	salzig
• Wohltuendes Getreide:	Hirse	Roggen
• Wohltuendes Fleisch:	Hammel	Rindfleisch
Überstrapazierung schädigt:	Sicht	Sitzen
Aufregung führt zu:	Mangel an Freude, Mitgefühl	Aufstoßen, Starrsinn
Lenkt:	den göttlichen Geist	Ideen, Meinungen
Planet:	Mars	Saturn
steht für:	Pionier, Neuerer	natürliche Würde und Autorität

der Zunge, einem sengenden Geruch und einem bitteren Geschmack. Psychisch gesehen ist Feuer verwandt mit Geist, Intensität, Intuition, Freude und Lachen. Feuer stimuliert die Energien von Vergrößerung, Wachstum und Raum. Rot ist die Farbe des Feuers und der Sommer seine Jahreszeit.

Im *Nei Ching* wird Feuer mit der Emotion der Freude in Verbindung gebracht. Ist die Feuerenergie im System ausgeglichen, erleben wir die natürliche Freude, wir selbst zu sein, und begeistern uns für das Leben. Fehlt es uns an Feuerenergie, sind wir

3 METALL	4 WASSER	5 HOLZ
Aura	Atmung	Seele
Ernte	Lagerung	Geburt
Kummer, Loslassen, Festhalten	berechtigte Angst, Paranoia, Tollkühnheit	Wille zum Wachsen (Ärger), Wut, Lethargie
einfach	liebt Bewegung	arbeitet hart
schmerzvoll	ängstlich	niedergeschlagen
scharf	salzig	sauer
bitter	süß	scharf
sauer	bitter	süß
scharf	salzig	sauer
bitter	scharf	süß
Reis	Bohnen	Weizen
Pferd	Schwein	Huhn
Liegen	Stehen	Gehen
Trauer, Kummer, Husten, Ablehnung	Zittern, Spannungslösung	Kontrolle, Entscheidungen
Geist der Tiere	Willenskraft, Ehrgeiz	spirituelle Kräfte
Venus	Merkur	Jupiter
sinnliche Freude, Kriege und Rechtsprechung, Uranus	natürliche Intelligenz vor allem in bezug auf Gefahr und Rückzug	Großmut, Freundlichkeit

bekümmert, und es mangelt uns an Freude. Ist die Feuerenergie zu stark, können wir unter erhöhtem Blutdruck oder Hysterie leiden. Teeguarden hat in ihrem Buch *The Joy of Feeling* die ganze Skala an Emotionen bestimmt, die mit dem Element Feuer in Verbindung stehen. Sie reichen von Übererregung, Hochstimmung und Hoffnung am starken oder exzessiven Pol bis zu Trübsinn, Entmutigung und Niedergeschlagenheit am schwachen oder mangelnden Pol.

Die Feuerenergie findet ihren Niederschlag in vier Meridianen: Herz, Dünndarm, Herzbeutel und dreifacher Erwärmer. Gemeinsam steuern diese Meridiane das harmonische Zusammenspiel der Feuereigenschaften in Körper, Verstand, Emotionen und Seele. Jeder dieser Meridiane überwacht bestimmte physische und psychische Funktionen, und zwar wie folgt:

Der Herz-Meridian wird in der traditionellen chinesischen Literatur der „Herrscher" genannt, was sowohl auf seine Macht über das Kreislaufsystem hinweist als auch auf seinen rechtmäßigen Platz als Überwacher sämtlicher Emotionen. Er ist bekannt als „Wohnstätte des Geistes" (*Nei Ching*). Der individuelle Geist ist eine Manifestation unseres besonderen Ausdrucks der göttlichen Flamme. Inspiration und Intuition, beides Funktionen des Herzens, helfen uns, mit der transzendenten Führung in Einklang zu bleiben, die – über die Eingebungen des eigenen Egos hinaus – für uns da ist. Dem Menschen, der aus seinem eigenen Herzen oder Geist heraus lebt, eröffnet sich die Freude, wirklich er selbst zu sein (vgl. Tabelle).

Der Herz-Meridian strahlt vom Herzzentrum aus in drei verschiedene Richtungen, ähnlich wie eine Blüte, die sich in der Mitte des Brustkorbs öffnet. Eine Bahn entspringt im Herzzentrum, läuft quer über den Brustkorb und an der Innenseite des Armes hinab in die Hand; eine andere steigt vom Herzen hoch zum Kehlkopf und zu den Augen; und die letzte läuft vom Brustkorb hinunter in den Rumpf. Diese Bahnen entsprechen den energetischen Mitteln, mit deren Hilfe wir die Wahrheit des eigenen Geistes und die Freude daran empfinden (im Herzzentrum), aus der eigenen Mitte heraus wahrnehmen (durch Herz und Augen) und uns aus dem Geist heraus ausdrücken (durch Kehle, Arme und Hände).

Viele spirituelle Lehrerinnen und Lehrer haben betont, wie wichtig es ist, „mit dem Herzen zu sehen und zu fühlen". Die Indianer beschreiben einen kraftvollen Krieger mit den Worten: „Er hat Herz." In einigen Kulturen, einschließlich der der alten Ägypter, wird das Herz als das Zentrum des Seins dargestellt.

Ein ägyptisches Mantra, das Nadia Eagles aus der ägyptischen Huna-Nachfolge lehrt, veranschaulicht diese Überzeugung: „Genau im richtigen Augenblick entfaltet mein Herz die Seele und sät den Samen, damit der Berg, der ich bin, zum Vorschein kommen kann."

Im Herzen tragen wir unseren eigenen individuellen Geist. Inspiration und Intuition, die mit dem Herzen und dem Element Feuer verbunden sind, helfen uns, uns an diesen Geist zu erinnern. Und dieser Geist tritt bei jedem von uns auf eine völlig einzigartige Weise zutage. Um zur Individuation zu gelangen, müssen wir unserem eigenen Herzen, unserem eigenen Feuer und unserem eigenen Geist folgen – kurz gesagt: Wenn wir dem folgen, was unserem Herzen Freude bringt, folgen wir uns selbst.

Als Herrscher muß das Herz die Kontrolle haben, das heißt sämtliche emotionalen Äußerungen überwachen. Der Herrscher muß das Spiel der Emotionen erlauben und trotzdem bei diesem Spiel das letzte entscheidende Wort haben. Wenn die Emotionen ein bestimmtes, angemessenes Maß überschreiten und anfangen, das Gleichgewicht des gesamten Systems zu stören, dann muß das Herz als Herrscher die Kontrolle übernehmen und, geleitet vom Geist der Weisheit und Intuition, immer wieder Harmonie herbeiführen und den Menschen in Einklang mit seinem eigenen individuellen Geist bringen. Durch diese Form der Führung, die der Weisheit des Herzens entspringt, wird dafür gesorgt, daß die wahren Emotionen unterstützt werden, aber verhindert, daß ein Mensch von ihnen überwältigt wird.

Im *Nei Ching* heißt es: „Weil der Shen (Geist) so eng mit den Emotionen verbunden ist, wirkt sich jede emotionale Belastung auch auf das Herz aus."

Feuer im ausgeglichenen Zustand
Sind die fünf Meridiane und die Organe gesund, kann der Blutkreislauf das gesamte System mit Sauerstoff und Nährstoffen (dem Grundbrennmaterial) versorgen und damit die Gesundheit von Körperbewußtsein, Seele und Emotionen erhalten. Der Geist entflammt voller Inspiration. Die Zufriedenheit und Freude, die sich einstellen, wenn wir unserem eigenen Herzen Ausdruck verleihen, erschließt sich uns leicht. Es gibt überreichlich Grund zum Lachen. Und der Herrscher ist stark und kann den Menschen durch die notwendigen Evolutionen in seinem Leben führen.

Feuer im gestörten Zustand
Typisch für einen Menschen, dessen Feuer nur auf niedriger Flamme brennt, ist, daß er sich bekümmert fühlt. Er hat sich seinem eigenen Herzen entfremdet und den Zugang zu dem tiefsten

Wissen des eigenen individuellen Geistes verloren. Im Leben diesen Menschen mangelt es an Freude und Inspiration.

Der Mangel an Feuer kann dadurch entstehen, daß das Herz über lange Zeit hinweg nicht anerkannt wird. Die Verletzung des Herzens beginnt schon sehr früh im Leben, wenn die Persönlichkeit anfängt, bedroht zu werden. Vielleicht bestätigen die Eltern das Kind in seinem innersten Kern nicht, vielleicht wird es von Gleichaltrigen geneckt und gehänselt. Mit der Zeit verinnerlicht es die negativen Urteile der anderen und entwickelt ein negatives Selbstbild. Aber auch exzessives Feuer im System kann zu gestörten emotionalen Reaktionen führen. Bei zuviel Feuer kann ein Mensch hysterisch werden, übertrieben lachen und zum Opfer seiner eigenen impulsiven Aktionen werden. Ständige übertriebene feurige Emotionen und Aktionen aus dem Herzen heraus können bewirken, daß ein Mensch im wahrsten Sinne des Wortes „ausbrennt" bis zur völligen Erschöpfung, ein Zustand, der Menschen in helfenden Berufen wohlbekannt ist.

Feuerenergie und der Herzbeutel
Ein interessanter Aspekt der Energie, die mit dem Feuer in Verbindung steht, ist der, daß das Herzorgan und der Herz-Meridian Schutz erhalten von der Membran des Herzbeutels und vom Herzbeutel-Meridian (der manchmal auch als „Wächter des Herzens" oder „Schließmuskel des Herzens" bezeichnet wird). Dieser Meridian umgibt das Herz und schickt einen Energiezweig an der Innenseite der Arme entlang, der dicht am Herz-Meridian verläuft. Er wird in den alten Texten als Schutzwall beschrieben, der verletzende Stöße, die auf das Herz abzielen, abfängt.

Kontinuierliche emotionale Angriffe auf das Herz können den Herzbeutel-Meridian mit der Zeit erschöpfen, bis er seine Fähigkeit verliert, das Herz zu schützen. Ohne den Schutzschild des Herzbeutels können Verletzungen das Herz direkt treffen. Hier zeigt uns das Energiesystem ein Modell für eine geschützte emotionale Entwicklung: Das Herz oder der individuelle Geist braucht tatsächlich Schutz, vor allem in der Kindheit, bis das Ego sich so weit entwickelt hat, daß es selbst die Schutzfunktion übernehmen kann.

Der Herzbeutel-Meridian wird auch Kreislauf-Sex-Meridian genannt, was auf seine Funktion als Regulator von intimen Beziehungen und Sexualität hinweist. Ein innerer Zweig des Meridians verläuft vom Herzzentrum auf der Mittellinie des Körpers hinunter bis zum Becken und zur Region des zweiten Chakras. Das Feuer des sexuellen Impulses und der sexuellen Reaktion wird auf diese Weise direkt von der Energie des Herzens und des Herzbeutels sowie durch die Offenheit des individuellen Geistes gespeist. Brennt das Feuer schwach und ist der Mensch abgeschnitten von den Qualitäten seines Geistes, fehlt es seinen intimen Beziehungen an „Wärme".

Die Verbindung zwischen Herz und Dünndarm

Außer vom Herzbeutel-Meridian geschützt zu werden, wird das Herz auch von seinem Gefährten, dem Dünndarm-Meridian, unterstützt, der sowohl für die Assimilierung als auch für die Unterscheidung sorgt. Damit beauftragt, „das Reine vom Unreinen zu scheiden", vertieft der Dünndarm-Meridian die Weisheit des Herzens und hilft, dessen Unterscheidungsvermögen zu verfeinern, indem er einen kontinuierlichen Assimilierungsprozeß steuert, wobei alles Nützliche und Wahre im System behalten und alles, was nicht weiterhilft, ausrangiert wird.

Der Dünndarm-Meridian steigt vom kleinen Finger an der Außenseite des Armes hoch, weiter über das Schulterblatt und durch den Hals und endet im Gesicht. Ein innerer Zweig läuft an der Vorderseite des Körpers hinab bis zum Bereich des Dünndarm-Organs, das verantwortlich dafür ist, verwendbare Nährstoffe zu verdauen und aufzunehmen und unverdauliches Material weiterzubefördern zum Dickdarm.

Der Dreifache Erwärmer und die sozialen Beziehungen

Der letzte der Feuer-Meridiane, der Dreifache Erwärmer, steht in Verbindung mit der Regulierung der Körpertemperatur, dem Stoffwechsel und den „sozialen Beziehungen", das heißt jenen Kontakten mit anderen, die über die intime Zweierbeziehung hinausgehen. Wenn wir an den „drei Brennplätzen" des Dreifachen Erwärmers (Brust, Unterleib und Becken) warm werden, sind wir voll Schwung und können mit anderen auf sämtlichen menschlichen Erfahrungsebenen in Beziehung treten. (Diese „Brennplätze" stehen natürlich in direkter Verbindung mit den ersten vier Chakras, auf die wir im nächsten Teil eingehen werden.)

Der Dreifache-Erwärmer-Meridian beginnt im Ringfinger, steigt am Hinterarm über den Ellenbogen nach oben durch das Schultergelenk bis zur oberen Spitze des Schulterblattes, führt weiter durch den Hals bis zum Hinterkopf, läuft seitlich am Kopf entlang hinter dem Ohr und endet über der Augenbraue in der Stirn. Ein Energiezweig verläuft an der Körpervorderseite über die Schulter in den Rumpf und schafft dort die drei Brennplätze der Atmung, der Verdauung und der Ausscheidung.

Das Feuer und die Entwicklungsfaktoren
Das kleine Kind lebt oft in inniger Verbindung mit seinem Geist. Es drückt sich spontan und mit dem ganzen Körper aus. Seine Freude zeigt sich in glucksendem Gelächter. Es ist warmherzig und reagiert schnell auf Schmerz und Lust. Wenn sein Geist von liebevollen Eltern anerkannt und respektiert wird, lernt es seine eigenen Gefühle und seinen eigenen Wert zu schätzen und sich zu vertrauen. Es hat das Gefühl: „Ich bin hier willkommen als ein wertvoller und schätzenswerter Mensch."

Der glückliche Erwachsene, der in seinen Herzensgefühlen und seiner Lebensfreude von der Familie und der Gesellschaft bestätigt worden ist, kann seinem eigenen individuellen Geist treu sein, die Wahrheit dieses Geistes aussprechen und das Leben voller Herzenswärme und Lachen uneingeschränkt genießen.

Oft jedoch kann das Kind, während sein Leben sich entfaltet, in seinem Herzen verletzt werden, was von der einfachen Ablehnung bis zu schweren Verwundungen reicht und dazu führt, daß es allmählich ein emotionales Abwehrverhalten entwickelt und das Herzzentrum und den Brustkorb panzert. Wenn ein Mensch sich von seinen eigenen Herzensreaktionen abschneidet, kann das allmählich zu Panzerungen und ständiger Zurückhaltung führen. „Schmerz und Angst sind schädlich für das Herz", heißt es im *Nei Ching*. Der Mensch, der seinen eigenen Geist nicht mehr spürt und weder Freude noch Liebe empfindet, wird traurig. Ständige Traurigkeit führt zu mangelnder Energie im Feuer-Element (was mit der Zeit Herzstörungen verursachen kann), schwächt die Fähigkeit, Liebe zu geben und zu empfangen, und erzeugt ein generelles Gefühl von Sinnlosigkeit. Wenn der Energiemangel des Feuer-Elements länger anhält, kann chronische unterbewußte Niedergeschlagenheit die Folge sein. Im späteren Leben kann eine solche Niedergeschlagenheit sich sowohl in Bitterkeit oder Zynismus als auch in Krankheiten verwandeln, die direkt oder indirekt das Herz betreffen.

Das Erd-Element und die Emotion der Sorge

Das Element Erde beinhaltet jene Qualitäten, die wir spontan dem Boden unter uns zuordnen – Stabilität, Schutz, Nahrung, Zentrum und Gleichgewicht. Traditionelle Entsprechungen zu diesem Element, die helfen, es genauer darzustellen, sind: die Jahreszeit Altweibersommer, die Farbe Gelb, ein süßer Geschmack und Geruch, der Mund, die Muskeln, eine singende Stimme und die Energie der Transformation. Der Magen-Meridian, der von der Erde ernährt wird, ist bekannt als „Meer der Nahrung".

Sorge ist die Emotion, die im *Nei Ching* mit der Erde verbunden wird. Psychologisch gesehen, wäre Mitgefühl das passendere Wort, weil es auf das Verständnis und die Herzenswärme für die Probleme anderer hinweist, statt auf Mitleid und Identifikation mit ihnen, was wir meistens mit dem Wort Sorge assoziieren. Nach meiner Auffassung entsprechen dem Element Erde außerdem eine Vielzahl von Emotionen, die mit Nahrung und Verbundenheit zu tun haben. Die Ansammlung von Emotionen im Erd-Element reicht vom ausgewogenen Zustand der Sorge oder des Mitgefühls bis zum gestörten Zustand des Egozentrismus oder Narzißmus und der Überidentifikation mit anderen.

Die Energie des Elements Erde wird im Körper durch die Organe und Meridiane von Magen und Milz/Pankreas ausgedrückt. Der Sitz dieser Organe im Solarplexus – der Mitte des Körpers – spiegelt die Qualität von Gleichgewicht und Stabilität wider, die das Erd-Element aufweist.

Der Magen-Meridian ist bekannt als „Nahrungsbeauftragter", während die Milz (und Bauchspeicheldrüse) „Verteilungsbeauftragter" (von Nahrung) genannt wird. Der Magen, der von Milz und Pankreas in seiner Arbeit unterstützt wird, empfängt Nahrungsmittel und hilft diese verarbeiten. Diese Meridiane stehen auch in Beziehung zum Aufnehmen, Abgeben und Transformieren anderer Formen von Nahrung wie Wärme, Unterstützung, Zuwendung und Kontakt mit anderen.

Die Bahn des Magen-Meridians verläuft an der Vorderseite des Körpers vom Kopf abwärts bis zum Zeh. Der Milz-/Pankreas- Meridian beginnt am Ende des großen Zehs und läuft an der Körpervorderseite nach oben, windet sich um Unterleib und Brustkorb und endet an der Seite.

Der Abwärtsschwung des Magen-Meridians bildet die energetische Linie für eine vollständige Erdung, indem er die Energie von

Kopf und Gesicht ganz bis nach unten in die Füße bringt. Außerdem folgt er der Richtung der Verdauung vom Magen durch den Unterleib. Dieser Meridian ist ein ganz konkretes, auf den Körper gezeichnetes Diagramm für die „Erdung" oder den „Kontakt zum Boden", das heißt ein Bild dafür, daß der Mensch auf eine Art und Weise mit der Erde verbunden ist, die ihn festigt und nährt. Die Erdung verleiht der physischen Unterstützung durch die Erde Realität. Wenn diese Bahn offen ist, ist der Verdauungsprozeß lebendig, und der Mensch hat in Beinen und Füßen ein stabiles energetisches Gespür für die Verbindung zur Erde.

Als Entsprechung des Elements Erde kann der Archetyp der Mutter in seinen sämtlichen Erscheinungsformen gelten – die göttliche Mutter, die leibliche Mutter, die Erde als Mutter, als Wiege unseres Lebens, Mutter Natur, der Überfluß des Lebens auf der Erde, die bemutternde Energie in anderen und schließlich die Mutter in uns, die uns letzten Endes dorthin führt, wo unsere tiefsten und dringendsten Wünsche nach eigener Erfüllung befriedigt werden.

Erde im ausgeglichenen Zustand
Wenn das Element Erde gesund ist, fühlt man sich mit anderen verbunden und bringt ihnen warme, positive Gefühle entgegen. Man kann mit anderen mitfühlen und weiß, „wie ihnen in ihrer Haut zumute ist". Man verspürt den Wunsch, liebevoll zu sein und die Bedürfnisse anderer in einem vernünftigen Maß zu befriedigen. Man bringt aber auch den eigenen Bedürfnissen einen gesunden Respekt entgegen und weiß, wie man sich die richtige Nahrung verschafft. In Beziehungen zu anderen werden angemessene Egogrenzen gezogen. Darüber hinaus verspürt man Sympathie für den menschlichen Zustand überhaupt. Bei optimaler Entwicklung des Erd-Elements hat ein Mensch ein stabiles Gefühl von Erdung oder Sicherheit in bezug auf sich selbst, auf andere und den ganzen Planeten.

Erde im gestörten Zustand
Wenn das Erd-Element aus dem Gleichgewicht geraten ist, kann ein Mensch die extremen Gefühle zu beiden Seiten der Skala zum Ausdruck bringen – das heißt, er ist entweder völlig egoistisch, abgeschnitten von den Bedürfnissen und Leiden anderer, oder er identifiziert sich übermäßig mit anderen und läßt die eigenen

Bedürfnisse außer acht. Wahrscheinlich wird dieser Mensch auch von einem Extrem zum anderen pendeln, so daß sich die Störung im Bereich des Erd-Elementes allmählich verstärkt.

Zu Egozentrismus oder Narzißmus kommt es, wenn ein Mensch sich emotional unterernährt fühlt. Dieser Zustand tritt fast unweigerlich immer dann ein, wenn die Mutter das Kind nicht richtig versorgt, es mißbraucht oder abwesend ist. So entsteht der ständige Drang, die innere Leere, die die fehlende Mutterliebe hinterläßt, durch die Suche nach Mutterersatz in Form von allen möglichen Exzessen zu füllen. Ein solcher Mensch kann sich in sich selbst zurückziehen, um innere Gefühle oder Bedürfnisse kontinuierlich zu „nähren" oder zu verstärken. Das Gefühl der fehlenden Verbundenheit mit anderen kann durch die Ansammlung von extremen Fettschichten im Körper verteidigt und betont werden, was zugleich die Funktion erfüllt, sich abzuschirmen und Distanz zwischen sich und anderen Menschen herzustellen.

Das andere Extrem des gestörten Erd-Elements ist der Mensch mit dem Helfersyndrom, der sich zutiefst mit anderen identifiziert und sich wie besessen mit deren Bedürfnissen beschäftigen kann, wobei er seine eigenen völlig außer acht läßt. Identifiziert man sich so stark mit einem anderen Menschen, daß die Gefühle miteinander verschmelzen, können die Egogrenzen sich auflösen. Wenn das geschieht, wird es schwierig, zwischen dem eigenen Bewußtsein und dem des anderen zu trennen. Viele Menschen mit Helfersyndrom fühlen sich schließlich überbelastet von den Problemen und Zuständen ihrer Klienten, erschöpfen ihre inneren Reserven und leiden dann unter einer Störung des Elements Erde.

Die Erde und die Entwicklungsfaktoren
Die erste Lebensverbindung des Kleinkindes ist die mit der eigenen Mutter und der lebenserhaltenden Nahrung der Muttermilch. (Der Magenpunkt 17 befindet sich direkt auf der Brustwarze.) Kurz nach der Geburt wird der Säugling, wenn er Glück hat, an die Brust der Mutter gelegt, wo er mit Hilfe seines eigenen Sauginstinktes durch den lebensspendenden Kontakt mit der Mutter Nahrung aufnimmt. Dieser Kontakt ist prototypisch für spätere Verbindungen mit anderen.

Der Vorgang des Stillens gibt dem Kind Nahrung, befriedigt seinen Sauginstinkt und sorgt für Körperkontkat mit der Mutter und damit für eine kontinuierliche Bindung. Wenn das Kind am Körper der Mutter ruht, direkt über dem Magen-Meridian, kann es ihren Herzschlag wieder hören, ihre Schwingungen und ihre Wärme spüren – Empfindungen, die das Gefühl von körperlicher Sicherheit verstärken. Auf diese Weise prägt sich dem Körper im Innersten die instinktive Erfahrung ein, genährt zu werden und in Sicherheit zu sein. Freuds Theorie war, daß diese erste orale Befriedigung ein grundlegendes Gefühl von Sicherheit begründet. Kommt es nicht dazu – wenn Säuglinge zum Beispiel einer Mutter, die sie vernachlässigt, weggenommen werden –, kann die daraus resultierende Unsicherheit zu einer Entwicklungshemmung in der oralen Phase führen, die mit oralen Fixierungen einhergehen kann. Die instinktive Erinnerung an Mutternahrung und Sicherheit kann im späteren Leben durch die einfühlsamen und liebevollen Berührungen eines anderen Menschen erneut stimuliert werden. Das ist einer der Faktoren, die die Arbeit von erfahrenen Körpertherapeutinnen und -therapeuten so tiefgreifend wirksam machen.

Wenn in der Kleinkindzeit für liebevolle Nahrung – körperlich, emotional und energetisch – gesorgt wird, und zwar durch ein vollständiges „Öffnen" des Erd-Elements, entwickelt sich automatisch Vertrauen in die Mutter und in die Umgebung. Das Kind macht die Erfahrung, daß es auf der Erde sicher unterstützt wird. Es erlebt den prototypischen Ablauf dieser Unterstützung: schreien, die Brust bekommen und schließlich Nahrung aufnehmen.

Die Entwicklung der Verbundenheit mit anderen wird das ganze Leben lang durch das Erdelement gefördert. Als kleine Kinder sind wir an die Mutter gebunden und völlig abhängig von ihr. Durch sie entwickeln wir Vertrauen. Später können sich unsere Abhängigkeit und unser Interesse auch auf andere ausdehnen – den Vater, Geschwister, weitere Verwandte, Gleichaltrige, Lehrer und andere Menschen.

Allmählich gewinnt das Kind aus diesen Abhängigkeiten ein grundlegendes Gefühl von Stabilität und Vertrauen, während es sich weiter in der Fähigkeit übt, Nahrung zu sich zu nehmen. Es wird sich von der Abhängigkeit zur Selbständigkeit entwickeln und lernen, das, was es braucht, von anderen zu erbitten. Aufgrund der Erfahrung, selbst genährt zu werden, wird es allmählich anderen Menschen Nahrung geben können. Auf der Grundlage einer Stärke, die darauf beruht, daß es selbst genährt wurde, wird

Die Emotionen

es die Fähigkeit und den Wunsch entwickeln, andere zu unterstützen.

Bei optimaler Entwicklung des Elements Erde lernt der Erwachsene, seine eigene Mutter zu werden. Er wird Wege finden, sich in sämtlichen Bereichen – Körper, Verstand, Emotionen und Geist – selbst zu nähren durch gesundes Essen, körperliche Berührungen, emotionale und geistige Eindrücke in Form von Kunst und Musik sowie spirituelle Nahrung durch entsprechende Übungen und ein Einlassen auf den spirituellen Weg. Die völlige Abhängigkeit von anderen in bezug auf primäre Überlebensbedürfnisse (wie in der Kindheit) kann umgewandelt und der Mensch erstaunlich gewandt darin werden, sich zu beschaffen, was er braucht. Die Abhängigkeit von anderen ist ganz offensichtlich natürlicher Bestandteil der menschlichen Erfahrung, weil wir soziale Wesen sind, aber im Erwachsenenleben muß die grundlegende Führung für unser Leben aus uns selbst entspringen, ohne von der eigenen Mutter oder einem Mutterersatz abhängig zu sein.

In unserer Gesellschaft haben nur wenige Menschen das Glück, ausreichend bemuttert worden zu sein – Nahrung im Überfluß, Bindung und ein Gefühl von Sicherheit erlebt zu haben. Aus diesem Grund besteht eine der wichtigen Aufgaben der Therapie darin, der Klientin oder dem Klienten beizubringen, die Mutter in sich selbst zu pflegen, die dann die Funktion des Nährens übernehmen kann.

Das Phänomen der Abhängigkeit oder Übertragung bei Klienten ist in den meisten Therapien eines der grundlegendsten Phänomene. Wenn Klient oder Klientin Unterstützung und Anleitung bekommen (vielleicht zum ersten Mal in ihrem Leben), entwickeln sie einen Appetit auf diese Nahrung, der praktisch scheinbar unersättlich ist. Je mehr der Helfer gibt, desto mehr will der Klient (oder der Freund, die Geliebte usw.) haben. Dieser Hunger kann sich in der Therapie jahrelang fortsetzen, wenn der Therapeut den Klienten nicht hilft, sich von der Entbehrungsphase des Kleinkinds ins Erwachsenenleben zu begeben. Freuds Theorie lautete, daß in uns allen der Wunsch existiert, in den Mutterleib und damit zum Wohlgefühl der Kleinkindzeit zurückzukehren, dort zu bleiben und immer nur zu empfangen. Wenn eine Therapie oder eine Beziehung wirklich das Wachstum unterstützen soll, muß sie sich aber zu einer Beziehung von Gleichrangigen entwickeln, bei der der Mensch allmählich lernt, Nahrung und Anleitung von innen zu beziehen und selbständig zu werden.

Der verantwortungsbewußte Therpeut wird sich im Rahmen des therapeutischen Prozesses, sobald es angemessen ist, mit dem Erdelement direkt auseinandersetzen. Das kann bedeuten, nach den Wurzeln der Störung im Erd-Element zu suchen (die mit ziemlicher Sicherheit in der frühen Kindheit liegen), sie zu ändern oder zu heilen und dann daran zu arbeiten, die Klienten zu stärken, so daß sie sich auf der Grundlage ihrer eigenen inneren Erdenergie und der Energie des Planeten Erde nähren können.

Das Metall-Element und die Emotion der Trauer
Charakteristisch für das Element Metall ist im Makrokosmos die Struktur der Erde, die Form, der „Himmel" und die Jahreszeit Herbst. Im menschlichen Organismus steht es in Verbindung mit der Farbe Weiß oder Silber, Haut und Haar, dem Geruchssinn, einem scharfen Geschmack, einem fauligen Geruch, einer weinenden Stimme und einer ausgleichenden Energie. In den klassischen Schriften heißt es, daß die „himmlische" Chi-Energie durch den Atem in den Körper gelangt.

Dem Element Metall entspricht die Emotion Trauer. Anders als Trübsinn (mangelnde Freude im Feuer-Element) wird Trauer verstanden als gesunde Reaktion auf die Trennung von dem, was uns lieb ist. Die Ansammlung von Emotionen im Element Metall reicht von der rigiden Zurückhaltung von Emotionen und besitzergreifendem Verhalten bis zur exzessiven Trauer über das, was verlorengegangen ist. Das Element Metall findet seinen Ausdruck durch die Organe und Meridiane der Lungen und des Dickdarms. Der Lungen-Meridian entspringt als innerer Energiefluß in der Magenregion, fließt dann durch den Lungenbereich nach oben, läuft über den oberen Brustkorb, von dort hinunter in den Arm und endet im Daumen. Der Dickdarm-Meridian beginnt im Zeigefinger, steigt an der Rückseite des Armes hoch, läuft über die Schulterspitze und durch den Hals ins Gesicht.

Die Lungen und der Dickdarm sowie ihre Meridiane sorgen für die Funktion der Ausscheidung. Die Lungen scheiden im Atemzyklus Kohlendioxid aus, und der Dickdarm die nicht verwendeten Abfallstoffe der aufgenommenen Nahrung. Die Haut, die ebenfalls in Verbindung mit Metall steht, stellt ein weiteres Ganzkörpersystem für die Ausscheidung dar.

Auch ein emotionaler Ausscheidungsprozeß – das Loslassen – hängt mit dem Element Metall zusammen. Wir nehmen den „himmlischen Geist" oder „Raum" des Kosmos (Tao) mit dem Einatmen in uns auf. Mit dem Ausatmen sowie der Ausscheidung durch die Haut und den Dickdarm lassen wir die alten, überholten Gefühle und Belastungen der Vergangenheit los.

Metall kann in Verbindung gebracht werden mit dem Archetyp des Vaters im spirituellen Sinne, nämlich als demjenigen, der Strukturen setzt, der führt und für den Einklang mit dem „Himmlischen" sorgt. Der Lungen-Meridian wird manchmal als „Priester im Tempel" bezeichnet, während der Dickdarm-Meridian auch unter dem Namen „Tempelwächter" bekannt ist.

Metall im ausgeglichenen Zustand
Typisch für den ausgeglichenen emotionalen Zustand von Metall sind Akzeptanz, Hingabe und Harmonie mit der Umgebung. Dieses Gefühl gibt uns die Wachheit, die wir brauchen, um zu sehen, wann wir „loslassen" müssen, wenn uns etwas genommen wurde. Der Prozeß des Atmens liefert ein Modell für den freien Fluß der Gefühle in einem ausgeglichenen System. Mit dem Einatmen nehmen wir die materiellen Elemente (Sauerstoff etc.) und die kosmische Energie oder Lebenskraft der Umgebung in unsere Lungen und den Lungenmeridian auf und verbinden uns so in jedem Augenblick mit der Atmosphäre, die uns erhält.

Während Luft und Lebenskraft (Chi) in uns zirkulieren, werden die Lebensprozesse mit Brennstoff versorgt und das Bewußtsein mit der kosmischen Realität des Augenblicks verbunden. Und schließlich lassen wir diese Wirkungen mit der Ausatmung durch uns hindurchfließen und halten dabei weder an der Nahrung oder der Erfahrung des Augenblicks fest, noch trauern wir nach ihrem Verschwinden übertrieben über ihren Verlust.

Der natürliche Trauerprozeß bei einer Trennung und beim Abschied von dem, was wir verloren haben, ist Teil des ausgeglichenen Zustands von Metall. Tatsächlich haben wir mit dem Metall-Element ein äußerst nützliches Modell für den Prozeß, der von Elisabeth Kübler-Roß gelehrt wird. Von ihr haben wir erfahren, daß das übliche Verhalten, nämlich auf einen Verlust mit Stoizismus zu reagieren (Gefühle rigide zurückzuhalten und nicht auszudrücken), zu späteren emotionalen und physischen Problemen führt. Die schmerzlichen Gefühle bleiben im Körper eingeschlossen. Gestatten wir uns aber eine Zeit der Trauer und verleihen dieser durch Weinen freien Ausdruck, können wir unseren Verlustanerkennen und die Schlacken der Trauer aus dem Körper spülen. Wenn wir die Trauer akzeptieren und ausdrücken, kommt es schließlich zu einer Phase des Loslassens. Der Körper und die Gefühle sind am Ende dann klar und frei, und wir können zu einem Zustand der Offenheit zurückkehren, in dem wir das auf uns einströmende neue Leben und die neuen Verbindungen akzeptieren.

Die Sammlung von Emotionen, die mit dem Element Metall in Verbindung steht, stimmt auf eine schöne Weise mit der Qualität seiner Jahreszeit überein. So wie der Herbst seine Früchte hervorbringt, so überläßt sich der Mensch, der im Metall-Element gesund und ganz ist, dem Strom der Ereignisse und bietet die Früchte seiner Arbeit an. Er ist flexibel und im Fluß und kann sich so schließlich auch der göttlichen Ordnung hingeben.

Metall im gestörten Zustand
An den beiden extremen Polen der Emotionen des Metall-Elements finden wir das Zurückhalten (von Gefühlen) und rigide Festhalten (im Körper) einerseits und die exzessive Trauer über Verluste andrerseits. Diese beiden Zustände entstehen entweder durch einen „Überschuß" an Energie oder Materie (unbrauchbare Schadstoffe) im Element Metall oder durch die mangelnde Qualität der Energie oder Materie in diesem. Beispiele für Festhalten sind: Verstopfung im Dickdarm, die Tendenz, Emotionen im Brustkorb festzuhalten (Atemhemmung) und sich an überholte Überzeugungen und Ideen zu klammern. Exzessive Trauer ist das Gegenteil des Schmerzes über Verluste und kann allmählich dahin führen, daß über jede Kleinigkeit geweint wird. Durch diesen Zustand wird das Metall-Element geschwächt.

Ein Mensch, der unter Atembeschwerden wie zum Beispiel einer Lungenentzündung, Asthma oder einer Erkältung leidet, hat verschleimte Lungen, wobei die Energie im Lungen-Meridian stagniert. Ähnlich wird eine Verstopfung im Dickdarm überschüssiges Schlackenmaterial in diesem Organ sowie überschüssige Energie im entsprechenden Meridian produzieren. Der Mensch neigt dann zu körperlichen Verspannungen und flacher Atmung und/oder ist nicht imstande, auf natürliche Weise auszuscheiden. Trifft einer dieser Zustände oder treffen beide zu, wird auch das

Bewußtsein entsprechend beeinflußt. Das Gift der überholten Gedanken und Gefühle wird im Körper festgehalten. Der Mensch kann sich hinter rigiden Überzeugungen und veralteten Strukturen verbarrikadieren und diese Ansichten verteidigen, da er sich weigert, neue, wechselnde Realitäten anzuerkennen.

Wird der vollständige Metall-Kreislauf von Aufnehmen und Loslassen verleugnet, kann ein Mensch eine Störung im Element Metall entwickeln, die sich in Form von chronischen Beschwerden in Lunge oder Dickdarm manifestiert. Die Trauer kann sich, wenn Verluste zu ihrer Zeit nicht angemessen betrauert werden, im Körper stauen und als Panzerung in Brust oder Lungen oder als Meridian-Verstopfung äußern. Umgekehrt kann auch eine übertriebene Trauer das Metall-Element schwächen. Jede dieser Formen des Umgangs mit Verlusten kann zur Gewohnheit werden, was eine vorhandene Störung noch verstärkt. Ein Mensch mit weinerlicher Stimme, der häufig (oder überhaupt nicht) seufzt und weint, ist oft im Element Metall chronisch gestört.

Das Wasser-Element und die Emotion der Angst
Das Element Wasser ist charakterisiert durch Flüssigkeit, Kälte, Feuchtigkeit, die Farbe Blau und die Jahreszeit Winter. Im Körper drückt es sich aus durch die Organe und Meridiane von Blase und Nieren. Der Blasen-Meridian läuft, wie wir schon an früherer Stelle besprochen haben, in einem weiten Schwung den ganzen Rücken hinab und steht in Verbindung mit den gespeicherten Erinnerungen an frühere Erfahrungen (vgl. Abbildung 5, S. 66). Sein Gefährte, der Nieren-Meridian, steigt von der Fußsohle an der Innenseite der Beine hoch und weiter bis in den Brustkorb. Der Nieren-Meridian steuert die physische Stärke des Körpers einschließlich seiner Sexualenergie und ist von daher eng verbunden mit den ersten beiden Chakras, die die führende Triebkraft für das Überleben und die Sexualität liefern.

In den klassischen Schriften wird die Emotion Angst mit Wasser in Verbindung gebracht. Angst beinhaltet ein breites Spektrum an verwandten Emotionen wie Scheu, Verwunderung, Respekt und Schüchternheit. Im ausgeglichenen Wasser-Zustand kommen Mut und Standfestigkeit zum Ausdruck, während Entsetzen, Panik und Paranoia das eine gestörte Extrem zeigen, an dessen entgegengesetztem Pol wir Tollkühnheit und übertrieben prahlerisches Benehmen finden.

Wasser kann in Verbindung gebracht werden mit dem Archetyp des Kriegers, der einen starken Körper und Verstand hat und sich im Kampf mit Hindernissen auf vierlei Weise standfest zu behaupten weiß. Der Krieger nimmt gefährliche Realitäten bewußt wahr. Er ist nicht so dumm zu verdrängen, was ihm schaden könnte, und statt vor Bedrohungen zurückzuschrecken, nimmt er sie als Herausforderung an, seine Stärke zu schulen und seine Wachsamkeit und seinen Willen zu entwickeln.

Wasser im ausgeglichenen Zustand
Teeguarden hat den ausgeglichenen Zustand von Wasser als „bewußte Wahrnehmung der Relativität" beschrieben, womit sie eine Angst meint, die eine angemessene Reaktion auf lebensbedrohliche Ereignisse darstellt. Mit anderen Worten, man kann die Realität der Gefahr akzeptieren und vorsichtig und angemessen handeln, ohne in ihrem Angesicht zusammenzubrechen. Angst ist eine notwendige und lebenserhaltende Reaktion, denn sie löst die Handlungen aus, die für das Überleben notwendig sind.

Ist das Wasser-Element stark und stabil, zeigt der Mensch eine grundlegende Kraft und Ausdauer. Er empfindet Scheu, wenn nicht sogar Ehrfurcht für die natürliche Ordnung der Dinge sowie einen gesunden Respekt vor Gefahren. Aus dieser Stärke heraus finden wir den Mut und das Vertrauen, den Ereignissen des Lebens mit Vitalität zu begegnen. Natürliche Belastungen und Probleme werden zuversichtlich angegangen und als kreative Herausforderungen betrachtet, für die es wirksame Lösungen gibt.

Das Wasser-Element verleiht unseren Entschlüssen Stärke. Wir haben die Standfestigkeit, die wir brauchen, um etwas beharrlich zu versuchen, durchzuführen und bis zum Abschluß zu bringen. Ohne dieses Gefühl von Stärke und geistiger Konzentration kann ein Mensch die Ziele und Aufgaben im Leben nicht erfolgreich bewältigen.

Wasser und Winter
Wasser steht in Verbindung mit der Jahreszeit Winter, die nach den Chinesen ein weiser Führer für Gesundheit und Wohlergehen ist. Die Natur zeigt uns, daß der Winter eine Zeit der Sammlung ist, eine Zeit, um nach innen zu gehen und uns zu erneuern, die Wurzeln zu kräftigen. Nach einer langen Phase des Wachsens ist jetzt die Zeit, uns in die stille Dunkelheit zurückzuziehen, Kräfte

zu sammeln und uns für das kommende Jahr zu stärken. Damit haben wir ein Modell für den Umgang mit der Wasserenergie; nach einer kreativen und produktiven Phase, in der wir Anstrengungen unternommen haben zu expandieren – sei es für einen Tag, eine Woche oder ein Jahr –, müssen wir uns jetzt die Zeit nehmen, die vitale Energie im Element Wasser und dem Kern des Selbst wieder aufzubauen. So entwickeln wir physische Stärke, emotionalen Mut und Vertrauen und bereiten uns damit auf einen neuen Frühling vor.

Wasser im gestörten Zustand
Ein Mensch mit wenig Wasserenergie hat automatisch häufig Angst. Die gewöhnlichen Belastungen und Probleme erscheinen einem bedrohlich, und man hat vielleicht wenig Zutrauen, sie lösen zu können. Im heutigen Leben gibt es viele subtile, aber ständige Bedrohungen und Belastungen, wie massive Umweltvergiftungen und einen ständigen Strom an besorgniserregenden Informationen und Ereignissen. Ein Mensch mit starker Wasserenergie steuert sicher durch diese Herausforderungen; die Angstreaktion ruft die Energie wach, mit deren Hilfe er ihnen begegnen kann. Aber dem Menschen mit wenig Wasserenergie (nach meiner Erfahrung ein ziemlich verbreiteter Zustand) können die meisten Probleme und Herausforderungen unüberwindbar scheinen. Ist eine Angst durch Analyse oder Handeln aufgelöst worden, steigt gleich die nächste hoch. Tatsache ist, daß man bei einem Menschen, dessen Wasserenergie niedrig ist, die ständige unterschwellige Angst nicht auflösen kann. Mit der Zeit scheinen die ungelösten Ängste einen solchen Menschen emotional zu lähmen, was zu einer Wasserdepression führt, die durch chronische Ängstlichkeit geprägt ist.

Durch das chinesische Medizinsystem haben wir erfahren, daß ein Mensch eine Angst intellektuell erst dann auflösen kann, wenn seine Nierenenergie gestärkt und stabilisiert wird. Ich habe in meiner Praxis herausgefunden, daß durch das Anerkennen dieser Tatsache viele Therapiestunden eingespart werden können. Ich habe mir angewöhnt, immer zuerst die Wasserenergie grundsätzlich zu stärken, bevor ich die Auflösung von chronischen oder tiefsitzenden Ängsten in Angriff nehme.

Ist die Nierenenergie gekräftigt, wird der Mensch, der sich vor jedem Ereignis und jeder Bedrohung im Leben fürchtet, automatisch zuversichtlich und hoffnungsfreudiger und gewinnt die Fähigkeit, kritische Situationen als Hindernisse zu betrachten, die kreativ überwunden werden können.

Das „tollkühne" andere Extrem bei gestörter Nierenenergie ist ein Mensch, der vielleicht unnötige Risiken eingeht und sich in Situationen bringt, die körperlich oder emotional gefährlich sind. Mit der Zeit werden die exzessiven Anstrengungen und Risiken die Nierenenergie erschöpfen und das System ins andere Extrem umkippen lassen, den Zustand von schwacher Wasserenergie und Angstreaktionen.

Der Blasen-Meridian ist in bezug auf frühere Ängste emotional wichtig. Physisch und energetisch steht er in enger Beziehung zum Nieren-Meridian, seinem Gefährten. Im Verlaufe seines langen Wegs den Rücken entlang kann er Ängste aus der Vergangenheit ansammeln. Diese können die Reaktion eines Menschen auf die gegenwärtige Situation beeinflussen. Ein Mensch zum Beispiel, der in der Kindheit mißbraucht wurde, kann ständig weiter aus dieser Angst heraus auf gegenwärtige Ereignisse und Beziehungen reagieren, auch wenn diese gar nicht mehr mißbräuchlich sind. Angst kann auch vom Körper eines anderen Menschen, vor allem von dem der Mutter, übernommen und verinnerlicht werden. Eine Klientin, die ihren Körper außerordentlich bewußt wahrnimmt, berichtete, daß sie die Angst ihrer Mutter in ihrem eigenen Blasen-Meridian lokalisieren könne.

Wenn die Blockaden im Rücken und im Blasen-Meridian aufgelöst werden, kommen diese alten Ängste zum Vorschein. Sie können dann bewußt untersucht, aufgelöst und geheilt werden. Dann gewinnt der Mensch eine Stärke für die Gegenwart, die nicht länger von alten Ängsten geprägt ist.

Das Holz-Element und die Emotion des Ärgers

Das Element Holz steht für Wachstum mit seinen sämtlichen Aspekten. Das üppige Sprießen neuen Lebens im Frühling ist symbolisch für diese kreative, expansive Energie. Im Körperbewußtsein steht Holz für Ärger oder Selbstbehauptung, die Farbe Grün, Augen und Gesichtssinn, Bänder und Muskelhaut, eine brüllende Stimme, einen sauren Geschmack, einen ranzigen Geruch und die Energie von Geburt oder Wiedergeburt.

Gallenblasen- und Leber-Meridian verleihen der Holzenergie Ausdruck. Der Gallenblasen-Meridian rahmt den Körper – hauptsächlich an den Seiten verlaufend – von Kopf bis Fuß ein. Der Leber-Meridian steigt von den Füßen auf bis zum unteren Rumpf, im Bereich des mittleren Rumpfes endend.

Das Element Holz kann verkörpert werden durch den Archetyp des göttlichen Kindes, das durch den Prozeß der Wiedergeburt ins Leben tritt. So wie die Schoten am verwelkten Zweig die Samen enthalten, die neues Leben zum Sprießen bringen, umhüllt und birgt unsere menschliche Erfahrung die Samen neuen Wachstums. Die Transformation der Persönlichkeit zur Seele oder zum göttlichen Kind kann dann gelingen, wenn die sinnlosen Muster und die erstarrten Prägungen der Vergangenheit abgelegt werden und das reine neue Wachstumspotential freigeben, das sich darunter verbirgt. Zu guter Letzt erschließt sich die Möglichkeit, durch die Seele wiedergeboren zu werden.

Carl Rogers beobachtete, daß der „sprießende Haupttrieb" in jedem Menschen sich über sämtliche Hindernisse hinweg seinen Wachstumsweg (und sei es auf Irrwegen) bahnt. So wie der Same den Entwurf oder das Muster für den ausgewachsenen Baum enthält, so trägt die Seele in sich den Entwurf für die Selbstverwirklichung. C.G. Jung nannte dieses Wachstumspotential die „Wurzel des Bewußtseins".

Fähig zur Transformation ist allein diese Wurzel des Bewußtseins, welche – so unauffällig und fast unsichtbar (d.h. unbewußt) sie auch sein mag – das Bewußtsein mit all der ihm nötigen Kraft versorgt. (Jung, Seelenprobleme der Gegenwart, 1969)

Faszinierend ist, daß die Chinesen den Begriff „Seele" mit dem Leber-Meridian in Verbindung brachten. Der Herz-Meridian ist, wie wir gesehen haben, dem „Geist" verwandt. Ich habe über diese Zusammenhänge sehr viel nachgedacht und bin zu der Ansicht gekommen, daß der Seelenaspekt, der mit der Leber einhergeht, jener unsterbliche, göttliche Same ist, der von Leben zu Leben unverändert erhalten bleibt und die evolutionäre Chronik in sich trägt, während der „Geist" (das Herz) für die individuelle Selbst(entwicklung) des derzeitigen Lebens steht. Im nährenden Kreislauf der fünf Elemente speist die Leber das Herz, so wie die Seelenessenz unsere Individualität nähren muß.

In den klassischen Schriften wird Holz in Verbindung gebracht mit Ärger oder Zorn. Das Wort „Selbstbehauptung" eignet sich hier aber wahrscheinlich besser, denn es bezeichnet die Stoßkraft, die uns zu Wachstum und Wiedergeburt drängt. Selbstbehauptung hilft uns, über die Einschränkungen der Umgebung hinweg zum Potential des göttlichen Kindes vorzudringen. Das Spektrum von Emotionen, das mit dem Element Holz einhergeht, reicht von Apathie über Durchsetzungskraft bis zu rasender Wut.

Holz im ausgeglichenen Zustand
Im ausgeglichenen Zustand des Elements Holz haben wir eine sinnvolle Richtung im Leben oder das, was Teeguarden den „Willen zum Werden" nennt. Dieser Zustand ist einer des kontrollierten Wachstums, in dem ein Mensch von seiner eigenen Vision geleitet wird und imstande ist, bewußt zu handeln, um kreative Ziele zu erreichen. Selbstbehauptung ist ein notwendiger Schritt auf diesem Weg zur eigenen Verwirklichung. Angemessener Ärger als Reaktion auf Verletzungen oder Bedrohungen unseres Wachstums ist ebenfalls ein natürlicher und gesunder Ausdruck des Holz-Elements. Wenn Ärger in seinem natürlichen Fluß zum Ausdruck gebracht darf, verfliegt er schnell und reinigt die Luft. Nur wenn er unterdrückt und im Körper angestaut wird, drückt er sich zerstörerisch aus.

Der Energie von Holz entspricht der kreative Trieb zur Erfüllung des Selbst und seiner Aufgabe. Kreative Entwicklungen sind die Folge kontinuierlicher Wachstumsphasen, durch die die eigene Bestimmung erfüllt wird. So sind zum Beispiel die konzentrierte Absicht – eine Qualität, die für kreative Produktivität und Manifestation so entscheidend ist – und Entschlossenheit Aspekte der Holzenergie. Blockierte Kreativität bewirkt Ärger und Frustration, die, wenn sie im Körper gespeichert werden, allmählich zu Lethargie und Ziellosigkeit führen.

Holz im gestörten Zustand
Die beiden gegensätzlichen Extreme zum ausgeglichenen Zustand von Holz sind übertriebene Wut am einen Pol und Apathie am anderen. Zwischen diesen Extremen liegen zahlreiche weitere verschiedene Ausdrucksformen: aggressive Gefühle, Reizbarkeit, Frustration, Vorwürfe, Groll und Schuldgefühle. Der Ausdruck von Ärger wird in unserer Kultur ganz unabhängig davon mißbilligt, ob er angemessen ist oder nicht. Aus diesem Grund wird Ärger oft im Körper unterdrückt, was ihn entstellt und dazu führt, daß er sich als unbewußte Feindseligkeit äußert. Das Vorherrschen von Gewalt in den Massenmedien ist nur ein Ausdruck des

aufgestauten, unbewußten Ärgers, den wir als Gesellschaft mit uns herumtragen.

Ein Mensch, der im Element Holz nicht im Gleichgewicht ist, ist vielleicht ständig gereizt und hat gelegentlich Wutausbrüche. Sein Ärger ist alt und bezieht sich selten auf das Hier und Jetzt. Diese Gefühle verbrauchen einen Großteil seiner Energie (und richten sich auf jeden Auslöser, der sich gerade anbietet), so daß der Antrieb für sinnvolle, kreative Handlungen verlorengeht. Wenn die Energie sich in sinnlosem Ärger über alte Themen erschöpft, kann das Holz-Element geschwächt werden, was zu Hoffnungslosigkeit und Apathie führt. Wenn die Holzenergie schwach ist, hat ein Mensch Schwierigkeiten, seinem eigenen Leben Sinn und Bedeutung zu verleihen. Die Niedergeschlagenheit, die eine Folge der unausgewogenen Holzenergie ist, kann eine tiefe Verzweiflung beinhalten, einen Zustand, in dem man seinen eigenen Weg nicht mehr finden kann.

Das Element Holz in der Entwicklung
Während im Element Erde die nährende Bindung zur Mutter im Vordergrund steht, bin ich im Element Holz oft auf das Thema der Vaterbeziehung gestoßen. Im allgemeinen vermittelt der positive leibliche Vater dem heranwachsenden Kind Führung, Richtung und Disziplin. Mit einer klaren Vision sowie der Fähigkeit, einen Weg für die Verwirklichung dieser Vision zu finden, kann er dem Kind zeigen, wie Aufgaben in dieser Welt geplant und durchgeführt werden. Mit der Zeit wird die äußere Disziplin, die der Vater dem Kind auferlegt, zur Selbstdisziplin. Das glückliche Kind, das einen solchen Vater hat, kann sich auf einen ganzen Fundus an gut entwickelten inneren Fähigkeiten berufen und lernt allmählich, seine eigene Entwicklung so zu steuern, daß sie sich auf seine Selbsterfüllung zubewegt.

In den letzten Jahrzehnten kommt es häufig vor, daß die Väter im Leben der Kinder gar nicht anwesend sind, eine Folge der hohen Scheidungsrate und der wachsenden Anzahl alleinerziehender Mütter. Ohne eine starke Vaterfigur kann ein Kind Frustration und Ärger verspüren, weil es sich nicht richtig angeleitet fühlt. Wenn in der Kindheit das formende Vorbild des Vaters fehlt, kann es schwierig sein, die Vorstellungskraft und die Fähigkeit der Vorausplanung zu entwickeln und als Erwachsener Sinn und Richtung zu finden. Der Groll darüber, des Vaters beraubt worden zu sein, verdrängt dann die zielgerichtete Hoffnung, die ein guter Vater einflößen kann. Wenn diese Qualitäten väterlicher Erziehung in der Entwicklung des Kindes fehlten, ist es extrem hilfreich, das Element Holz zu stärken und einem Menschen praktische Fähigkeiten beizubringen, so daß er allmählich den Vater in sich entwickeln kann, der ihn in seinem Wachstumsprozeß leitet.

Über Liebe

Liebe gehört nicht einem speziellen Element an, sondern wird als umfassenderes Phänomen verstanden, das mit sämtlichen Elementen einhergeht. Wenn wir das „Feuer" oder die Leidenschaft der Liebe erleben und zum Ausdruck bringen, dann wird dieses Feuer häufig von anderen Emotionen geschürt. Mit Sicherheit entsteht Mitgefühl (Erde) für den Lebenspartner; wir können sein Glück über unser eigenes stellen. Liebe hilft uns, alten Kummer loszulassen und uns dem Hier und Jetzt hinzugeben (Metall). Liebe kann auch Angst (Wasser) auslösen, den Liebespartner zu verlieren, ruft aber auch unseren Mut wach, uns für die Beziehung einzusetzen. Und schließlich werden wir, wenn die Liebe blüht, angeregt, unsere Aufgabe, unsere Kreativität und den Sinn (Holz) unseres Lebens zu erneuern. Wie im nächsten Teil erklärt wird, ist Liebe vor allem dem Herzchakra verwandt, von dessen Energie wir durch eigene Erfahrungen und aus der Literatur wissen, daß sie zu den mächtigsten vereinenden und heilenden Kräften im Leben gehört.

Der Kreislauf der Elemente und Emotionen

Wie bereits an früherer Stelle gezeigt wurde, bilden die fünf Elemente ein vollständiges System der energetisch-organischen Interaktion. Das Gleichgewicht in einem Element erzeugt oder nährt das Gleichgewicht im nächsten Element, und umgekehrt haben Störungen in einem Element die Tendenz, sich auf das nächste Element auszuweiten (vgl. Abbildung 10, S. 102). Emotional kann sich dieser Kreislauf wie folgt ausdrücken: Freude (Feuer) ist ein natürliches Phänomen, wenn wir der Wahrheit unseres individuellen Geistes folgen. Freude nährt die Fähigkeit, für uns selbst und andere Sorge oder Mitgefühl (Erde) zu empfinden. Wenn wir von der Erde genährt werden und in ihr verwurzelt sind, können wir dem natürlichen Strom des Lebens besser folgen (Metall). Akzeptieren wir das Leben, so wie es ist, fördert das unseren Glauben, unseren Mut und den Willen zur Beharrlichkeit (Wasser). Durch mutiges Handeln wird unsere Kraft zur Selbsthauptung entwickelt, mit der wir uns im Leben vorwärtsbewegen und wachsen (Holz). Und wenn wir unserem „sprießenden Haupttrieb" folgen, bringt uns das Freude (was den Kreis vollständig macht und mit dem Element Feuer wieder schließt).

Ähnlich setzen sich natürlich in einem negativen Kreislauf Störungen fort: Trübsinn (Feuer) schwächt die Fähigkeit, Mitgefühl zu empfinden (Erde). Ohne Mitgefühl und Nahrung neigen wir dazu, in alten Emotionen und Ereignissen festzuhängen (Metall), was uns unsere Fähigkeit nimmt, kraftvoll zu handeln (Wasser). Aus dieser Position der Schwäche und Angst heraus werden wir apathisch (Holz) und sind unfähig, frei zu wachsen, was uns noch trauriger macht (Feuer).

Die Chakras und die Emotionen

Die Energiewirbel der Chakras umfassen viel größere und allgemeinere Bereiche des Körpers als die Ströme der Meridiane. Ihre Energiestrudel speisen mehrere Meridiane auf einmal, wobei sie diese sowohl beeinflussen als auch von ihnen beeinflußt werden. Wenn wir uns der Energie der Chakras zuwenden, bekommen wir deswegen einen globaleren Eindruck von der Grundorientierung eines Menschen in seinem derzeitigen Leben und seiner bisherigen Entwicklung im Lauf der Zeit. Durch das „Lesen" der Chakraenergie können wir den grundlegenden emotionalen Charakter eines Menschen schnell bestimmen. Rama, Ballentine und Ajaya haben die Chakras „Zentren der Integration" genannt, was eine passende Beschreibung ihrer hauptsächlich verbindenden Funktion ist. Betrachten wir außerdem die speziellen Meridiane, die aus dem zentralen Chakrasystem hervorfließen, können wir noch weitere genaue Ursprünge und Auswirkungen des emotionalen Charakters erkennen (vgl. Abbildung 6, S. 67).

Das Wurzelchakra

Das Wurzelchakra befindet sich am unteren Ende der Wirbelsäule im Damm des Perineums. Es steht in Verbindung mit Anus und Steißbein und bildet die Basis des Chakrasystems. Aus dieser Basis entspringen drei primäre Energiebahnen und fließen die Wirbelsäule aufwärts; der *Sushumna*, der zentrale Strom, der *Ida*, der links aufsteigt, und der *Pingala*, der rechts aufsteigt. Die beiden letzten Ströme kreuzen sich bei ihrer Reise nach oben in jedem Chakra, bis sie sich im sechsten Chakra treffen und vereinen. Außerdem befindet sich im Wurzelchakra ein verschlossenes Energiereservoir – die Kundalini oder die zusammengerollte Schlangengöttin, als die sie manchmal dargestellt wird –, dessen Energie ruht, wenn sie nicht durch ungewöhnliche Mittel freigesetzt wird.

Das Wurzelchakra entwickelt sich in den ersten sieben Lebensjahren vollständig und wird von analen Problemen beeinflußt. Laut Freud ist die willkürliche Kontrolle der Darmbewegungen der erste vollständige Akt von Selbstkontrolle, der die Grundlage für ein Selbstgefühl oder ein Gefühl der eigenen Macht bildet. Die Reinlichkeitserziehung und der Schutz oder die Verletzung des analen Bereichs können entweder zu einem grundlegenden Sicherheitsgefühl oder, vor allem wenn gewaltsame Verletzungen im Spiel sind, zu einer grundlegenden Angst vor Vernichtung beitragen. Ich habe festgestellt, daß die Energie des Wurzelchakras oft etwas darüber aussagt, ob ein Mensch sich mit der schützenden Stärke und Ausdauer des Vaters verbunden hat. Wenn das Kind sich mit Hilfe von Eltern und einer Umgebung, die ihm ein Gefühl von Sicherheit und Vertrauen in seine eigene Körperidentität vermitteln, im Körper verwurzelt, hat es eine solide energetische Basis und entwickelt Fähigkeiten, um sein weiteres Leben erfolgreich zu bewältigen. Sein „Überlebensinstinkt" ist fest verwurzelt. Rama, Ballentine und Ajaya schreiben hierzu:

Wenn ein Mensch seine Energie hier (in der Wurzel) zentriert hat, hat er Angst, von anderen verletzt zu werden, nicht nur psychisch, sondern im körperlichen Sinne. Die Angst, mit der wir es hier zu tun haben, ist eine intensive, irrationale Angst vor der Gewalt, die mit der Rolle von Jäger und Gejagtem verbunden wird. Sie ist total und umfassend. (Yoga and Psychotherapy, *1976)*

Ist das Wurzelchakra entwickelt (durch die Erdung, die die Eltern dem Kind in den frühen Jahren vermittelt haben, und/oder spezielle körperliche Übungen wie Yoga oder Kampfsportarten), hat der Mensch Vertrauen in seine Fähigkeit, mit dem physischen Leben zurechtzukommen. Die Energie kann von der Wurzel reichlich in Beine und Füße fließen, was den Kontakt zur Erde und zur eigenen Lebensaufgabe verstärkt. Solch ein Mensch fühlt sich

Die Emotionen

wahrscheinlich stark in den Fähigkeiten, die er zum Überleben braucht, und weiß, wie er „auf eigenen Füßen stehen" kann.

Nieren- und Blasenmeridian werden von diesem Chakra versorgt. Wie bereits erwähnt, vermitteln diese Meridiane physische Stärke und Mut, wenn ihre Energie stark ist, oder Angst, wenn sie schwach ausgebildet ist. Angst steht auch mit dem Wurzelchakra in Verbindung. So wie mit einem schwachen Nieren-Meridian automatisch Angst einhergeht, wird Angst auch zur vorherrschenden Emotion, wenn das Wurzelchakra nicht ausreichend entwickelt ist und nicht die Vitalität, das Strahlen und das Standvermögen zeigt, die wir zum Beispiel bei Menschen finden, die eine Kampfsportart ausüben. Ein Mensch mit einem schwach entwickelten Wurzelchakra ist folglich ängstlich in bezug auf sein Überleben und sein körperliches Wohlergehen. Aus dieser Angst heraus setzt er sich vielleicht über jedes Leben hinweg, außer über sein eigenes, und nimmt Zuflucht zu skrupelloser Gewalt, um sich zu schützen.

Das zweite Chakra
Das zweite Chakra befindet sich oberhalb des Bereichs von Genitalien und Blase zwischen Nabel und Schambein. Es steht in Verbindung mit den Genitalien, Sexualität und einem generellen kreativen Impuls. Während das Wurzelchakra das Gefühl für das eigene Überleben steuert, lenkt das zweite Chakra über die Fortpflanzung das Überleben der ganzen Spezies. Hier stehen sinnliche Lust sowie die ganze Vielzahl von Gefühlen, die uns zu sinnlichem Verhalten drängen, im Mittelpunkt. Der reine sexuelle Impuls ist einer der primären Ursprünge für Kreavitität. Die energetische Stärke dieses Chakras liefert die vitale Kraft zur Inangriffnahme und Fortführung kreativer Handlungen. Der Nieren-Meridian, ebenfalls Sitz der Sexualität, verläuft durch dieses Chakra.

Die Energie des zweiten Chakras entwickelt sich vor allem zwischen dem siebten und dem vierzehnten Lebensjahr. Die vorherrschenden genitalen Probleme – die Akzeptanz der sexuellen Identität und die Gefühle in bezug auf die eigenen Genitalien – haben ihren Ursprung in dieser Zeit und in diesem Chakra. Die Gefühle, die hier erzeugt werden, sind von einer lustvollen Intensität und können den ganzen Körper beleben, wenn sie frei fließen dürfen. Das orgastische Potential kann das Feuer im System schüren (und die Meridiane von Herzbeutel, Herz und Penetrationskanal versorgen) und auf diese Weise Freude auslösen. Die lustvolle Freude einer uneingeschränkten Sinnlichkeit kann ein mächtiger Antrieb für das Wachstum sein.

Dieses Potential steht dem normal konditionierten Menschen nicht automatisch zur Verfügung. Da das Experimentieren mit den Genitalien und diese selbst oft nicht akzeptiert werden und das sinnliche Erforschen sowie die natürliche sexuelle Entwicklung Tabus unterliegen, wird dieses Potential in einem gepanzerten, durch die Überzeugungen des Menschen gehemmten Körper unter Verschluß gehalten. Tatsächlich ist eine natürliche und gut entwickelte Sexualität (wie bei einigen geheimen Formen des Tantra-Yoga) in unserer Kultur schwer zu finden. Wenn wir diese Energie wegschließen, unterbinden wir nicht nur die verjüngende Freude der Sexualität, sondern dämpfen unsere sämtlichen kreativen Impulse.

Das dritte Chakra

Das dritte oder Solarplexuschakra befindet sich am Nabel. Es wird in Verbindung gebracht mit Verdauung, Assimilierung und persönlicher Macht und gilt in der Yogatradition als Zentrum der physischen Energie. Dieses Chakra steht in energetischer Wechselbeziehung mit den Erd-Meridianen (Magen und Milz/Pankreas) und den Holz-Meridianen (Leber und Gallenblase), das heißt, es versorgt diese und wird auch von diesen versorgt. Es hilft, Erd- und Holzenergien zu vereinen und schließt also auch die entsprechenden Emotionen wie Mitgefühl und Aggression ein.

Laut Rama, Ballentine und Ajaya geht es in diesem Zentrum um ein effektives und durchsetzungskräftiges individuelles Verhalten, das uns erlaubt, für die eigenen Bedürfnisse – Kleidung, Unterkunft und die Sicherung und Verdauung von Nahrung – zu sorgen.

Hier haben wir es also mit den grundlegendsten Nahrungsbedürfnissen zu tun. Werden sie befriedigt, fühlt der Mensch sich zuversichtlich und kompetent und kann ein adäquates persönliches Ego entwickeln. Werden sie aber nicht erfüllt, kann er sich unterlegen fühlen und einen Minderwertigkeitskomplex entwickeln, der entweder zu dominierendem oder unterwürfigem Verhalten führt.

Wie das Element Erde kann oft auch das dritte Chakra das Beziehungsverhalten des Menschen steuern. Übermäßig viel Energie in diesem Chakra kann bewirken, daß ein Mensch seine eigenen Bedürfnisse und sein eigenes Ego über die von anderen stellt. Ein solcher Mensch kann narzißtisch und tyrannisch werden, besessen von persönlicher Macht.

Ein unterentwickeltes drittes Chakra kann zu einem Mangel an persönlicher Macht führen, zur Unfähigkeit, sich zu behaupten und sein Ego zu entwickeln sowie Egogrenzen angemessen zu beachten.

Der Einfluß der Mutter- und Vaterbeziehung bildet die Grundlage für die Entwicklung des Egos und der persönlichen Macht. Für das ungehinderte Aufblühen des eigenen Egos sind sowohl männliche als auch weibliche Disziplin und Unterstützung notwendig. Ich habe festgestellt, daß die Mutter- und Vaterbeziehung durchgearbeitet werden müssen, bevor sich das dritte Chakra voll entwickeln kann. Wenn ein Mensch die mütterlichen und väterlichen Qualitäten in sich selbst entwickeln und dazu heranziehen kann, ein starkes eigenes Ego aufzubauen, kann das dritte Chakra enorm gestärkt werden.

Das dritte Chakra wird manchmal auch als „emotionaler Verstand" bezeichnet. Es ist bekannt, daß es die Identifizierung mit anderen beeinflußt. Sind die Egogrenzen schwach, kann es sein, daß man die Emotionen anderer Menschen durch dieses Chakra direkt in den eigenen Körper „aufnimmt". In diesem Fall „übernimmt" man vielleicht sowohl die emotionalen als auch die physischen Probleme anderer Menschen.

Das Herzchakra
Das Herzchakra markiert den Entwicklungsübergang von den unteren drei Chakras zu den oberen vier. Es befindet sich im Brustkorb in der Mitte zwischen den Brüsten. Es wird von den Herz- und Herzbeutel-Meridianen versorgt und steht damit in Verbindung zu Freude und Ausdruck des individuellen Geistes. Über die persönliche Freude und Erfüllung hinaus erschließt es uns aber auch die Fähigkeit zur wahren Selbstliebe und zur wahren Liebe für andere. Tatsächlich ist dieses Zentrum der Ort, an dem unsere Evolution sich von den grundlegenden Überlebensimpulsen des Selbst der drei ersten Chakras zu den transpersonalen Bestrebungen weiterentwickelt, die durch die oberen drei Chakras vertreten werden. In diesem Zentrum können die „niedrigen" und die „höheren" Seiten des menschlichen Seins vereint werden. Auch

die rechte und linke Körperhälfte, die die aktiven, Yang oder männlichen Qualitäten, und die rezeptiven, Yin oder weiblichen Qualitäten, repräsentieren, sind in diesem Zentrum vereint. Das universelle Symbol des Kreuzes hat seinen Kreuzungspunkt im Herzen. Die energetische Sammlung im Bereich dieses Zentrums wirkt sich potentiell auf den ganzen Menschen aus.

Höhere Formen von Liebe wie Mitgefühl und bedingungslose Liebe haben ihren Ursprung in diesem Zentrum. Diese Art der Anteilnahme an anderen geht über Besitzdenken und Abhängigkeit hinaus. Mitgefühl ist eine Eigenschaft, die traditionellerweise Buddha, Christus und den meisten spirituellen Lehrerinnen und Lehrern zugesprochen wird. Über bloße Anteilnahme hinausgehend, ist diese Liebe nur möglich, wenn ein Mensch ein Gefühl für seine innere Fülle hat und seine Sehnsüchte nicht mehr so stark nach außen gerichtet sind. Wenn das Herzchakra sich entwickelt, können wir innerlich integriert und ganz werden und haben weniger das Bedürfnis, mit anderen zu verschmelzen, um verlorene oder projizierte Seiten von uns wiederzugewinnen.

Mütter empfinden für ihre Babys oft bedingungslose Liebe, die sie ihnen in Form von Zuwendung, Trost und Pflege geben, ohne etwas zurückzuerwarten. Wenn eine Mutter ihr Kind an die Brust legt, schmiegt es sich direkt an das Herzchakra, wo es ihre Liebesenergie aufnehmen kann, die für die Entwicklung des Kleinkindes von entscheidender Bedeutung ist. Säuglinge, die bedingungslos geliebt werden, haben damit das wertvollste Fundament für eine gesunde Entwicklung. Kinder, die diese Liebe hingegen nicht erhalten, sind von Anfang an im Element Feuer unterernährt, und ihre Fähigkeit, Liebe zu geben und zu empfangen, wird im späteren Leben begrenzt sein, bis sie einmal die uneingeschränkte Erfahrung machen, bedingungslos geliebt zu werden. Sowohl der Herz- als auch der Herzbeutel-Meridian senden Energiezweige durch die Arme in die Hände. Wenn wir einen anderen Menschen mit offenem Herzen umarmen, „hüllen" wir ihn im wahrsten Sinne des Wortes in liebevolle, heilende Energie ein.

Göttliche Liebe und das Herzchakra
Man findet nicht viele Menschen, die bedingungslos lieben können. Der Entwicklungsstand des Herzens, der dafür im allgemeinen erforderlich ist, kann nur erreicht werden, wenn ein Mensch sich tief auf spirituelle Praktiken einläßt und sich dem Dienst an

der Menschheit widmet. Glücklicherweise sind die Heilung und die Nahrung, die aus dieser reinen Liebe fließen, für uns durch Gott zugänglich. Wir können den Kontakt zur göttlichen Liebe über das Herz- und das Kronenchakra unmittelbar herstellen und diese Liebe hier empfangen. Die Heilungstradition des charismatischen Christentums und auch viele andere spirituelle Wege, die sich der Hingabe des Herzens verschrieben haben, beruhen auf dem Empfangen von göttlicher Liebe oder Gnade.

Es gibt in der zeitgenössischen Literatur viele Beispiele für Menschen mit körperlichen und/oder emotionalen Herzproblemen, die einer medizinischen oder psychotherapeutischen Behandlung nicht zugänglich zu sein schienen, die aber eine göttliche Heilung erfuhren, durch welche sämtliche Symptome völlig verschwanden.

Selbst wenn der physische Körper nicht geheilt werden kann, kann ein Mensch durch die göttliche Liebe emotionale Heilung erleben. Jampolsky berichtet von vielen Kindern und Erwachsenen mit Krebs im Endzustand, die diese Gnade empfangen haben. Ähnlich behauptet Kübler-Ross, daß die allerwichtigste Aufgabe für Sterbende darin bestehe, unerledigte Herzensangelegenheiten ins reine zu bringen, was vor allem heißt, menschliche Beziehungen durch Liebe und Vergebung zu heilen. Wie die Mystiker und spirituell Suchenden im Verlaufe der Jahrhunderte immer wieder gezeigt haben, haben wir zu Gottes Liebe und Vergebung durch Gebet und spirituelle Übungen einen direkten Zugang.

Das Kehlkopfchakra
Im fünften oder Kehlkopfchakra entwickelt sich die transpersonale Fähigkeit des Dienens für andere weiter, die im Herzen erschlossen wurde. Während Liebe ein grundlegender Ausdruck des Herzens ist, kann die Stimme die Wahrheit, die wir aus den konkreten Erfahrungen im Körper und im Herzen gewinnen, weitervermitteln. Im Kehlkopfchakra geht es um Kreativität und Rezeptivität. In diesem Chakra entstehen keine Emotionen, aber die Gefühle aus den unteren Chakras können hier aufgelöst und abgeschlossen werden, indem wir sie durch die Stimme ausdrücken. Hier sind die Gefühle verfeinert, gemäßigt durch die Liebe des Herzens, und werden als kreativer Akt mitfühlend zum Ausdruck gebracht. Auch heilende Fähigkeiten werden mit einem entwickelten Kehlkopfchakra in Zusammenhang gebracht; hier

kann die liebevolle Energie des Herzens mit Hilfe der Stimme konzentriert werden. Tatsächlich kann die Stimme selbst ein Instrument der Heilung werden, indem sie durch Singen, Vorträge oder alltägliches Sprechen Wahrheit vermittelt.

Ist das Kehlkopfchakra offen und rezeptiv, erlebt der Mensch ein Gefühl von Hingabe, ein ruhiges Akzeptieren der höheren Ordnung, die über das Persönliche hinausgeht. Während sich die unteren drei Chakras grundsätzlich vor allem auf das Ego und seine Evolution oder sein Wachstum beziehen, kann die Öffnung des Kehlkopfchakras die Transzendierung des Egos beinhalten, seine Umwandlung in ein höheres spirituelles Bewußtsein. Wenn das Kehlkopfchakra entwickelt ist, erkennt und begrüßt ein Mensch die Möglichkeit, das persönliche Ego mit der großen, unendlichen Ordnung in Einklang zu bringen. Mit christlichen Begriffen ausgedrückt, kündigt die Entwicklung des Kehlkopfchakras an, daß ein Menschen imstande ist zu sagen: „Dein Wille (nicht meiner) geschehe." Es ist also leicht einsichtig, daß einem entwickelten Kehlkopfchakra Qualitäten wie Ruhe, Akzeptanz und Selbstvertrauen entsprechen.

Das sechste und das siebte Chakra
Die beiden oberen Chakras erzeugen keine Emotionen. Sie steuern geistige und sprituelle Fähigkeiten, und in der Tradition des Yoga sagt man von ihnen, sie seien „jenseits der Emotionen". Ihre Bewußtseinsfelder beinhalten die Fähigkeit, Emotionen bewußt wahrzunehmen, ohne sich körperlich darauf einzulassen oder elektrochemisch davon beeinflußt zu werden. Aus der Perspektive dieser beiden Chakras werden Emotionen als integraler Bestandteil der menschlichen Persönlichkeit betrachtet, ohne daß sie das höhere Bewußtsein „ergreifen" oder „ins Wanken" bringen.

Emotionen und Körperpanzer
Wird die elektrochemische Aufladung einer Emotion ungehindert zugelassen und im Körper gespürt, bringt sie eine gesteigerte Vitalität und Wachheit mit sich. Sie wird auf natürliche Weise ausgedrückt und damit zum Abschluß gebracht. Wenn jedoch die Entladung der Emotion durch Verleugnung oder Behinderung ihres Ausdrucks blockiert wird, kann ihre Aufladung im Körpergewebe gespeichert werden und wird dort später zum Hindernis für den

freien Fluß von Energie und Emotionen. Solche gespeicherten emotionalen Aufladungen sind die Bausteine für den Körperpanzer, der – wie wir in Kapitel 3 gesehen haben – sich bereits ziemlich früh im Leben zu entwickeln beginnt.

Die frühen emotionalen Reaktionen sind einfach – beim Neugeborenen können wir Angst, Ärger und so etwas Ähnliches wie Zuneigung oder „Sichhingezogenfühlen" beobachten. Diese Emotionen scheinen angeboren zu sein und stellen die primäre Reaktion des Kleinkinds auf grundlegende Hilfen und Erfahrungen im Leben dar. Im Idealfall werden diese Emotionen im verletzlichen, ungeschützten Körper sofort und uneingeschränkt ausgedrückt, fließen in kurzer Zeit in Form einer Wellenbewegung von Anfang bis Ende durch den Körper und werden dann losgelassen. Es ist aber noch nicht allgemein bekannt, daß die frustrierten Primäraktionen (wie zum Beispiel das ärgerliche Schreien eines kleinen Kindes, das nicht gefüttert wird) oft im Körper verzeichnet werden und durch tiefgehende Körperarbeit 20 oder 30 Jahre später wieder freigesetzt werden können. Wird eine Emotion in ihrem Verlauf aufgehalten, wenn dem Kind zum Beispiel nicht erlaubt wird zu weinen, werden die zurückbleibenden Wirkungen im Körpergewebe gespeichert oder „verdrängt", wie wir diesen Ablauf in der Psychologie nennen.

Durch die Konditionierung ändert sich der freie Ausdruck von Emotionen im Verlaufe des Heranwachsens des Kindes. Die Sozialisierung erfordert, daß Wut gedämpft und Angstreaktionen gedrosselt werden. Wenn diese Dämpfer oder Korrekturen dem Kind von der Außenwelt auferlegt werden, lernt es, die energetische Aufladung der Emotion im Körper zurückzuhalten, statt sie herauszuschreien oder „sich auszuweinen". Mit der Zeit kann dieses Reservoir an nicht geäußerten Emotionen zur energetischen Aufladung werden, die im Gewebe eingeschlossen ist. Diese nicht abgeschlossenen Emotionen verbleiben im Körper als neuromuskuläre „Panzerungsmuster".

Emotionale Gesundheit
Emotionen sind ein integraler Bestandteil des menschlichen Bewußtseins. Sie stellen eine natürliche körperliche Gefühlsreaktion auf die Ereignisse des Lebens dar, helfen uns zu spüren, was in unserer Umgebung vor sich geht, und weisen darauf hin, wie unser Körper sich auf diese Realitäten auf eine gesunde Weise ein-

stellen kann. Der freie Körper weist eine große Bandbreite an Emotionen auf, die die Energie für unser Interesse und unsere Vitalität liefern. Der Prozeß der Selbstverwirklichung oder Individuation erfordert die ausgiebige Wahrnehmung und Entwicklung von emotionalen Zuständen. Diese schenken uns auf unserer menschlichen Reise sowohl Feingefühl als auch Energie und helfen uns herauszufinden, wie unser nächster Wachstumsschritt aussieht.

Die Emotion ist die Hauptquelle für alles werdende Bewußtsein. Ohne Emotionen kann Dunkelheit nicht in Licht oder Apathie nicht in Bewegung transformiert werden. (Jung, Die Archetypen und das kollektive Unbewußte, 1974)

Durch das energetische Objektiv der fünf Elemente, Meridiane und Chakras können wir emotionale Zustände identifizieren, die körperlich begründet und deswegen als menschlicher Ausdruck natürlich sind. Wie wir gesehen haben, sind diese natürlichen Emotionen, die hier mit den Chakras und Meridianen in Verbindung gebracht werden, Freude, Mitgefühl, Trauer, Angst, Ärger, Sinnlichkeit, persönliche Macht, Liebe und Hingabe.

Die menschliche Erfahrung bewegt sich auf natürliche Weise zwischen diesen Gefühlen hin und her, wenn wir auf die Ereignisse des Lebens reagieren. Sie bereichern unser Erleben; sie lehren uns Feingefühl für den menschlichen Zustand. „Unnatürliche" Emotionen wie Haß, Wut, Rache, Verzweiflung, Hysterie und so weiter, die uns zu destruktivem Verhalten treiben, werden als energetische Verzerrungen oder Störungen im Körperbewußtsein betrachtet. In diesem Energiemodell vom ganzen Menschen finden wir Richtlinien für emotionale Zustände, die unser Leben und Wachsen fördern.

Emotionen können im Körperbewußtsein Probleme schaffen, wenn ihr Ausdruck über längere Zeit hinweg ernsthaft gestört ist. Werden sie ständig geleugnet und somit im Körper unterdrückt und gespeichert, können sie zu einem energetischen Ungleichgewicht führen, das wiederum unsere Gesundheit und unser Bewußtsein beeinträchtigt.

Wird zum Beispiel Ärger im System verspürt, aber permanent verneint, wird die Energie dieser Emotion sich allmählich im Leber-Meridian stauen. Wird Ärger aber umgekehrt übertrieben zum Ausdruck gebracht und wie eine Gewohnheit immer wieder neu abgespult, kann auch das einen schädlichen Einfluß auf die Leberenergie haben.

Durch ausgleichende Arbeit am Energiesystem des Körpers werden Emotionen automatisch und auf organische Weise zu ihrem natürlichen Ausdruck gelangen. So kann das Körperbewußtsein allmählich von alten emotionalen Mustern, die dem Wachstum nicht mehr dienlich sind, befreit werden.

Werden die Emotionen aus dem Zusammenhang der familiären und kollektiven Konditionierung gelöst, können wir sie auf natürliche Weise von innen spüren und uns von ihnen leiten lassen. Bewußtsein und Ausdruck von Emotionen stimmen dann im Körper überein. Es ist sicher, der natürlichen Wellenbewegung von Emotionen zu folgen, weil die Gefühle zurückgewonnen wurden und der Körper des Individuums sie sich jetzt „angeeignet" hat. Solchen körperlich begründeten, stimmigen Emotionen können wir vertrauen, denn sie sind extrem wertvolle Komponenten des ganzheitlichen Bewußtseins.

Zusammenfassung
Emotionen wurden als elektrochemische Wellenbewegungen definiert, die durch den Körper laufen und instinktive, bewußte und verhaltensmäßige Änderungen auslösen. Ich habe dargelegt, wie die östliche energetische Sicht der Meridiane und der Chakras uns ein vollständiges Modell der natürlichen Emotionen liefert, die mit physiologischen Wirkungen einhergehen. Diese Emotionen wurden in ihrem Zusammenhang mit den fünf Elementen, mit den Meridianen und mit den Chakras beschrieben. Wir haben gesehen, daß jede Gruppe von Emotionen sowohl einen ausgeglichenen Zustand als auch übertriebene oder gestörte Ausdrucksformen beinhaltet.

Die energetischen Modelle des Körpers liefern uns eine Matrix für die Identifizierung, Verarbeitung und Harmonisierung von Emotionen. Sie helfen uns, den natürlichen Fluß von Gefühlsreaktionen als notwendiges und erfreuliches homöostatisches Ausbalancieren innerhalb des gesamten Systems zu akzeptieren. Und sie können uns zeigen, wann eine Emotion übermächtig wird oder gestört ist. Außerdem stellen die Meridianbahnen und die Chakras körperliche Hinweise für die verschiedenen Typen von Emotionen dar.

Sind wir vertraut mit ihnen, hilft uns das herauszufinden, welche spezifischen Emotionen in den verschiedenen Teilen des Körpers gestaut sind.

Der Körperpanzer kann sich infolge einer emotionalen Aufladung entwickeln, die, ohne Ausdruck zu finden, im Körper festgehalten wird. Der gepanzerte Körper ist dann begrenzt auf die emotionalen Muster, die in ihm festgeschrieben wurden. Ein Körper, der von Panzerungen und Energieblockaden befreit wurde, ist zu einem großen Spektrum an emotionalen Äußerungen imstande und genießt die Sensibilität und Vitalität, die durch Emotionen stimuliert werden. Emotionale Gesundheit umschreibt einen Zustand, in dem sämtliche Emotionen im Körper gefühlt, akzeptiert und so zum Ausdruck gebracht werden, daß uns mehr Bewußtheit, Freiheit und Wachstum offenstehen.

Kapitel 5
Der Verstand

Der Verstand wurde in Kapitel 1 definiert als die nachweisbaren Effekte der intellektuellen, unbewußten, überbewußten und intuitiven Funktionen. Die Psychologie hat den Verstand seit ihren Anfängen gründlich erforscht. Sie hat viele verschiedene geistige Fähigkeiten unterschieden, Wege erfunden, diese zu testen, und Lerntheorien entwickelt, die die geistige Erziehung fördern. Wir haben sehr viel über die Entwicklung des Intellekts gelernt, wissen aber auch, daß es ein breites Spektrum geistiger Fähigkeiten gibt, die noch nicht erschlossen sind. So sind zum Beispiel die „höheren" geistigen Potentiale, die mit der spirituellen Entwicklung zusammenhängen, weitgehend unbekannt. Zwar hat die Parapsychologie außersinnliche Fähigkeiten erforscht, aber es mangelt uns trotzdem an einem Verständnis der Kräfte und Leistungen, von denen mental veranlagte Menschen oder Mystiker berichten. Die Energie-Modelle der Meridiane und Chakras liefern uns eine Definition vieler dieser Kräfte und geben uns auch eine Matrix für eine fortschreitende Bewußtseinsentwicklung in die Hand.

In diesem Kapitel werden wir uns mit den mentalen Kräften beschäftigen, die mit den Energiesystemen des Körpers verbunden sind. Auch wenn wir nicht sämtliche dieser Kräfte realisiert haben, sind sie doch, da sie auf den natürlichen Gesetzen der Energiebahnen und -zentren beruhen, Teil unseres natürlichen Erbes.

Der bewußte und der unbewußte Verstand
Energie durchdringt sowohl den bewußten als auch den unbewußten Verstand. Tatsächlich kann sie eine der wertvollsten Brücken zwischen den beiden Seiten des Verstandes bilden. Wenn

zum Beispiel die Meridiane und/oder Chakras über den Körper berührt werden, kann unbewußtes Material (das meistens mit den jeweiligen Eigenschaften des entsprechenden Meridians oder Chakras zusammenhängt) in diesem Augenblick ins Bewußtsein treten. Es ist normal, daß ein Mensch, der eine Akupunktur- oder Akupressursitzung bekommen hat, kurze Zeit später von lebhaften Träumen berichtet, woraus wir schließen können, daß durch die Freisetzung von Energie in einem Teil des Körpers, der kurz zuvor noch blockiert war, unbewußtes Material an die Oberfläche des Bewußtseins gebracht werden kann. Das *Nei Ching* enthält einen poetischen Traumkatalog mit generellen Richtlinien, anhand derer wir bestimmen können, welcher der zwölf Organ-Meridiane mit einem bestimmten Traummotiv im Zusammenhang steht. Das zeigt uns, daß die alten Chinesen ein Verständnis für die enge Beziehung zwischen (unbewußtem) Traumprozeß und Energiefluß hatten.

So wie der Körperpanzer die Tendenz hat, bestimmte emotionale Komplexe im Körper festzuschreiben und damit die entsprechenden emotionalen Äußerungen zu behindern, werden die mentalen Programme der Konditionierung im Gehirn und im Nervensystem in Form von neuralen Mustern fixiert. Diese grundlegenden Programme des Verstandes beruhen auf der ganz frühen familiären Konditionierung sowie der Sozialisierung durch Gesellschaft und Erziehung. Sie umfassen verinnerlichte Befehle der Eltern, Glaubenssysteme und frühe, grundlegende Entscheidungen in bezug auf das Leben, die aufgrund stark emotionaler Erfahrungen getroffen wurden. Sie bilden die Muster des Kerns und des Metaprogramms, die prinzipiell unbewußt sind. In der psychologischen Umgangssprache werden solche Muster „alte Platten" genannt, um darauf hinzuweisen, wie beharrlich sie sind, wenn sie einmal aktiviert werden. Sie üben auf der unbewußten Ebene einen tiefgreifenden geistigen Einfluß auf das Denken und Verhalten aus. Wenn wieder Energie durch solche unterdrückten Muster fließt, können sie ins Bewußtsein gebracht, neu eingeschätzt und – falls notwendig – verändert werden.

Die rechte und die linke Gehirnhälfte
In unserer wissenschaftlich orientierten Zeit sind die Funktionen der linken Gehirnhälfte – lineares Denken, Logik, Mathematik, Wortkonstruktionen – stark betont worden, während die Funk-

tionen der rechten Gehirnhälfte – symbolisches Denken, Imaginieren, kreatives Denken, räumliche Beziehungen – vernachlässigt wurden. Für eine holografische Sicht sind aber beide Gehirnhälften in ihrer Einheit und Koordination wichtig.

Die auf der mittleren Körperlinie verlaufende Energiebahn des Lenker-Gefäßes unterstützt die Vereinigung von rechter und linker Gehirnhälfte. Sie verläuft direkt über dem Corpus callosum, einem Nervenstrang, der die beiden Gehirnhälften miteinander verbindet. Ein Zweig dieses Meridians läuft von der Außenseite des Kopfes direkt in das Zentrum des Gehirns.

Ist dieser Meridian offen und aufgeladen, liefert er die Energie für die Vereinigung der linken und rechten Hemisphäre des Gehirns und unterstützt diese. Die Klärung und Reinigung dieses Meridians verhilft zu Zentriertheit, einem einheitlichen Bewußtsein und Klarheit.

Die fünf Elemente und die mentalen Kräfte
Im folgenden Abschnitt werden die mentalen Kräfte in ihrer Verbindung mit den fünf Elementen und den diesen verwandten Meridianen beschrieben. All diese Kräfte stehen jedem Menschen von Natur aus in einem gewissen Maße zur Verfügung, ganz unabhängig von seiner Intelligenzstufe, wobei einige entwickelt sind, während andere ruhen. Wenn wir uns die energetische Unterstützung erschließen, die mit all diesen Kräften verbunden ist, können wir oft Wege finden, ihre Entwicklung zu fördern.

Das Element Feuer:
Inspiration, Intuition und Unterscheidungsvermögen
Inspiration, Intuition und Unterscheidungsvermögen sind mentale Prozesse, die mit dem Feuerelement, seinen Organen und den entsprechenden Energiebahnen in Verbindung stehen.

Man nimmt an, daß Inspiration und Intuition ihren Ursprung im Herzen haben. Sind das Herz und sein Meridian offen, kann man die Eingebungen des eigenen Herzens (Geistes) empfangen und sich von der Natur inspirieren lassen. Auch intuitive Ahnungen, Einsichten und Eindrücke sind uns dann leicht zugänglich. Ist das Feuer-Element schwach und sind seine Energiebahnen verstopft, kann die Intuition blockiert sein. Die mentalen Kräfte sind dann gestört, und das Denken ist diffus. Kaptchuk beschreibt diesen Zustand wie folgt:

Wenn Shen (der Geist des Herzens) aus dem Gleichgewicht gerät, kann es den Augen des Menschen an Glanz fehlen und sein Denken wirr sein. Wer davon betroffen ist, kann langsam und vergeßlich sein und unter Schlaflosigkeit leiden. Typisch für bestimmte Shen-Disharmonien sind unvernünftige Reaktionen auf die Umgebung wie zum Beispiel ein bezugsloses Reden. Extreme Shen-Disharmonien können zu Unbewußtheit oder gewalttätiger Verrücktheit führen. (Das große Buch der chinesischen Medizin, 1988)

Ein Student beschrieb mit folgenden Worten, wie sich sein Herz öffnete und er dabei eine wachsende geistige Inspiration erfuhr: „Als Antwort auf einige meiner Lebensfragen explodierte eine Flamme in meinem Herzen. Während ich diese Richtung einschlug, erlebte ich eine zunehmende Freude, die ich unmöglich für mich behalten konnte."

Auch das geistige Unterscheidungsvermögen hängt mit dem Feuer-Element zusammen. Vom Dünndarm-Meridian, dem Gefährten des Herzens, heißt es, daß er die Fähigkeit verleiht, „das Reine vom Unreinen zu trennen". Bei der Verdauung bezieht sich das natürlich auf den Prozeß, Nährstoffe und Abfallprodukte voneinander zu trennen. Die entsprechende mentale Fähigkeit sieht so aus, daß wir das Nützliche, Wahre oder „Reine" vom Falschen oder „Unbrauchbaren" unterscheiden können.

Auch das Urteilsvermögen ist in der christlichen Tradition mit der Weisheit des Herzens in Verbindung gebracht worden, und man weiß hier, daß es einem Menschen durch spirituelle Praktiken zuteil wird. Unterscheidungsvermögen und Urteilsvermögen können durch Energiearbeit am Dünndarm-Meridian gestärkt werden.

Das Element Erde: Reflexion

Reflexion wird mit dem Erd-Element in Verbindung gebracht, welches mit dem Milzpankreas- und dem Magen-Meridian zusammenhängt. Reflektieren heißt, daß wir im Anschluß an ein Ereignis das Geschehen gedanklich noch einmal durchgehen. Das beinhaltet die Fähigkeit, aus Fehlern zu lernen und angesichts von unangenehmen Gedanken oder Gefühlen bewußt und geerdet (realitätsnah) zu bleiben. Ist die Erdenergie ausgeglichen, kann Reflexion ein wertvoller mentaler Prozeß sein, bei dem alte, im Verstand gespeicherter Informationen untersucht und auf den neuesten, der aktuellen Realität entsprechenden Stand gebracht werden. Ist diese Energie jedoch gestört, kann Reflexion zu einem ständigen besessenen Nachdenken über alte Erinnerungen werden, ohne daß damit Fortschritte oder eine Lösung erzielt werden. Solch ein Denken im Kreis kann mit der Zeit zu dogmatischer Verhärtung führen.

Das Erd-Element steht in Verbindung mit der Nahrungsaufnahme, was auch die geistige „Nahrung" und ihre „Verdauung" oder Absorption betrifft. Ist das Element im Gleichgewicht, versorgt diese Nahrung das geistige Leben und wird immer wieder erneuert. Störungen hingegen bewirken, daß man die gleichen Informationen, Ideen und Anschauungen ständig „wiederkäut" und dabei kaum oder gar nicht darauf achtet, ob dieser Prozeß weiterführend ist. Das ist das typische Kennzeichen des „besessenen" Denkens. Unter allen energetischen Ausdrucksformen ist dies die deutlichste Erscheinungsform des „plappernden Verstandes", von dem die Buddhisten sprechen. Im gleichen Zusammenhang ist auch die Rede von der „flüchtigen Natur des Verstandes", mit der Meditierende konfrontiert sind und die sie überwinden müssen. Sonst kreist das Denken nur im Kopf, ohne Bezug zu den Empfindungen und Gefühlen im Körper oder zur festigenden Realität des Bodens unter den Füßen.

Der große Abwärtsschwung des Magen-Meridians stellt einen Erdungsstrom dar. Ist dieser Meridian offen und frei, hilft er, das Denken mit körperlichen Eindrücken und der Wahrnehmung der äußeren Realität zu verbinden. Dann verläuft ein direkter Weg zwischen den physiologischen Prozessen der Organe und dem Verstand, und die Kreisläufe des Körperbewußtseins sind offen. So kann der Denker die Wahrheit des ganzen Körpers integrieren.

Das Element Metall: Struktur
Das Element Metall, das vom Lungen- und Dickdarm-Meridian repräsentiert wird, unterstützt uns darin, unser Denken zu strukturieren. Die geistigen Funktionen, die vom Metall-Element unterstützt werden, beziehen sich darauf, Raum (den „Himmel" oder spirituelle Realitäten) in eine physische Form zu bringen oder die abstrakten Ideen zu formulieren, die eine Brücke zwischen Raum und Form bilden. Auch die Entwicklung von Theorien und das Ableiten der Regeln und Gesetze, die sie stützen, sind Funktionen von Metall.

Die beiden Meridiane liefern uns ein Modell für Ebbe und Flut der Energie und des Lebens, und zwar durch das rhythmische Ein- und Ausatmen (Lungen-Meridian) und die Assimilierungs- und Ausscheidungsprozesse (Dickdarm-Meridian). Auf den Verstand bezogen, beschreibt dieses Modell, wie wir die „himmlische" Energie (die direkte Kommunikation mit dem Kosmos) durch den Atem aufnehmen, ihr durch unser Denken Struktur und Sinn verleihen und „ausatmen" oder ausrangieren, was wir nicht nutzen können.

Das Element Metall beinhaltet auch eine spirituelle Qualität. Der Lungen-Meridian wird manchmal „der Priester des Tempels" oder der „Beauftragte" genannt, der das reine Chi aus dem Himmel empfängt. Diese/r innere Priester/in kann uns eine Führung sein, die auf der kosmischen Ordnung des „Himmels" beruht, welche über jedes Dogma erhaben ist und über das Ego hinausgeht. Bevor wir den Priester oder die Priesterin verwirklichen, beruht die Denkstruktur auf der elterlichen Konditionierung oder auf Dogmen und Philosophien, denen wir im Leben begegnen. Aber wenn wir uns ganz unseren eigenen Atemrhythmus angeeignet haben, wird der innere Priester aktiviert. Dann fließt der Atem auf natürliche Weise von der vollen Einatmung (hereinlassen, vom Himmel empfangen) zur vollen Ausatmung (loslassen, zurückgeben an den Kosmos) in einem ununterbrochenen Kreislauf. Man fließt mit dem Tao.

Fließt die Metallenergie ungehindert, unterstützt sie uns darin, mit der ständig wechselnden Realität des Tao mitzugehen. Wir können über das Tao theoretisieren und dann diese Theorien wieder fallenlassen, weil wir wissen, daß sie immer nur Annäherungen sind. Wir können vorübergehend Strukturen schaffen und auch diese wieder aufgeben, wenn sie uns nicht mehr dienen. Wir können für einen Augenblick zur Erleuchtung gelangen und dieses Erlebnis loslassen, wenn wir im nächsten Moment mit einem anderen unfaßbaren Aspekt des Tao konfrontiert sind. Der wahre Priester ist demütig im Angesicht des Tao, weil er weiß, daß sein eigener Verstand, so komplex und großartig er auch sein mag, nicht in der Lage ist, das Gewebe des Tao ganz zu ergründen.

Ist die Metallenergie aus dem Gleichgewicht geraten, neigt der Verstand jedoch dazu, Strukturen, Theorien und rigide Glaubenslehren zu ersinnen, an denen er festhält und über die er noch dann nachgrübelt, wenn sie schon lange nicht mehr auf die Realität zutreffen. Der Mensch, der im Element Metall gestört ist, kann in seiner eigenen abstrakten Welt voller Phantasien, alter, überholter Überzeugungen und vor allem voll alten Kummers (vgl. die Emotionen, Kap. 4) leben, die wenig mit seiner realen Umgebung oder anderen Menschen zu tun haben. Er kann dogmatisch und distanziert werden und sich Illusionen hingeben.

Der Dickdarm-Meridian wird auch „Wächter des Tempels" oder „Müllmann" genannt. Von diesem Meridian, der durch den Hals nach oben ins Gesicht steigt, wird die mentale Funktion der Reinigung von überholten Ideen, Daten und Überzeugungen gesteuert. Der freie Energiefluß in diesem Meridian unterstützt uns nachdrücklich in unserer geistigen Klarheit und Flexibilität und hilft uns, unser Denken immer wieder auf augenblickliche Fakten und die gegebene Realität auszurichten.

Das Element Wasser: Das Gehirn und der Wille
Das Element Wasser, das durch den Blasen- und den Nieren-Meridian Ausdruck findet, gilt im chinesischen System als Versorger des Gehirns. Es steht in Verbindung mit Knochen und Knochenmark, und das Gehirn wird „Meer des Knochenmarks" genannt. Nach dem *Nei Ching* speichern die Nieren die vitale physische Energie, mit der das Gehirn versorgt wird; sowohl der Blasen- als auch der Nieren-Meridian schicken interne Energiezweige direkt ins Gehirn. Da das Gehirn der primäre Sitz der mentalen Aktivität ist, ist die Nahrung, die es erhält, ausschlaggebend für klares Denken.

Es ist erstaunlich zu beobachten, daß ein Mensch mit schwacher Nierenenergie oft ein wirres Denken zeigt und sich geistig nicht richtig konzentrieren kann. Der Verstand kann überflutet werden von ängstlichen Gedanken und Gefühlen, die einen Menschen vollständig in Anspruch nehmen und effektives Denken verhindern. Wird die Nierenergie gestärkt, erfährt der Mensch eine wachsende geistige Klarheit, und seine Lebenskraft nimmt zu. Er kann mit Ereignissen oder Gedanken, die früher überwältigend schienen, jetzt zuversichtlich umgehen. Wie wir in Kapitel 4 gesehen haben, ist Angst die vorherrschende Emotion bei einem Menschen mit schwacher Nierenenergie. Angst wirkt lähmend auf das Denken. Ich habe sehr oft festgestellt, daß ein Mensch geistig oder sozial erst dann zurechtkommt, wenn seine Nierenenergie gestärkt wird.

Die Macht des Willens wird in der Tradition mit dem Element Wasser in Verbindung gebracht. Connelly schreibt in ihrem Buch *Traditionelle Akupunktur*: „Die Kraft, die einen Menschen antreibt, tatsächlich etwas zu tun, beruht auf Klarheit im Wasser-Element." Die Qualität des Willens ist ein Teil dieser Kraft und eines der notwendigsten geistigen Attribute für ein bewußtes und produktives Leben.

Assagioli widmete der Willensentwicklung ein ganzes Buch: *Die Schulung des Willens* (1982). Er behauptet, daß der bewußte Wille eine absolut entscheidende Funktion für das Erwachen zu einer höheren Entwicklung hat.

In bestimmten Momenten, vielleicht während einer Krise, hat man ein unfehlbares inneres Gefühl für die Realität und Natur des Willens. Wenn eine Gefahr aus den mysteriösen Tiefen unseres Wesens uns plötzlich zu lähmen droht, steigt eine unerwartete Stärke in uns auf, die uns in die Lage versetzt, festen Fußes am Rande des Abgrunds stehenzubleiben oder uns einem Angreifer zu stellen ... Man ist ausgestattet mit der Kraft zu wählen, sich zu beziehen, Veränderungen der eigenen Persönlichkeit und bei anderen sowie der äußeren Umstände zu bewirken.

Diese Woge von unerwarteter Stärke ist eine exakte Beschreibung des Aufsteigens der gestauten Kräfte der Nierenenergie.

Das Element Holz: Planen, entscheiden und beurteilen
Das Element Holz steuert die kreativen Prozesse, die sich auf die Vorausschau, das Planen, das Treffen von Entscheidungen, das Urteilen und das Durchführen von Projekten beziehen. Der Leber-Meridian steht in Beziehung zu sämtlichen Aspekten des Sehvermögens, vom klaren Sehen unserer äußeren Umgebung mit den physischen Augen bis zur inneren, spirituellen Sicht. Tatsächlich wird im *Nei Ching* von der Leber gesagt, sie sei der Sitz der Seele: „Die Leber beherbergt die Seele und die spirituellen Kräfte." Deswegen kann sie mit der Gesamtausrichtung im Leben und der übergreifenden Lebensaufgabe in Verbindung gebracht werden. Sie unterstützt auch unsere Fähigkeit, die fortlaufenden Schritte zu planen, die erforderlich sind, um unsere Vorstellungen zu manifestieren und unsere Aufgabe zu erfüllen. Ist die Leberenergie stark und ausgeglichen, hat man die geistige Fähigkeit, sich kurz-

und langfristige Ziele zu setzen und eine Richtung im Leben einzuschlagen, die der eigenen spirituellen Aufgabe entspricht.

Die Gefährtin der Leber, die Gallenblase, verleiht uns die Fähigkeit, Entscheidungen zu treffen und Pläne durchzuführen. Sie fördert auch die „richtige" Beurteilung, das heißt die Fähigkeit einzuschätzen, welche angemessenen Alternativen die Integrität des Systems bewahren. Zusammen liefern die beiden Meridiane den Großteil an grundlegenden Komponenten des kreativen Prozesses – Vorausschau und Verwirklichung. Sie fördern auf der grundlegendsten Ebene die Realisierung der wahren Lebensaufgabe.

Der folgende Fall von starker Gestörtheit des Elements Holz belegt, welche Entwicklung eintreten kann, wenn die Energie hier geklärt wird. Ein Mann kam in meine Gruppe, der ziellos und ziemlich depressiv wirkte, obgleich er grundsätzlich stark, jung und intelligent war. Er hatte keine klare Ausrichtung im Leben und konnte sich nicht entscheiden, wo er leben und welche Arbeit (wenn überhaupt) er tun sollte. Vor einigen Jahren hatte er eine schwere Hepatitis gehabt und war stark abhängig von Marihuana (beides schädigt die Leber). Nach der Hepatitis hatte er monatelang an einer schweren Depression gelitten und beklagte sich darüber, daß er seitdem keinen Sinn mehr in seinem Leben sehen könne. Trat die Depression wieder auf, nahm er Marihuana, um ihr auszuweichen, was seinen Zustand nur noch verschlimmerte.

Als ich mit ihm als Klienten zu arbeiten anfing, wurde er noch depressiver, und zwar allein deswegen, weil ihm seine aktuelle Lebenssituation bewußter wurde. Aber allmählich begann er, kleinere Entscheidungen zu treffen. Er reparierte sein Auto, um reisen zu können, und brachte sein Holzwerkzeug in Ordnung für den Fall, daß er es wieder brauchen würde. Nach mehreren Gruppen- und Einzelsitzungen beschloß er, in eine andere Stadt zu ziehen. Dort setzte er unsere Arbeit fort, indem er einen taoistischen Meister und Akupunkteur aufsuchte, der weiterhin mit ihm daran arbeitete, sein Holz-Element ins Gleichgewicht zu bringen. Er begann mit seinem Werkzeug zu arbeiten, sein Zimmer neu zu gestalten, fand einen spirituellen Lehrer, begann zu meditieren, traf eine liebevolle und zuverlässige berufstätige Frau, die er schließlich heiratete. Während dieser Zeit gab er das Marihuana zugunsten von Meditation völlig auf. Jetzt haben seine Frau und er sich ein Haus gekauft, er hat seine eigene kleine Baufirma, und sein Leben hat eindeutig eine Ausrichtung und einen Sinn.

Mentale Funktionen und die Chakras
So wie wir das Energiemodell des Chakrasystems benutzen können, um die physische Entwicklung zu verfolgen, können wir anhand dieses Modells auch die natürlichen mentalen Funktionen unterscheiden und die Entwicklung des Bewußtseins vom allerprimitivsten bis zum höchst erleuchteten Zustand nachvollziehen.

Das Wurzelchakra: Überlebensinstinkte
Das Wurzelchakra steht in Verbindung mit den elementarsten Überlebensinstinkten, die als „Dschungelmentalität" beschrieben worden sind. Verbreitete Reaktionen, die mit diesem Chakra zusammenhängen, sind die Angst vor Angriffen und Unsicherheit in bezug auf das physische Überleben. Mit diesem Chakra in Zusammenhang stehende Fähigkeiten sind das schnelle Erkennen von Schmerz im Körper, die Wachheit für Bedrohungen aus der Umgebung und Selbstschutz. Hat ein Mensch seine Energie hier zentriert, macht er sich Sorgen darum, daß andere ihn angreifen oder verletzen könnten. Die Form der Wachheit hier wird oft verglichen mit animalischen Instinkten – Vorsicht, intensive Wahrnehmung physischer Details, rasche Aufmerksamkeit für Bedrohungen aus der Umgebung und ein Fortpflanzungstrieb, der speziell biologischer Natur ist.

Man ist stark in Einklang mit der Natur und der Tierwelt, und die Sinneswahrnehmung ist gut ausgeprägt. Diese instinktiven Funktionen sind vor allem wertvoll für das Überleben in einem physischen Körper. Der Mensch, der ein starkes Wurzelchakra hat, gewöhnlich aufgrund einer ungestörten Entwicklung in den ersten sieben Jahren, ist in der physischen Realität verwurzelt und hat ein ausgeprägtes Gefühl für seine Fähigkeit, körperlich für sich zu sorgen.

Das zweite Chakra: Sinnlichkeit und Kreativität
Das zweite Chakra, das sich in unmittelbarer Nähe der Genitalorgane befindet, steht grundsätzlich in Zusammenhang mit Sinnlichkeit und Sexualität, die sich von den primitiveren Formen des Fortpflanzungstriebes, die mit dem Wurzelchakra verbunden sind, unterscheiden. Durch Sinnlichkeit wird die Sinneswahrnehmung entwickelt, da man für physische und materielle Empfindungen sensibilisiert wird und diese schätzen lernt.

Die Energie des zweiten Chakras ist sehr mächtig; hier wird die vitale physische Essenz (des Wasser-Elements) gespeichert. Diese Essenz kann durch eine natürliche Sexualität entweder automatisch ausgedrückt oder bewahrt und umgewandelt werden, bis der Entschluß gefaßt wird, schöpferisch tätig zu werden. In den orientalischen Kampfsport- und Heilungskünsten, die sich darin üben, die Energie hier aufzubauen und zu speichern, so daß sie willentlich genutzt und durch geistige Konzentration gebündelt werden kann, um außergewöhnliche körperliche und/oder heilende Aktivitäten durchzuführen, wird dieses Zentrum auch „Hara" genannt. Die Speicherung der Energie des zweiten Chakras, die man dann zu den oberen Chakras aufsteigen läßt, wo sie für andere als für sexuelle Zwecke genutzt werden kann, wird auch in einigen Formen des Yoga praktiziert. Es ist jedoch psychisch riskant, wenn man sich angewöhnt, diese Energie zu unterdrücken oder zu sublimieren, da sich hier viel unbewußtes Material sammeln kann. Yogi Satyananda hat, wie Motoyama berichtete, dieses Chakra mit dem Unbewußten, vor allem mit dem kollektiven Unbewußten gleichgesetzt.

Das dritte Chakra: Egostruktur, Vernunft und Logik
Das dritte Chakra könnte als Zentrum des „Biocomputers" bezeichnet werden; es steht in Verbindung mit den mentalen Fähigkeiten des vernünftigen Denkens und der Logik, welche die Daten verarbeiten, die durch die natürlichen (im Unterschied zu den „übernatürlichen") Sinne aufgenommen werden. Diese Fähigkeiten können geschult und hoch entwickelt werden. Vernünftiges oder logisches Denken ist die Fähigkeit, aus digitalen Daten vernünftige Schlußfolgerungen zu ziehen. Durch logisches Denken ist man imstande, große Mengen einzelner Daten durchzugehen und in eine Struktur zu bringen. Bei einer ausreichenden Menge an exakten Daten kommt das vernünftige Denken zu Schlußfolgerungen, die in der Realität begründet sind; sind die Daten unzureichend oder falsch, können die Schlußfolgerungen trotzdem logisch sein, sind dann aber unwahr.

Das dritte Chakra wird manchmal auch als „emotionales Gehirn" bezeichnet. Das bezieht sich auf die Tendenz von Menschen mit unterentwickelter Vernunft und Logik, sich von Emotionen beherrschen zu lassen. Wie wir in Kapitel 4 gesehen haben, entstehen die meisten Emotionen in diesem Zentrum des

Körpers und sind deswegen in diesem Chakra oder seinem Umfeld von einer zwingenden Macht. Verbreitet ist auch, daß wir hier Emotionen von anderen „übernehmen", wenn unser Ego und seine Grenzen nicht stark genug entwickelt sind.

Das dritte Chakra ist das Zentrum, das am stärksten mit dem persönlichen Ego in Beziehung steht. Auf dieser - im wahrsten Sinne des Wortes - „Bauch"-Ebene des Bewußtseins neigt man dazu, sich an persönlichen Interessen und persönlicher Macht zu orientieren. Wenn während der Entwicklungsphasen - im Alter von 14 bis 21 - dieses Zentrum vorherrscht, bildet sich die persönliche Identität. Versucht der Jugendliche, sich selbst zu definieren, neigt er dazu, andere Menschen und die Welt im allgemeinen durch das Raster seiner eigenen Geschichte, Bedürfnisse und Gefühle zu sehen. Er ist während dieser Zeit angemessen „egozentrisch" und bezieht sich auf das Leben generell nach Maßgabe seines eigenen sensorischen und emotionalen Wohlbehagens. Er lernt sich und seine eigene Macht zu behaupten und zu bekommen, was er braucht, und gewinnt dadurch Selbstvertrauen und eine gewisse Selbstsicherheit. Das Ego ist fest verwurzelt und kann als Zentrum eines Selbstbezugs stabilisierend für das Überleben in der Welt eintreten.

Das andere Extrem ist natürlich der Mensch, dessen drittes Chakra unterentwickelt ist. Er kann darunter leiden, daß sein Ego sich nicht adäquat entwickelt hat, und folglich einen „Minderwertigkeitskomplex" haben, der dazu führen kann, daß er ständig bei anderen Unterstützung für sein Ego sucht.

Offensichtlich ist das mit dem dritten Chakra verbundene Bewußtsein in der westlichen Welt in den Schichten, die eine höhere Bildung genossen haben, ziemlich gut entwickelt. Die Technologien zur physischen Selbsterhaltung (und Selbstzerstörung), die wir entwickelt haben, die Art und Weise, wie wir die Natur für unsere Zwecke einspannen - all diese Kraftakte sind bemerkenswerte Beispiele für das logische, lineare Denken. Tatsächlich ist es wohl möglich, daß ein Mensch in der heutigen Welt sehr erfolgreich ist und es zu sehr viel bringt, indem seine Entwicklung sich ausschließlich innerhalb der ersten drei Chakras abspielt.

Die westliche Psychologie, von Freud bis zur Psychologie des Egos, hat mit Nachdruck betont, wie wichtig die Sicht und die Fähigkeiten sind, die mit diesem Chakra zusammenhängen. Sie hat uns gelehrt, wie entscheidend ein pragmatisches Bewußtsein auf der Grundlage eines intellektuellen, rationalen Gerüstes ist, mit dessen Hilfe wir unser Verhalten zweckmäßig und nützlich gestalten können, um in der äußeren Welt zu funktionieren. Eine gutentwickelte Rationalität, wie sie wirklich kulturell gebildete Menschen zeigen, gilt als der Inbegriff menschlicher Entwicklung überhaupt.

Die industrielle und wissenschaftliche Revolution verdanken wir bis zu einem gewissen Maße dem Aufblühen der Vernunft. Mit Hilfe von Vernunft und Logik haben wir auch Maschinen (Computer) konstruiert, die jetzt einige dieser Funktionen besser und schneller ausüben können als wir. Doch glauben viele zeitgenössische Philosophen, Psychologen und Sozialwissenschaftler, daß wir die äußerste Grenze menschlichen Fortschritts auf der Grundlage von Datensammlung, Analyse und Technologie erreicht haben. Das destruktive technische Potential, die Ausbeutung der Umwelt und der Abbau der Bodenschätze stellen eine Bedrohung für unser bloßes Überleben dar, und viele unserer größten menschlichen Probleme sind ungelöst geblieben.

Aus der östlichen Perspektive betrachtet, ist die Kultivierung des dritten Chakras eine wesentliche Basis für das weitere Wachsen des Bewußtseins durch die höheren Chakren. Sind die mentalen Funktionen des Erwachsenen zum Beispiel auf das dritte Chakra begrenzt, konzentrieren sich Fähigkeiten wie Vernunft, Logik und persönliche Macht tendenziell auf die individuelle Sicherheit sowie das eigene physische und psychische Wohlbehagen. Dienen sie aber als Grundlage für die Entwicklung eines höheren Bewußtseins, können sie uns die Stärke und Klarheit geben, um Visionen zu verwirklichen, die die Gesundheit und das Wohlergehen sämtlicher fühlender Wesen umfassen.

Das vierte Chakra: Integration und Mitgefühl
Die Chakras vier bis sieben werden als „höhere" Chakras bezeichnet, was auf die transzendenten Bewußtseinszustände hinweist, die sie uns eröffnen können. Die Entwicklung dieser Chakras ist kein allgemein verbreitetes Phänomen; wir müssen in der spirituellen Literatur suchen, um Beispiele von Heiligen, Lehrern und Yogis zu finden, die die Qualitäten der oberen Chakras verwirklicht haben. Hier kann die spirituelle Entwicklung anfangen, mit der psychologischen Arbeit zu verschmelzen und allmählich ge-

genüber dieser Vorrang gewinnen. Einige zeitgenössische Lehrerinnen und Lehrer glauben, daß die Bewußtseinsentwicklung in diesen Zentren entscheidend für das Überleben des Planeten ist.

Im vierten Chakra oder Herzchakra geht es um die Verbindung der „höheren" und der „niedrigeren" Aspekte des menschlichen Bewußtseins. In diesem Zentrum beginnen der individuelle Antrieb zur Selbsterhaltung, das Ego und die Macht, die in den ersten drei Chakras auftreten, sich mit der Kapazität für ein transzendentes Bewußtsein zu vereinen, die die oberen vier Chakras uns erschließen.

Die Fähigkeit zum Mitgefühl wird im Herzen entwickelt. Wenn wir uns in andere Menschen hineinversetzen können, statt sie aus unserer Egoperspektive zu beurteilen, können wir sie einfühlsam behandeln und ihnen helfen. Diese Erweiterung unseres Bewußtseins über das Ego hinaus führt zu der Fähigkeit, Liebe zu geben und zu empfangen, ohne danach süchtig oder davon abhängig zu werden. Letzten Endes entwickeln wir die Fähigkeit zur bedingungslosen Liebe im vierten Chakra. Doch bekommen wir hier auch Zugang zum Reich des Außersinnlichen. Wenn wir mit dem Herzen spüren und eine Art fühlende Intuition entwickeln, können wir aufnehmen, was hinter den Worten, äußeren Umständen oder Verhaltensweisen eines anderen Menschen steht. Das Unterscheidungs- und Urteilsvermögen entwickelt sich dann zu der Fähigkeit, die geistige Analyse von Daten mit gefühlten, ganzheitlichen Informationen zu verbinden.

Das individuelle Gewissen, ein inneres Wissen, das uns sagt, was richtig und lebensfördernd ist und anderen nicht schadet, entspringt diesem Chakra. Anders als das soziale Gewissen, das sich durch äußere Erziehung, Religion oder Philosophie entwickelt, anders auch als der Eigennutz des „heiligen Selbstinteresses", ist es eine Eingebung des Selbst, die uns den Weg zu einem Verhalten weist, das die Einheit mit allem Leben einbezieht.

Auch die Fähigkeit zu vergeben - sowohl sich selbst als auch anderen - entspringt dem Herzchakra. In seinem Buch *Weg der Erfüllung* stellt Brugh Joy fest, daß die Fähigkeit zu vergeben einem Menschen erlaubt, „sich vom Gesetz des Karma (Aktion und Reaktion) auf das Gesetz der Gnade zuzubewegen". Im selben Buch zeigt er, wie die Verletzungen der Vergangenheit durch die Energie des Herzchakras aufgelöst werden können. Bei der psychischen Arbeit kann diese Methode uns einen enormen Teil des analytischen Prozesses ersparen, bei dem jedes Trauma ins Bewußtsein gebracht und auf der kognitiven Ebene durchgearbeitet wird.

In dieser geistigen Entwicklungsphase kommt das größere Ganze des Lebens ins Blickfeld. Das offene Herz empfängt einen Strom von göttlicher Energie, der die unmittelbare Erfahrung einer Ordnung und einer Gnade mit sich bringt, die über das Ego hinausgehen. Aus diesem Wissen heraus ist man imstande, die Kraft und Macht des eigenen Egos jener transzendenten Ordnung hinzugeben, um teilzuhaben am größeren Strom der göttlichen Führung.

Das fünfte Chakra: Kreativität und transzendenter Einklang
Im fünften Chakra oder Kehlkopfchakra ist die Gehörfunktion konzentriert, die sämtliche Fähigkeiten einschließt, die mit Hören und Klang zusammenhängen, einschließlich der Verarbeitung von Information durch Sprache in ihren sämtlichen Aspekten – Hören, Lesen, Denken und Sprechen. Unsere Erziehung beruht im großen Maße auf dieser Fähigkeit und fördert sie auch entsprechend. Wir lernen Worte zu hören, zu verstehen, zu lesen und zu sprechen. Infolgedessen ist das auditive Lernen bei den meisten gebildeten Menschen gut entwickelt, und das sprachliche Verstehen ist vorrangig. Das Verstehen von Sprache stellt den ersten Schritt auf dem Weg zu komplexeren Operationen wie der Analyse von Daten und der Entwicklung von Ideen und Gedankengebäuden dar. Auch nichtverbale Äußerungen wie Töne, Lieder und Gesänge sind hier angesiedelt. Wenn der Geist des Herzens befreit ist, steigt seine Wahrheit auf natürlichem Weg in den Kehlkopf und äußert sich hier in Form von Sprechen und Singen.

Das fünfte oder Kehlkopfchakra steht auch in Verbindung mit Kreativität und der Empfänglichkeit für eine transzendente Realität. Kreativität entspringt dem Fortpflanzungstrieb des zweiten Chakras und entwickelt sich durch das Kehlkopfchakra weiter bis zur Produktion großer Kunstwerke und/oder hoher Redekunst. Ist dieses Chakra voll entwickelt, kann ein Mensch zum Mitschöpfer des Göttlichen werden. Rama, Ballentine und Ajaya beschreiben diesen Prozeß wie folgt:

In einem gewissen psychischen Sinn kreieren unsere Worte und Äußerungen das Universum, in dem wir existieren. Das Kehlkopfchakra ist der Brennpunkt des stimmlichen Ausdrucks, des Gesangs, der Sprache und der Kreativität ... Durch die kontinuierliche Wiederholung des verbalen Rituals kann die eigene Realität neu strukturiert und neu erschaffen werden. Neue Worte und neue Gedanken erschaffen eine neue Welt. (Yoga and Psychotherapy, 1976)

Wenn wir im fünften Chakra zur Meisterschaft gelangt sind, beherrschen die reaktiven und chaotischen Impulse der unteren Chakras nicht länger unser Bewußtsein. Vielmehr können wir uns dann mit Hilfe unserer geistigen Konzentration und unseres Willens sowie der Weisheit der transzendenten Führung das schaffen, was wir haben wollen. Swami Radha beschreibt das als einen Prozeß, bei dem wir die Macht an die innere Stimme übergeben:

Wenn die „Stimme des Selbst" oder die leise innere Stimme mit Aufmerksamkeit, Anerkennung und Dankbarkeit gehört wird, können wir vom Suchenden sagen, daß er wirklich in Kontakt ist mit dem höheren Selbst, das jetzt seine rechtmäßige Herrschaft zurückerhält. Wenn wir uns mit irgend etwas anderem identifizieren als mit unserem höheren Selbst, machen wir einen sehr schweren Fehler, den wir irgendwann berichtigen müssen. (Kundalini Yoga for the West, 1978)

Sind wir in diesem Chakra bewußt, haben wir die Fähigkeit, symbolische Darstellungen zu verstehen. Archetypische Symbole, mystische Bilder und primäre Signale, die tief aus dem Unbewußten aufsteigen, können dann kreativ zum Ausdruck gebracht werden, und der kreative Akt kann ein Werkzeug für die integrative psychische Arbeit und die Bewußtseinserweiterung sein.

Auch die außersinnliche Fähigkeit des Hellhörens erschließt sich uns im fünften Chakra. Sie eröffnet uns die Möglichkeit, innerlich die Wahrheit zu hören, entweder über die leise, innere Stimme oder hinter dem, was ein anderer Mensch äußerlich verbal von sich gibt. So kann ein Mensch mit einem erwachten fünften Chakra zum Beispiel dem Klang der Stimme eines anderen Menschen viele Wahrheiten über diesen entnehmen.

Durch die Entwicklung des fünften Chakras erwerben wir die mentale Meisterschaft, indem uns bewußt wird, wie Denkkonstruktionen sich durch das Wort manifestieren können. Swami Radha sagt: „Sind Körper, Verstand und Sprache in Harmonie, kommt das der Vollendung geistigen Bewußtseins und seiner Manifestation durch die Sprache gleich. Klares Denken, klares

Handeln und unmittelbare Reaktionen sind die Folge ..." Diese Fähigkeiten können einem Menschen eine enorme persönliche Macht verleihen, aber da er jetzt auch stärker im Einklang mit der transzendenten Ordnung ist, hat er mehr Verständnis und ist bereit, das persönliche Ego dieser Ordnung zu unterwerfen. Er ist offen für die göttliche Führung, die über die Grenzen des Egos hinausgeht und die Seele nährt. In diesem Chakra lernen wir, uns fest auf die Haltung „Dein Wille geschehe" einzulassen.

Das sechste Chakra: Hellsichtigkeit und Intuition
Durch die Entwicklung des sechsten Chakras, das sich in der Mitte der Stirn befindet, kann das Bewußtsein sich mit dem Ganzen vereinen (wobei die rechte und die linke Gehirnhälfte zusammenarbeiten). Die beiden Energieströme entlang der Wirbelsäule, Ida und Pingala, die sich in den unteren fünf Chakras gekreuzt haben, fließen im Stirnchakra zu einem Strom zusammen. Die Augen (und das „Ich") werden eins. Man betrachtet sich als göttliches, unteilbares Selbst (in der Literatur des Yoga heißt es, daß wir hier dem wahren Selbst begegnen), das Teil des größeren kosmischen Ganzen ist. Ramakrishna beschreibt seine Erfahrung mit dem erleuchteten sechsten Chakra wie folgt:

Erreicht der Geist diese Stufe, wird das höhere Selbst direkt erfahren, und das Individuum erlebt den Zustand des Samadhi. Das höhere Selbst ist dann so nah, daß es scheint, als seien wir mit Ihm verschmolzen und eins mit Ihm. (Alte Weisheit und modernes Denken. Zitiert nach Grof, 1986)

Dieses Chakra steht in Verbindung mit der Fähigkeit, holografisch und unmittelbar zu verstehen. Von hier können wir sofort die ganze Wahrheit oder Gestalt begreifen, für deren Erfassung mit Hilfe der linearen Logik wir vielleicht Tage bräuchten. Man sagt, hier sei der Sitz der wahren Intelligenz. Wir können hier sowohl ganzheitliche geistige Bilder als auch abstrakte Ideen wahrnehmen und erzeugen.

Im Stirnchakra erwerben wir die Fähigkeit, den Kern der Dinge klar zu sehen. Dieses Sehen hängt sowohl mit den beiden physischen Augen als auch mit dem „dritten Auge" zusammen, dem vereinten, hellsichtigen Auge des Stirnchakras, durch das wir über die Begrenzungen von Zeit und Raum hinweg das „Unsichtbare" sehen können. Das dritte Auge kann wie ein Laserstrahl gebündelt werden, um einen bestimmten Menschen oder eine bestimmte Sache tiefgehend zu betrachten. Diese Art des Sehens wird „Hellsehen" genannt, womit die Fähigkeit gemeint ist, die Dinge über große Entfernungen zu sehen und sich dabei auf der Zeitskala vorwärts und rückwärts zu bewegen.

Die Psychologie des Yoga spricht dem sechsten Chakra intuitive Fähigkeiten zu. Diese Intuition unterscheidet sich von der gefühlsmäßigen Intuition des Herzens und des Feuer-Elements, die an früherer Stelle erwähnt wurde, insofern, als sie frei ist von jeder emotionalen Verwirrung und sogar von den Begrenzungen der physischen Welt. Sie hat mehr Abstand vom Persönlichen und reicht weit in den Kosmos hinein. Die großen Prophetinnen und Propheten der Geschichte, die Ereignisse „sehen" konnten, die weit in der Zukunft lagen, konzentrierten ihre Energie im Stirnchakra. Die Intuition dieses Zentrums ist stark und klar. Rama, Ballentine und Ajaya beschreiben sie als die „wahre Intuition":

Wahre Intuition ist eine stabile, verläßliche Funktion der höheren Bewußtseins- und Wahrnehmungsebenen, welche uns ein größeres Spektrum an Informationen eröffnen. Dort fließen Intellekt und Emotion zusammen, werden vereint und erschließen eine neue Art des Wissens, das auf Selbstverwirklichung beruht und diese auch fördert. Diese Intuition stammt ohne Frage aus der höchsten Quelle des Bewußtseins. (Yoga and Psychotherapy, 1976)

Im Stirnchakra sind zwei Formen von Intuition angesiedelt: die kreative und die innengerichtete Intuition. Die kreative Intuition ist die Fähigkeit, die Einsichten des höheren Bewußtseins in der Welt konkret zu manifestieren. Die innengerichtete Intuition schenkt uns die Gabe, das innerste Wesen von Dingen ohne das übliche Lernen oder das Sammeln von Daten direkt zu erfassen und uns in Einklang zu bringen mit dem universellen Geist. Der Guru, der weiß, wann der Schüler eintrifft, ohne die physische Kommunikation zu Hilfe zu nehmen, verfügt über diese Fähigkeit. Die spirituelle Literatur enthält viele Berichte über dieses „wunderbare" (und exakte) Wissen von spirituellen Lehrerinnen und Lehrern, die das spezielle Gebiet, über das sie sprechen, nicht studiert haben.

Der Yogi entwickelt das Stirnchakra eifrig durch Übungen und Praktiken, die es für Formen der Wahrnehmung, über die auch wir potentiell verfügen, ohne daß wir uns diese im Augenblick vorstellen können. Das bedeutet, sich von unserer begrenzten kulturellen Alltagsrealität, wie sie allgemein akzeptiert wird, zurückzuziehen und damit von den Begrenzungen eines Bewußtseins, das sich an materiellen, äußerlich wahrnehmbaren Phänomenen orientiert. Es bedeutet, sich über die Grenzen von Zeit, Raum und Kausalität hinauszubewegen.

Das siebte Chakra: Das Höchste erreichen

Das siebte oder Kronenchakra, das sich am obersten Punkt des Kopfes befindet, wird symbolisch häufig dargestellt als tausendblättriger Lotus, der die fast grenzenlose Ausdehnung symbolisiert, zu der das menschliche Bewußtsein imstande ist. In diesem Zentrum, das nur selten ganz verwirklicht wurde, verschwindet die Unterscheidung von Persönlichem und Kosmischem völlig. Man erlebt die „Einheit mit dem Göttlichen", einen Zustand von unvergleichlicher Glückseligkeit. Die persönliche Identität, Emotionen und der gewöhnliche Verstand sind nicht länger von Bedeutung. Ni Hua Ching hat das Bewußtsein des siebten Chakras in seiner Übersetzung des *Tao Te Ching* wie folgt beschrieben:

Er vereinigt seinen Geist mit dem nicht benennbaren subtilen Ursprung des vielfachen Universums, in dem es weder Vergangenheit noch Gegenwart und Zukunft gibt. So verfährt ein absolut Erleuchteter mit seinem Geist. (1981)

Menschen, die eine anhaltende Öffnung des Kronenchakras erlebt haben, sagen, sie könne nicht mit Worten beschrieben werden, weil sie über den gewöhnlichen Verstand und die gewöhnliche Sprache hinausgehe. Sie wurde verglichen mit dem Licht unzähliger Sonnen, und es heißt auch, daß sie die irdische Realität vollkommen transzendiere. In seinem Buch *Die Erfahrung des kosmischen Bewußtseins* beschreibt Bucke die erleuchtende Bewußtseinserweiterung, die Descartes, Blake, Whitman und andere spontan empfingen, und zwar ohne die formale Schulung, die die Yogis praktizieren, um diesen Zustand zu erreichen. In sämtlichen Fällen hat das „kosmische Bewußtsein" die Betreffenden für immer verändert.

Einige, wie der Philosoph Descartes, machten eine solche Erfahrung, die bei ihm etwa eine Minute dauerte, nur einmal. Und trotzdem war dieses Erlebnis für sie eine Quelle anhaltender Inspiration für viele Ideen und/oder kreative Schöpfungen aus einem erhöhten Seinszustand.

Ich hatte eines Tages beim Autofahren ein Erlebnis des kosmischen Bewußtseins. Es dauerte weniger als fünfzehn Minuten, schien aber wie ein Stück Ewigkeit, das aus der Zeit herausfiel. Es war, als sei alles erleuchtet, und ich verstand auf der Stelle alles, was ich seit mehreren Jahren studiert und überlegt hatte. Die Erfahrung war von einer großen Freude begleitet, aber es war nicht die Freude des Herzens. Vielmehr war es ein ekstatisches Verstehen, das weit über meine üblichen geistigen Fähigkeiten hinausging. Ich schrieb in mein Tagebuch: „Mich diesem Augenblick des Jetzt zu öffnen heißt, mich sämtlichen Galaxien zu öffnen – alles ist für uns da, die ganze Wahrheit dessen, was ist."

An einem Punkt wußte ich, daß ich erleuchtet war – in diesem Augenblick. Später erkannte ich, daß die Erleuchtung für mich kein permanenter Zustand war (was ich vorher naiv gedacht hatte), sondern eine vorübergehende Ahnung dessen, was wir in diesem Körper tatsächlich erleben können. Während ich Jahre später hier darüber schreibe, klingt die Erfahrung immer noch in mir nach und beeinflußt selbst heute noch meine gesamte Lebensorientierung.

Die Seele kann den physischen Körper durch das Kronenchakra verlassen. Einige Yogis haben auf diese Weise den Zeitpunkt ihres Todes bewußt gewählt. Die bewußte Wahrnehmung des Kronenchakras kann bei der Arbeit mit sterbenden Menschen extrem wichtig sein, weil dieses eine potentielle Pforte für den ungehinderten Austritt der Seele darstellt. Motoyama sagt:

> *Wenn das „Tor des Brahman" in diesem Chakra geöffnet ist, kann man den physischen Körper verlassen und das Reich des Astralen oder Kausalen (des Emotionalen und Spirituellen) betreten. (Science and Evolution of Consciousness, 1978)*

Psychospirituelle Arbeit und die höheren Chakras
Die traditionelle Psychologie hat sich mit dem Bewußtsein des Kronenchakras nicht beschäftigt, weil es über die Psyche hinausgeht. Für die psychospirituell orientierte Arbeit und die transpersonale Psychologie jedoch ist das Wissen über dieses Zentrum unerläßlich. Rama, Ballentine und Ajaya schreiben über die Bedeutung dieses Chakras:

Auch wenn diese Erfahrung (mit dem Kronenchakra) in gewisser Weise über die moderne Psychologie hinausgeht, weil deren Ausgangspunkt die Begrenzung der Psyche ist, ist sie ganz offensichtlich von entscheidender Bedeutung ... Sie stellt einen Bezugspunkt dar, von dem aus der Verstand am klarsten eingeschätzt werden kann, und ist von entscheidender Bedeutung für die Orientierung. Auch wenn sie jenseits des Reiches der mentalen Funktionen liegt, liefert sie den Schlüssel für den Rahmen, in welchem die Verstandesarbeit begreifbar wird und sämtliche Aspekte von Erfahrungen zu einer einheitlichen Theorie verbunden werden können. Darüber hinaus ist die Natur dieses Zustands so grundlegend für die Natur des menschlichen Seins überhaupt, daß jede psychologische Theorie, wenn sie erfolgreich sein will, zumindest mit der Existenz dieser Erfahrung vereinbar sein muß. (Yoga and Psychotherapy, 1976)

Ich glaube, daß es für transpersonale Psychologinnen und Psychologen besonders wichtig ist, daß sie mit den oberen Chakras (vom vierten bis zum siebten) vertraut sind, auch wenn die traditionelle Psychologie sich auf die ersten drei Chakras konzentriert hat. Viele unserer Maßstäbe für „Normalität" beruhen auf einem gesunden Funktionieren in den ersten drei Chakras, wobei die anderen Chakras kaum oder gar nicht in Betracht gezogen werden. Einige Menschen, die aufgrund einer „Öffnung" der oberen Chakras ein spirituelles Erwachen erlebt haben, sind als Psychotiker abklassifiziert und in die Psychiatrie eingeliefert worden, wo man sie mit Medikamenten stillgestellt hat und ihre Therapeuten ihnen eingeredet haben, daß ihre Erfahrungen mit einem höheren Bewußtsein falsch, illusorisch oder pathologisch seien.

Eine meiner Klientinnen, eine akademisch hochgebildete Person, hatte ein kosmisches Bewußtseinserlebnis, das ihr Leben veränderte. Sie gewann dadurch stärkere Klarheit, erlebte eine Öffnung des Herzchakras, die mit einer bedingungslosen Liebe einherging, und konnte sich sehr viel tiefer auf ihre Lebensaufgabe einlassen. Bevor sie jedoch die Bedeutung dieser Erfahrung erkannte, verbrachte sie mehrere Tage auf einer psychiatrischen Station, in die sie von wohlmeinenden, aber unwissenden Freunden eingeliefert worden war, die dachten, sie habe einen psychotischen Schub. Selbst nach ihrer Entlassung aus dem Krankenhaus dauerte es Monate, bis ihre Freunde davon überzeugt waren, daß sie nicht an einer Geisteskrankheit litt. Erst nachdem sie die sich entwickelnde Veränderung ihres Bewußtseins und ihres Verhaltens beobachtet hatten, gelangten sie ganz allmählich dahin, ihre spirituelle Erfahrung als Wahrheit anzuerkennen.

Da immer mehr Menschen einen spirituellen Weg einschlagen, meditieren und sich anderen spirituellen Übungen widmen, wird es wahrscheinlich auch immer häufiger zu Erfahrungen wie der oben beschriebenen kommen. Ich hoffe, wir werden lernen, das spirituelle Erwachen zu unterstützen, sowohl das von Individuen als auch das der Welt überhaupt, statt es abzulehnen oder mit psychiatrischen Etiketten zu versehen. Denn genau diese Entwicklung der höheren Chakras ist es, die uns in die Lage versetzt, den nächsten Schritt in der Evolution zu tun, bei dem wir die wahre Meisterschaft über uns erlangen und in Harmonie mit der Menschheit und unserer gesamten Umgebung leben.

Zusammenfassung
In diesem Kapitel haben wir den Verstand und seine Beziehungen zu den Energiesystemen der Meridiane und Chakras untersucht. Eine Reihe mentaler Fähigkeiten sind in ihrem Zusammenhang mit speziellen Energiebahnen oder Zentren dargestellt worden. Es wurde gezeigt, daß die Energiemodelle einen Katalog der natürlichen mentalen Funktionen liefern, die von der primitivsten oder einfachsten bis zu den am höchsten entwickelten Stufen des Bewußtseins reichen und verwirklicht werden können.

Dieses ganze Spektrum an mentalen Fähigkeiten schenkt uns, zusammen mit den körperlichen Emotionen und Empfindungen und eingehüllt in das Wissen der Seele, die Kapazität für ein ganzheitliches Bewußtsein. Motoyama nannte das die einheitliche Totalität des Bewußtseins. Er schreibt:

Das Bewußtsein birgt ein enormes Potential. Es kann sich direkt mit anderen Verstandeskräften und universellen Formen verbinden und tut das auch unbewußt. Es ist weder durch die fünf Sinne noch durch Zeit und Raum begrenzt. Wie die Mystiker schon lange wissen, ist das Bewußtsein eine einheitliche Totalität; die trennenden Grenzen, die wir in unserem Alltagsleben erfahren, sind letzten Endes eine Illusion. (Science and Evolution of Consciousness, 1978)

Ein solcher Zustand von Wachheit geht weit über den Intellekt oder andere einzelne Fähigkeiten hinaus. Durch ein ganzheitliches Bewußtsein gelangen wir zur Einheit mit dem synchronistischen Fluß einer höheren Weltordnung.

Kapitel 6
Zurück zur Seele
Eine Vision der Ganzheit

Nachdem wir jetzt die Teile des ganzen Menschen eingehend betrachtet haben, ist es wichtig, daß wir sie wieder zusammenfügen, um zu verstehen, wie sie als System mit vielen Facetten wechselseitig aufeinander einwirken. In diesem Kapitel werden wir uns mit einer möglichen menschlichen Entwicklung beschäftigen, die uns zu Ganzheit, Individuation und zur Seele zurückführt, die der Meister unserer Bestimmung ist.

In der gegenwärtigen Ära ganzheitlichen Denkens haben wir erkannt, daß wir den Verstand nicht länger als vom Körper getrennte Funktion betrachten können, daß Emotionen unser Denken beeinflussen und daß die Beschwerden des Körpers sich oft auf unsere neurotischen Neigungen zurückführen lassen. Und trotzdem wenden wir uns mit unserem kranken Körper weiterhin an die Mediziner, mit unseren psychischen Problemen an Psychiater und Psychologinnen und mit den spirituellen Fragen, die uns quälen, an die Kirche. Wir haben eine fragmentarische Sicht von uns selbst und arbeiten mit therapeutischen Methoden, die sich nur an einen Teil des Systems wenden, ohne das Ganze einzubeziehen. Wir wissen natürlich, daß wir als Mensch ein Ganzes sind, und trotzdem haben wir die Tendenz, uns so zu verhalten, als wären wir das eine Mal nur Körper und dann wieder nur Verstand oder nur Gefühl. Manchmal glauben wir, mit unseren Rollen – Mutter, Bruder, Richter, Lehrer – identisch zu sein. Manchmal lassen wir zu, daß uns psychische oder physische Etiketten, die nur einen augenblicklichen Ausschnitt von uns beschreiben, übergestülpt werden. Ist denn der Mensch als Ganzes wirklich nur eine Sammlung von Tausenden von individuellen Zügen? Vielleicht stellen Sie sich die Frage: „Wenn ich aus meiner Ganzheit heraus leben würde, wie wäre ich dann?" Durch meine Arbeit mit Menschen bin ich zu dem Verständnis gelangt, daß jemand dann ein ganzer Mensch ist, wenn seine Lebenskraft und Wachheit entwickelt sind, wenn sein Körper, sein Verstand, seine Emotionen und seine Seele weiterwachsen und diese scheinbar getrennten Faktoren sich in ihm miteinander verbinden und zusammen harmonisch auf die Verwirklichung der Seele und ihrer Bestimmung hinarbeiten.

Wenn wir uns als ganze, individuelle Wesen verwirklichen wollen, ist es offensichtlich notwendig, daß wir sämtlichen Teilen von uns folgen und sie für uns zurückgewinnen. Psychologisch gesprochen, würde das heißen, daß wir die Wahrheiten erkennen und integrieren müssen, die im Verlaufe unserer Individuation in Körper, Verstand, Emotionen und Seele zutage treten. Das bedeutet eine neue Form von Arbeit an uns selbst und eine neue Form von Psychotherapie. Das heißt auch, den Menschen auf der Grundlage eines Modells zu betrachten, das seine Gesundheit in den Mittelpunkt stellt statt seine Krankheiten oder Neurosen, wie es herkömmlicherweise der Fall ist. Und das heißt, daß wir imstande sind, sowohl auf der Ebene der Persönlichkeit als auch auf der der Seele zu arbeiten. Wie würde eine solche Arbeit vorgehen? Wohin würde sie führen? Welche Methoden brauchen wir, um sie durchzuführen? Mit diesen Fragen werden wir uns in diesem Kapitel beschäftigen und erforschen, wie die psychisch-spirituelle Arbeit unsere Ganzheit fördern kann.

Individuation: Ein psychospiritueller Prozeß
Kern aller weisen Lehren der Geschichte, ob spirituell oder philosophisch, ob im Osten oder im Westen, ist der Rat: „Erkenne dich selbst." Suchende auf dem Weg, die zu einem System, Glauben oder einer Lehre der Wahrheit vorgedrungen sind, werden angewiesen, sich „dem Reich" ihrer eigenen Seele zuzuwenden, wo die Wahrheit und der Sinn ihrer Existenz letzten Endes zu finden sind.

Individuation ist ein Lernprozeß, in dessen Verlauf wir die Seele wiederentdecken und unseren Körper und unser Bewußtsein befreien, damit sie der Bestimmung der Seele folgen. Jung lehrte uns, daß die Individuation letztendlich die wichtigste Entfaltung im Leben sei. Er ging davon aus, daß diese Entwicklungsphase am besten in der zweiten Lebenshälfte erreicht werden könne, wo wir genügend Reife und Lebenserfahrung erworben haben und die Gegenwart des Todes uns vorwärtsdrängt. Arnold

Mindell hat herausgefunden, daß sterbende Menschen oft bereit sind, viele Grenzen zu überwinden, die ihr Leben bislang beherrscht haben, um in den Tagen oder Stunden vor ihrem Tod ihr wahres Selbst zu verwirklichen. Ich glaube, daß die Individuation in unserer Zeit vor diesen letzten Stunden und sogar vor der Lebensmitte stattfinden kann. Ich habe viele Suchende kennengelernt, die, obgleich noch in der ersten Lebenshälfte, schon weit auf ihrem Weg vorangeschritten waren. Ich glaube, daß sich in der heutigen Zeit viele alte Seelen inkarniert haben und daß die Not, die auf unserem Planeten herrscht, ihnen hilft wach zu werden für ihre wahre Aufgabe. Außerdem stehen uns heute mehr effektive psychische und physische Techniken für die Befreiung von Körper und Bewußtsein zur Verfügung als in der Vergangenheit.

Der Prozeß der Individuation kann sich auf vielen verschiedenen Wegen entfalten. Einige Menschen finden zu sich selbst, indem sie den Aktivitäten und Arbeiten nachgehen, die für sie wirklich sinnvoll sind. Kreative Menschen, ganz gleich welcher Art, entdecken ihre Seele oft im innersten Kern ihres kreativen Prozesses. Andere finden zu sich, indem sie sich mit Leib und Seele auf eine bestimmte spirituelle Praxis einlassen. Wieder andere erreichen das gleiche durch einen kontinuierlichen Lern- und Wachstumsprozeß, der in jedem Lebensbereich stattfinden kann. Und einige Menschen gelangen mit der Zeit durch die Erforschung ihrer eigenen Innenwelt dahin. Auch eine Therapie kann ein hilfreicher Weg sein, vor allem wenn sie dem Menschen seine Kraft zurückgibt und ihm zeigt, wie er ganz sich selbst folgen kann.

In Kapitel 1 wurde der Unterschied zwischen Persönlichkeit und Seele dargestellt. Die Seele birgt in sich die spirituelle Essenz und Aufgabe des individuellen Menschen. Die Persönlichkeit hingegen ist ein Produkt der gesellschaftlichen und familiären Konditionierung und darauf angelegt, sich den vorherrschenden kollektiven Werten anzupassen. Solange ein Mensch von seiner eigenen Persönlichkeit (oder von der Persönlichkeit anderer) vollkommen beherrscht wird, befindet er sich gewöhnlich mehr im Einklang mit den kollektiven Erwartungen, als daß er seinem eigenen individuellen Weg folgte. Oft wird er getrieben von bestimmten Regeln oder den unerfüllten Träumen seiner Eltern. Die Entdeckung und Befolgung der eigenen Natur, der eigenen Seele und des eigenen Weges der Selbstverwirklichung ist ein völlig anderer

Prozeß. Unser wahres Selbst zu finden und es im Leben zum Ausdruck zu bringen erfordert eine psychospirituelle Entwicklung.

Bei der transpersonalen Integration leitet uns der Wunsch, uns der Macht unserer eigenen Seele als aktivem Faktor im Prozeß der Individuation zu beugen und ihrer speziellen Aufgabe zu folgen. Die Arbeit an der Persönlichkeit, die primär psychophysisch orientiert ist, konzentriert sich in diesem Rahmen darauf, uns darin zu unterstützen. Die Persönlichkeit kann dort, wo sie die Selbstverwirklichung überlagert und behindert, erforscht und neu strukturiert werden. Und wenn die Persönlichkeit befreit wird, kann die spirituelle Arbeit oder Einstimmung auf die Seele sich entfalten.

Die Phasen der Individuation

1. Den Vorsatz fassen
Der erste Schritt in Richtung Individuation ist der Wunsch, aus sich selbst heraus zu leben, und der Vorsatz, das eigene Selbst zu finden und ihm zu folgen. *Das ist ein kreativer Akt, der eher einen kreativen Prozeß einleitet als einen problemlösenden.* Zu dem Beschluß, dem eigenen Selbst zu folgen, kann es relativ spät im Leben kommen, nachdem bereits viele unbefriedigende Richtungen eingeschlagen und erforscht wurden. Er kann aber auch sehr früh gefaßt werden, wenn die Visionen und Träume vom Leben noch jung sind. Dieser Entschluß allein vermag sämtliche Teile eines Menschen in Richtung Selbstverwirklichung zu mobilisieren, und der Entfaltungsprozeß eines inneren Weges kann beginnen. Einige der Jugendlichen zum Beispiel, die ich unterrichtete, hatten intensive Träume über eine bestimmte Arbeit oder Lebensaufgabe, zu der sie sich sehr hingezogen fühlten. Ich drängte sie, dabeizubleiben und ihre Ideen weiterzuentwickeln, auch wenn sie weit entfernt von dem zu sein schienen, was zu der Zeit gesellschaftlich aktuell war. Wenn wir unsere Träume achten, können sie zu mächtigen Magneten werden, die uns zu ihrer Verwirklichung hinleiten. Einige meiner Schüler entwickelten dadurch, daß sie an ihre Träume glaubten und ihnen folgten, völlig neue Arbeitsweisen und Lebensstile.

Wenn ein Mensch mich zum ersten Mal aufsucht, um mit mir zu arbeiten, schlage ich ihm vor, daß wir unsere gemeinsame Arbeit in den Rahmen der Selbstverwirklichung stellen; wenn es passend erscheint, können wir beide von Anfang an unsere Seele auf diese Aufgabe einstimmen. Diese Orientierung signalisiert dem Unbewußten und dem tieferen Selbst, daß wir die Wahrheit des ganzen Wesens respektieren möchten und sogar um Hilfe aus diesen tieferen Ebenen bitten. Gewiß akzeptiere und achte ich die Probleme und Symptome, für die der Mensch vielleicht eine Lösung sucht.

Aber gleichzeitig ermutige ich ihn auch, einen tieferen Blick zu entwickeln und unter die Oberfläche der Probleme zu schauen, um herauszufinden, was er in seinem Leben wirklich bewirken möchte. Das Lösen von Problemen kann die Arbeit auf den begrenzten Rahmen des Problems beschränken; wir aber möchten Zugang gewinnen zum umfassenderen Potential des ganzen Menschen. Jung sagte einmal, daß wir Probleme niemals wirklich lösen, sondern einfach über sie hinauswachsen (weil wir in eine größere Sicht hineinwachsen).

2. Sich sämtlicher Seiten des eigenen Selbst wieder bewußt werden

Sämtliche Hilfsquellen für die Individuation sind in der eigenen Person begründet und vor allem in den bedeutungsvollen Signalen zu finden, die wir sowohl von Körper, Verstand und Gefühlen als auch von den intuitiven und spirituellen Kräften kontinuierlich empfangen. Wenn ein Mensch weiß, wie er diese Signale lesen und ihnen folgen kann, ist er imstande, seiner eigenen Wahrheit zu folgen. Wie wir bereits gesehen haben, ist sich ein Mensch jedoch selten all dieser Teile und noch viel weniger ihrer Signale bewußt. Deswegen hat er keinen Zugang zum ganzen Spektrum seines eigenen Wissens. Tatsächlich sind Menschen manchmal von bestimmten Bereichen von sich völlig abgeschnitten. Es ist zum Beispiel durchaus üblich, daß ein Mensch praktisch überhaupt keinen Zugang zu seinem Körper und zu seinen Gefühlen hat.

Als erstes ist es deswegen wichtig zu lernen, uns mit sämtlichen Teilen von uns wieder zu verbinden und herauszufinden, wie wir ihre Signale befolgen können. Mit Hilfe dieser Fähigkeit hat ein Mensch Zugang zu zahlreichen inneren Hilfsquellen. Er ist dann in der Lage, sich selbst sowohl bei der später komplexer werdenden Arbeit an der Persönlichkeit als auch bei der Einstimmung auf die Seele auf authentische Weise zu folgen.

Kontakt zum eigenen Körper zu gewinnen, ihn bewußt wahrzunehmen und zu lernen, seine Signale zu verarbeiten –, das sind sowohl für unsere Gesundheit als auch für unsere Individuation ganz grundlegende Fähigkeiten. Und trotzdem sind diese natürlichen Fähigkeiten oft verlorengegangen, wenn wir ins Erwachsenenalter kommen. Viele Menschen, die mich mit schmerzhaften körperlichen Symptomen aufsuchen, haben überhaupt kein gefühlsmäßiges Körperempfinden. Sie wissen zwar, daß sie starke Kopfschmerzen oder wiederkehrende Schulter- oder Magenbeschwerden haben, aber wenn ich meine Hände auf ihren Körper lege und sie frage: „Was nehmen Sie hier oder hier wahr?", antworten sie: „Oh, gar nichts. Ich fühle da nichts."

Ein leitender Angestellter suchte mich auf wegen Kopf- und Nackenschmerzen, die solche Ausmaße annahmen, daß sie ihn an seiner Arbeit hinderten. Ich stieß bei ihm auf einen fast drei Zentimeter dicken, hart gepanzerten Strang, der am Schädelrand begann und sich bis in den Nacken hinein erstreckte. Das hier normalerweise weiche Gewebe war knochenhart. Während ich in unserer ersten Sitzung an dieser Panzerung arbeitete, fragte ich ihn, was er fühle. „Nichts", entgegnete er. Ich war erstaunt, weil dies für die meisten Menschen ein empfindsamer Bereich ist. Dieser Mann war seit langer Zeit von seinen Gefühlen abgeschnitten. Er übergab die Last seiner anstrengenden Arbeit an seinen Körper und schob sie beiseite, anstatt sein Unbehagen, seine Enttäuschung oder seine verletzten Gefühle zu artikulieren. Jetzt schrie sein Körper das alles durch die Kopfschmerzen heraus. Ein akutes körperliches Symptom war notwendig, damit er auf sich aufmerksam wurde, denn er hatte sich von seiner Körperwahrnehmung abgeschnitten.

In der Zeit unserer Zusammenarbeit begann der Panzer sich aufzulösen; er gewann sein Körperempfinden wieder und lernte, auf seine körperlichen Bedürfnisse zu achten, bevor sie sich zu Symptomen entwickelten.

Wir können unsere Körperwahrnehmung für jeden Körperteil entwickeln und wieder lernen (denn in der Kindheit hatten wir diese Wachheit alle), Empfindungen im Körper sofort zu bemerken und uns dann auf sie einzustellen, während sie wandern und sich verändern. Wenn ein Mensch seine Körperwahrnehmung wiedergewinnt, ist er imstande, körperliche Signale schnell zu beachten, herauszufinden, was der Körper braucht, sich um ihn zu kümmern und so Zuständen vorzubeugen, die sich zu Krankheiten entwickeln könnten.

Außer den Wohltaten der Körperwahrnehmung birgt der Körper auch eine physiologische Weisheit und, wie wir in Kapitel 3 gesehen haben, die individuelle und persönliche Geschichte eines Menschen. Wenn wir unsere körperliche Sensibilität entwickeln, bekommen wir wieder Zugang zu diesen beiden unschätzbaren Datenspeichern.

Viele Menschen sind auch von ihren Gefühle abgeschnitten. Wie wir in Kapitel 4 gesehen haben, werden Kindheitsgefühle, die nicht erlaubt oder einfach zu schmerzhaft waren, unterdrückt, im Körper festgehalten und aus der Wahrnehmung ausgeblendet. Als Erwachsener hat der Mensch dann keinen Zugang mehr zu Gefühlen wie Angst, Ärger, Verletzlichkeit oder Liebe. Solch ein Mensch reagiert auf das Leben nur mit Denken. Wenn Sie ihn fragen: „Was empfinden Sie bei dieser Sache oder Person?", wird die Antwort automatisch lauten, „Nichts." So fragte ich zum Beispiel einmal eine Frau, die von ihrem Vater verbal und sexuell mißbraucht worden war, welche Gefühle sie für ihn habe. „Ich empfinde gar nichts für ihn", entgegnete sie verächtlich. Als wir diese Beziehung aber tiefer erforschten, kam heraus, daß ihr inneres Kind ihm in Wirklichkeit sehr viele Gefühle entgegenbrachte – Wut, Unglück, Angst, Liebe und Sehnsucht. Es ist sehr verbreitet, daß mißbrauchte Kinder sich von sämtlichen Gefühle abschneiden und lernen, im Leben wie eine Denkmaschine zu funktionieren. Mit dieser Strategie kann ein Mensch zwar die formale Seite des Lebens erfolgreich bewältigen, aber sie hält ihn meistens davon ab, in die Tiefe seines eigenen Wissens einzutauchen, das auch die Weisheit der Gefühle einschließt. Sie verhindert auch, daß er befriedigende Beziehungen entwickelt, die immer auch Gefühle erfordern.

Es ist auch ziemlich verbreitet, daß Menschen nicht im Kontakt mit ihrem eigenen Verstand und ihren intuitiven Kräften sind. Unser Erziehungssystem fördert vor allem das Sammeln von Fakten, die den engen Rahmen der vorherrschenden Systeme und Theorien nicht sprengen. Wir sind darauf programmiert, diese Faktengrundlage zu akzeptieren und von ihr aus zu operieren. Nicht nur, daß unabhängiges Denken und Kreativität uns nicht beigebracht werden; viele heutige Untersuchungen weisen nach, daß diese Fähigkeiten sogar aktiv unterbunden werden. Intuitive

Prozesse, die der Struktur von Vernunft und Logik nicht genügen, werden nicht respektiert. Die herkömmliche formale Erziehung geht davon aus, daß für die Unterscheidung von Wahrheit und Unwahrheit ein Aussortierungsprozeß erforderlich ist. Aber ein Mensch kann über diese Einsichten hinaus seine eigenen gedanklichen und intuitiven Einsichten entdecken, die sich nicht zwangsläufig im Rahmen seiner Erziehung bewegen müssen. Eine sehr intelligente dreißigjährige Frau erzählte mir einmal, daß sie überhaupt keine Vorstellungen von sich selbst habe außer denen, die der sehr begabte Lehrer, dem sie folgte, ihr vermittelte.

Die Psychotherapie leistet meistens gute Arbeit, wenn sie einem Menschen hilft, seinen Datenspeicher an der Realität zu überprüfen und seine eigenen Denkprozesse zu klären und weiterzuentwickeln. Wenn ein Mensch die Entschlossenheit dazu besitzt und eine entsprechende Klarsicht hat, kann er diesen Prozeß jedoch auch allein verfolgen.

Einer meiner Klienten war diesen Weg auf ungewöhnliche Weise gegangen, und zwar in Form eines kontinuierlichen Lernprozesses. Er war in einer Kleinstadt in einer großen Familie mit engem Horizont und wenig Bildung aufgewachsen. Die Eltern erzogen die Kinder mit Kritik und Strafe. Andere Vorbilder, die ihm weitergehende Möglichkeiten eröffnet hätten, hatte er nicht. Als er die Schule abschloß, hatte er kein Vertrauen in seine eigenen Fähigkeiten und keine Lebensaussichten außer der, in der Tankstelle am Ort zu arbeiten, was er eine Zeitlang auch tat. Er hatte aber das Gefühl, daß es in seinem Leben noch mehr geben müsse. Von seiner Familie und seiner Gemeinde fühlte er sich überhaupt nicht unterstützt. Er beschloß umzuziehen und in einer anderen, größeren Stadt erneut die Schule zu besuchen. Als sich in dieser Schule und in der neuen Gemeinde sein Blick allmählich erweiterte, begann er an sich selbst und seine Fähigkeiten zu glauben. Er war beruflich erfolgreich und fuhr fort, sich weiterzubilden. Als nächstes zog er in eine noch größere Stadt, die noch mehr Fortbildungs- und Arbeitsmöglichkeiten bot. Er fuhr fort zu lernen und sich weiterzuentwickeln. Schließlich zog er nach San Francisco („Ich konnte nicht gleich auf einen Sprung in diese große Stadt ziehen", erzählte er mir) und schrieb sich in eine große Universität ein, wo er viele Möglichkeiten hatte, seine aufblühende Individualität und berufliche Karriere weiterzuverfolgen. Zu der Zeit, als er mich aufsuchte, war er über seine Eltern weit hinausgewachsen. Er war sein eigener Herr, der eigenständig dachte und seinem Weg folgte.

Unser spirituelles Wesen und unsere spirituellen Kräfte werden in unserer Gesellschaft noch viel weniger gefördert als Körperwahrnehmung, Gefühle oder geistige Fähigkeiten. Viele Leute haben ein bestimmtes religiöses Wissen und besuchen vielleicht regelmäßig die Kirche. Aber das innere Wissen über spirituelle Wahrheiten und die Eingebungen der „leisen, weisen inneren Stimme" ist weniger verbreitet. Gewöhnlich entwickeln sich diese Fähigkeiten allmählich durch Meditation oder andere Formen der inneren Sammlung. Wir brauchen dafür Zeiten der Stille, Aufmerksamkeit für die äußerst subtilen inneren Zeichen und oft auch die Nähe zur Natur. Bei der transpersonalen Integration ermutigen wir Menschen, ihr spirituelles Bewußtsein zu entwickeln, indem sie sämtliche leisen inneren Eingebungen achten und ernst nehmen. Wir legen ihnen nahe, diese Eingebungen weiterzuverfolgen, indem sie darüber nachdenken oder meditieren und schließlich auch entsprechend handeln.

Wenn ein Mensch dann im Kontakt mit seiner eigenen Wahrnehmung, seinem Körper, seinen Gefühlen und seinem Verstand ist und sich spirituelle Kräfte angeeignet hat, hat er sehr viel größere Macht und gewinnt ein neues Gespür für sein umfassendes Potential als ganzer Mensch. Jetzt durchschaut er einige der fremdbestimmten Einschränkungen, die ihn von diesem Potential abgehalten haben, und ändert wahrscheinlich sein Selbstverständnis und seine Lebensziele entsprechend. Wie der Mann, der schließlich nach San Francisco gezogen ist, bewegt er sich selbstbestimmter und unbelasteter auf das Leben zu, das er gerne führen möchte, statt so zu leben, wie andere es ihm auferlegen. Er ist imstande, sich selbst zu folgen, und kann wahrscheinlich mit raschen Schritten und einem wachen Bewußtsein als einzig notwendigem Verbündeten im Leben vorangehen.

3. Die Arbeit an der Persönlichkeit

Manche Menschen kommen auf dem Weg selbstbestimmten Wachstums wunderbar voran. Sie wählen eine Richtung, setzen sich Ziele und eignen sich das Wissen und die Fähigkeiten an, die sie brauchen, um diese Ziele zu verwirklichen. Sie kommen im Leben, in ihrer Arbeit und in ihren Beziehungen weiter, indem sie einen Schritt nach dem anderen tun, Fehler machen und ihr Vorgehen entsprechend korrigieren. Aber es kann Zeiten geben, wo sie in Schwierigkeiten geraten und in selbstzerstörerische und sinnlose Gefühle und Verhaltensweisen aus der Vergangenheit zurückgeworfen werden. Irrationale Unsicherheiten, Depression, Einsamkeit oder Verwirrung können aufkommen, obgleich es dafür gegenwärtig keinerlei Gründe zu geben scheint. Oder ein Mensch stellt fest, daß er sich immer wieder in die gleichen Schwierigkeiten verwickelt.

Solche Krisen entstehen oft durch einschränkende Verhaltensmuster in der Persönlichkeit, die vor langer Zeit entwickelt wurden. Manchmal tritt ein solches Muster als Reaktion auf einen großen äußeren Schock wie einen Todesfall oder eine Naturkatastrophe auf, durch die ein Mensch seine Orientierung verliert oder völlig aus der Bahn geworfen wird. Wenn seine Entwicklung durch traumatische Auswirkungen der eigenen Vergangenheit oder schockierende Erlebnisse in der Gegenwart behindert wird, kann die Arbeit an der Persönlichkeit eine sehr wertvolle und klärende Hilfe sein. Tatsächlich können Krisenzeiten eine äußerst fruchtbare Gelegenheit für unser Wachstum darstellen, weil wir dann gezwungen sind, uns für Veränderungen und neue Sichtweisen zu öffnen. Während und nach dem großen Erdbeben, das sich 1989 in Nordkalifornien ereignete, überprüften viele Menschen Sinn und Zweck ihres Lebens und nahmen einige wichtige Veränderungen zum Besseren vor.

Die Persönlichkeit verstehen
Wie wir in Kapitel 1 gesehen haben, stammt das Material der Persönlichkeit und der eigenen Psychologie aus der individuellen Geschichte des derzeitigen Lebens. Das Verstehen der Persönlichkeit ist ein psychologischer Prozeß, auch wenn dafür nicht unbedingt die Hilfe eines Psychotherapeuten erforderlich ist. Selbst wenn es oft schwierig ist, die eigenen blinden Flecken zu durchschauen, kann ein Mensch seine eigene Persönlichkeit doch selbst erforschen, indem er nach innen schaut, sich selbst analysiert oder sich offen und ehrlich mit einer Freundin oder einem Freund austauscht. Eine große Hilfe für dieses Verstehen können auch die zahlreichen verschiedenen psychologischen Theorien oder Techniken einschließlich der Selbsthilfemethoden und der Psychotherapie sein. Die traditionelle Psychotherapie versucht die Persönlichkeit und das Verhalten vor allem mit Hilfe der gei-

stigen Beobachtung, Reflexion und Analyse der persönlichen Geschichte im Gespräch zwischen Therapeut und Klient zu verstehen. Viele der heutigen psychologischen Sichtweisen haben jedoch die Tendenz, den Menschen durch das Raster der Psychosen und Neurosen oder zumindest der neurotischen Tendenzen zu betrachten, was sein Wachstum nicht immer fördert.

Wenn wir die Geschichte und Psychologie eines Menschen untersuchen, lernen wir die Persönlichkeit verstehen. Psychologische Methoden können helfen, das Licht des Bewußtseins in jene Ereignisse, Beziehungen und Muster zu bringen, die bis jetzt im „Dunkeln" des Unbewußten lagen. Zuerst müssen wir uns meistens offensichtlichen Störungen, neurotischen Mustern und selbstzerstörerischen Tendenzen zuwenden, die sich gedanklich, emotional oder körperlich äußern. Solche Schwierigkeiten bringen einen Menschen ja auch primär in die Therapie; später können sie als roter Faden für den Enthüllungsprozeß der Persönlichkeitsstruktur dienen, die allmählich Schicht für Schicht offengelegt wird.

Die Persönlichkeit über den Körper verstehen und an ihr arbeiten
Außer psychologischen Methoden kann auch die integrative Körperarbeit helfen, die Persönlichkeitsstruktur offenzulegen, da die persönliche Geschichte sich dem Körper eingeprägt hat. Der Körper hat verzeichnet, was dem Menschen tatsächlich passiert ist und welche psychischen Auswirkungen jene Ereignisse hatten. Ich glaube, daß die körperliche Verarbeitung jener Auswirkungen am wirkungsvollsten ist.

Die transpersonale Integration nähert sich der Persönlichkeit direkt über den Körper. Ich arbeite mit meinen Händen am Körper des Klienten oder der Klientin, während sie angekleidet auf einem Massagetisch liegt. Gleichzeitig arbeiten sie und ich auch auf der Bewußtseinsebene. Durch das Berühren verschiedener Punkte und Teile ihres Körpers folge ich dem Energiefluß des Körpers, weil das Klären und Ausgleichen der Energie während unserer Arbeit das Gefühl von Sicherheit fördert und kontinuierlich eine harmonische Basis für das ganze System aufbaut. Diese Art zu arbeiten vertieft den Prozeß und eröffnet uns mühelos Zugang zu anderen Bewußtseinszuständen, in denen wir das Unbewußte erreichen können.

Als Team decken die Klientin und ich gemeinsam Schritt für Schritt die Körper- und Persönlichkeitsschichten auf – das heißt, wir arbeiten uns in dem Maße, wie der Körper bereit ist, diese Schichten freizulegen, von der Oberfläche bis zu tieferen Strukturen vor. Ich folge dem Entfaltungsprozeß der Klientin, der durch diese Schichten führt, und vertraue dabei auf ihre eigene umfassende Weisheit, statt ihr meine Interpretationen aufzudrängen.

Die prozeßorientierte Arbeit ist besonders wirkungsvoll für das ganzheitliche Verständnis und Durcharbeiten der Blockierungen in der Persönlichkeit, weil sie darauf abzielt, dem ganz persönlichen Prozeß des Individuums ohne therapeutische Interpretationen oder Eingriffe zu folgen. Indem wir diesem Prozeß nachgehen, statt ihn zu steuern, akzeptieren wir die Wahrheiten, die in Körper, Verstand und Emotionen gleichzeitig zutage treten, und lassen zu, daß sie uns zur Heilung und Ganzheit des Menschen führen. Dr. Rachel Remen, die Menschen hilft, ihren eigenen Heilungsprozeß und ihre eigene Ganzheit zu finden, beschreibt dieses Vorgehen mit folgenden passenden Worten:

Wenn ich dem Klienten lausche, dem Kern des Selbst des anderen – oder der Seele, wenn Sie so wollen –, stelle ich fest, daß der Klient im tiefsten Kern seines Unbewußten weiß, was er braucht ... Heilung ist der ganz reale Boden des Seins. Alles bewegt sich in Richtung Ganzheit. Und Heilung ist nichts anderes als diese Bewegung. Unsere Aufgabe besteht nicht darin, etwas zu bewirken, sondern offenzulegen, was in uns und anderen bereits geschieht, und die Bedingungen zu erkennen und zu fördern, welche uns darin unterstützen. (Remen, in: Was ist heilen?, 1992)

Wenn wir dem Menschen bei seinem eigenen Prozeß folgen, können wir jene traumatischen oder unwahren Muster offenlegen und bearbeiten, die seine Entwicklung bislang behindert haben. Die Persönlichkeit kann enthüllt und angemessen verändert werden, und zwar in einem Tempo, das dem Menschen erlaubt, dem Integrationsprozeß zu folgen.

Unsere einleitenden Untersuchungen beziehen sich also wie bei der traditionellen Psychotherapie auch auf die Strukturen der Oberfläche – die Persona und den Körper der Persönlichkeit –, die der bewußten Beobachtung und Reflexion relativ leicht zugänglich sind. Diese Ebenen zu verstehen und hier Macht zu gewinnen ist wichtig, damit der Mensch eine gesunde Egostruktur entwickeln kann, die die Basis für sein wirkungsvolles Handeln in der Welt darstellt. Die Persona zum Beispiel kann jeder leicht sehen. Sie ist die Schicht der Persönlichkeit, der wir meistens im Alltagsleben begegnen, denn sie zeigt, wie der Mensch beschlossen hat, sich der Welt zu präsentieren. Unter dieser Schicht können wir mit der Zeit einen völlig anderen Menschen entdecken. Aber es ist wichtig, diese Selbstdarstellung zu respektieren und sowohl ihre Entwicklung als auch ihre Effektivität zu verstehen; sie ist das Selbstbild, mit dem sich ein Mensch gegenwärtig identifiziert. Wenn der Mensch dann mehr über seine gesamte Persönlichkeit erfährt, verspürt er vielleicht den Wunsch, seine Persona entsprechend darauf einzustellen, damit sie zeigt, wer er tatsächlich ist.

Ich erinnere mich an eine sehr jung aussehende Frau, die mich aufgrund zahlreicher körperlicher Symptome aufsuchte und außerdem den Wunsch hatte, sich weiterzuentwickeln. Sie war wie ein Teenager gekleidet und sprach mit einer hohen, weichen Mädchenstimme. Sie gab sich wie ein unschuldiges, niedliches Mädchen, das gerade die Schule abgeschlossen hatte. Ich war erstaunt, als ich erfuhr, daß sie in Wirklichkeit 30 Jahre alt war, ein Studium abgeschlossen und in ihrem Leben bereits viele entsetzliche Erfahrungen durchgemacht hatte. Während sie sich selbst und ihre Lebensgeschichte erforschte, entwickelte sie allmählich eine Persona, die besser mit ihren tatsächlichen Werten, Fähigkeiten und Zielen übereinstimmte und für ihre Beziehungen und ihre Arbeit wirkungsvoller war.

Wenn wir direkt mit dem Körper arbeiten, werden die persönliche Geschichte und die aktuellen Persönlichkeitsstrukturen auf natürlichem Wege zum Vorschein kommen. Die Auflösung des Körperpanzers in Muskeln und Gewebe hilft, die Persönlichkeitsschichten und -muster offenzulegen, die dann bewußt verarbeitet und verstanden werden können. Diese Arbeit ist der erste Schritt auf dem Weg zu einem unbeschwerten Körper und einer Persönlichkeit, die sich von ihrer eigenen Geschichte befreit hat.

Das Wissen darum, daß wir rigide körperliche Panzerungen auflösen können, und die praktische Anwendung dieses Wissens rufen das Bedürfnis hervor, gestörte Teile des Organismus zu heilen, so wie wir auch instinktiv verkrampfte Schultern bewegen, um die Spannung zu mildern. Reich entdeckte, daß diese rigiden

Muster im Körper direkt mit der Charakter- oder Persönlichkeitsentwicklung zusammenhängen. Er stellte fest, daß die Persönlichkeit sich öffnet und verändert, wenn der Körper von den Traumata der Vergangenheit, die er gespeichert hat, befreit wird. Reich lieferte uns eine Erklärung für die Beziehungen zwischen den verschiedenen Typen von Körperpanzerung und entsprechenden „Charakterstörungen", was wegweisend war für die integrative Arbeit.

Konzentriert sich die Körperarbeit jedoch nur auf die wahrnehmbare Rigidität von Muskeln und Gewebe oder entsprechende Störungen und verarbeitet das Material nicht, das im Körper hochkommt, kann das manchmal gefährlich sein. Ist die Persönlichkeit noch nicht ausreichend verstanden worden und die Egostruktur noch nicht stark genug, um mit schockierenden Informationen umgehen zu können, kann es enorm belastend sein, wenn alte Traumata in der Gegenwart an die Oberfläche kommen. Das kann eine Desorientierung der Persönlichkeit auslösen und/oder eine Flut von unbewußtem Material, das der Mensch vielleicht noch nicht akzeptieren, verstehen oder integrieren kann.

Es ist gefährlich, Menschen umzustrukturieren, nur weil die Umstrukturierung einem physischen Ideal oder irgendeiner Gesundheitstheorie entspricht. Wir können den Begriff „normal" nicht verallgemeinern. Jedes Individuum hat seine eigene Norm. Sein Prozeß beruht auf dem, was die Chinesen Tao nennen. Es ist nicht Sache des Therapeuten, die Zeit für eine Veränderung im Körper zu bestimmen, sondern diese hängt vielmehr ab von den körperlichen Hinweisen, die ein Mensch gibt.
(Mindell, River's Way, 1985)

Wenn der übereifrige Körpertherapeut zum Beispiel zu früh oder zu gewaltsam die Persönlichkeitsabwehr durchdringt, um die tiefe Struktur des Metaprogramms freizulegen, können der daraus resultierende Schock und die Angst bewirken, daß der Klient sich auf einer tieferen Ebene körperlich erneut wehrt und panzert. Werden außerdem die Persönlichkeitsmuster, alte Sichtweisen und Lebenseinstellungen nicht verändert, um mit den körperlichen Veränderungen im Verlauf der Körperarbeit Schritt zu halten, kann es dazu kommen, daß der Körper seine alten Muster wieder neu aufbaut.

Das Individuum mit Typ-A-Persönlichkeit, das stark leistungsorientiert ist, kann durch reine Körperarbeit eine momentane Erleichterung von körperlicher Anspannung erleben. Solange aber die grundlegende Persönlichkeitsstruktur nicht verändert wird, kehrt der Körper schon bald nach Beendigung der Körperarbeit zu den gleichen Typ-A-Verhaltensmustern zurück. Reine Körperarbeit wirkt wahrscheinlich nur vorübergehend, wenn sie nicht von entsprechender Bewußtseinsarbeit unterstützt wird.

Deswegen ziehe ich es vor, den Körperpanzer parallel zum Entwicklungsprozeß des Menschen aufzulösen, statt nach Maßgabe vorgefertigter Anweisungen. Zu beachten ist, daß es natürlich in dieser Hinsicht auch Ausnahmen gibt. Für einige Menschen kann es zu gewissen Zeiten oder unter bestimmten Umständen nützlich sein, wenn die Panzerung durch ein kurzfristiges, intensives Programm aufgelöst wird. Die heutige Körpertherapie entwickelt sich immer mehr dahin, auch das psychologische Verständnis einzubeziehen. Es gibt augenblicklich zahlreiche Methoden, die auch die geistige und emotionale Verarbeitung beinhalten, so wie Dr. John Upledgers somatisch-emotionale Entspannungstechniken und die Prozeß-Akupressur. (Upledger, *Somato-Emotional Realease*, 1990; *Raheem, Process Acupressure*, 1990)

Die persönliche Geschichte – das Material der Persönlichkeit – kann im Körper allmählich aufgedeckt und aufgelöst, ins Bewußtsein gebracht und verarbeitet werden, während die Arbeit an der Persönlichkeit fortschreitet. Auf diese Weise erfährt ein Mensch unmittelbar und genau, wie der natürliche Körper und die Gefühlsreaktionen auf das Leben verleugnet oder unterdrückt werden, um Autoritäten oder anderen wichtigen Bezugspersonen aus der Umgebung gefällig zu sein. Wenn solche vergrabenen Bereiche bewußtgemacht werden, eignet ein Mensch sich die Wahrheit wieder an, die aus seinem eigenen Körper, Verstand und Emotionen erwächst, und lernt, dieser Wahrheit in der Gegenwart zu vertrauen. Er kann anfangen zu begreifen, welche Konditionierungen im Denken und Fühlen überholt sind und welche sinnlosen Verhaltensweisen sein Wachstum behindern. In dem Maße, wie er seiner eigenen Wahrnehmung stärker vertraut, klärt sich sein Bewußtsein. Das Vertrauen in die innere Wahrheit beginnt das Vertrauen in die Außenwelt zu ersetzen. Das Ego kann sich auf der soliden Basis der aktuellen persönlichen Erfahrungen weiterentwickeln. Durch die Körperarbeit werden die neuen Einsichten und Stärken, die durch diese Weiterentwicklung gewonnen werden, im Körper verankert und sorgen für Integration und Beständigkeit. Allmählich lernt der Mensch, die Verantwortung für Veränderungen zu übernehmen.

Sämtliche Seiten der Persönlichkeit entdecken und sich aneignen
Im Verlauf der Persönlichkeitserforschung werden viele Seiten der gesamten Persönlichkeitsstruktur zum Vorschein kommen. Sowohl Stone, Bandler und Grindler als auch Mindell und Assagioli, die diese Seiten „Subpersönlichkeiten" nennen, haben ausführlich untersucht, wie sie unser Leben beeinflussen. Einige dieser Subpersönlichkeiten helfen uns bei der Entwicklung unserer Fähigkeiten und unseres Wachstums. Andere scheinen gegen uns zu arbeiten, vor allem die „Schattenseiten", die verleugnet, das heißt aus unserer Wahrnehmung ausgeblendet und im Unbewußten vergraben wurden, von wo aus sie einen negativen Einfluß ausüben. Einige Seiten sind einfach deswegen destruktiv oder nutzlos, weil sie in Entwicklungsphasen entstanden, über die wir jetzt hinausgewachsen sind.

Indem wir Seiten von uns, die verleugnet wurden, identifizieren, kennenlernen und uns bewußt wieder aneignen, können wir die Energie und das Bewußtsein, die wir in sie investiert haben, vollständig wiedergewinnen. Durch bewußtes Verstehen können Schattenseiten, die einstmals unbewußt und destruktiv waren, tatsächlich in nützliche Verbündete umgewandelt werden. Es gibt in den verschiedenen psychologischen Systemen ausgezeichnete Methoden für die Identifizierung und Integration dieser Seiten; so zum Beispiel in der Psychosynthese (Assagioli, 1982), dem neurolinguistischen Programmieren (NLP) (Bandler und Grinder, 1981), dem Voice Dialogue (Stone, 1978) und der prozeßorientierten Psychologie (Mindell, 1986).

Da bestimmte Seiten häufig mit entsprechenden Körperteilen oder körperlichen Symptomen in Verbindung stehen, kann die Körpertherapie eine große Hilfe dabei sein, die hier blockierte Energie freizusetzen. Wenn wir uns verleugnete Seiten oder Subpersönlichkeiten wieder aneignen und uns ihr Muster bewußtmachen, können sie unserer ganzheitlichen Lebensaufgabe besser dienen.

Die Arbeit in der Tiefenstruktur der Persönlichkeit:
Das innere Kind befreien
Wie wir in Kapitel 3 erfahren haben, wurde die Tiefenstruktur der Persönlichkeit - das Metaprogramm und der Kern - in der Kindheit aufgebaut und enthält die Einflüsse, die für die Gesamtpersönlichkeit von grundlegender Bedeutung sind. Beim Erwachsenen gehen diese Einflüsse vom inneren Kind aus. Sie sind besonders mächtig, weil sie grundsätzlich unbewußt und gewöhnlichen Mitteln nicht zugänglich sind.

Das Metaprogramm enthält die Konditionierungen und Traumata aus der frühen Kindheit und bildet die fundamentale Basis der Persönlichkeit. Der Kern beinhaltet Prägungen aus der pränatalen Phase, der Geburt und der Kleinkindzeit. Zusammen machen sie die konditionierte Grundstruktur der Persönlichkeit des inneren Kindes aus. Hier sind auch die Wurzeltraumata - die grundlegenden Bausteine der Neurose - verankert.

Die Arbeit mit dem inneren Kind im Metaprogramm und im Kern ist von außerordentlicher Bedeutung und ein notwendiger Bestandteil des Individuationsprozesses. Tatsächlich sind auf diesen Ebenen die tiefgreifendsten und effektivsten Veränderungen möglich. Wenn wir auf der Ebene des inneren Kindes loslassen, heil werden und uns verwandeln, wirkt sich das automatisch auf die gesamte Persönlichkeit aus.

Dieses Stadium des Zurückgehens in die Kindheit und sogar bis in die Säuglingszeit erfordert Offenheit und eine Art von Regression in kindähnliche Zustände. Im allgemeinen geschieht das am besten unter Anleitung oder mit Hilfe einer Therapeutin oder eines Therapeuten. Dieser Prozeß kann für den Erwachsenen, der gelernt hat, den Starken zu spielen, Schmerz auszuhalten und sich durch Empfindungslosigkeit zu schützen, ziemlich beängstigend sein. Und es kann gefährlich sein, diesen Bereich zu früh zu betreten. Ein Mensch braucht genügend Egostärke, um mit dem primären unbewußten Material umgehen zu können, das hierbei zum Vorschein kommt, sowie ein relativ gut ausgeprägtes Körperbewußtsein. Abwehrmechanismen, die in Form von „Widerständen" hochkommen, sollten respektiert werden, weil sie dafür sorgen, daß von unangemessenen Eingriffen abgesehen wird oder diese verhindert werden.

Am Institut für transpersonale Psychologie, wo die Studenten sich während ihrer therapeutischen Ausbildung tief auf ihre eigene Entwicklung einlassen, war die Arbeit mit dem inneren Kind immer von wesentlicher Bedeutung. Während meines dortigen Aufenhalts als Studentin und als Fakultätsmitglied habe ich viele transformative Prozesse, die das innere Kind geweckt haben, beobachtet und selbst erlebt. Ich konnte an den verletzlichen und schutzlosen Zügen, die bei den Studenten zum Vorschein kamen, immer sehen, wenn sie zu sich selbst gelangten. Tatsächlich wurden die Studenten im Verlaufe der Absolvierung des Ausbildungsprogramms in gewisser Weise von Jahr zu Jahr immer mehr wie Kinder – offener, liebevoller, spontaner und aufrichtiger.

Durch einfühlsame Arbeit mit dem Körper, mit dem Atem und mit veränderten Bewußtseinszuständen können Erinnerungen an tiefvergrabene Traumata aus der frühen Kindheit, der Zeit der Geburt oder sogar der pränatalen Phase offengelegt werden. Die destruktiven Persönlichkeitsmuster, die sich aus diesen Traumata gebildet haben, können zu einem Opferbewußtsein und einem „Opferkörper" führen, wie Arnold Mindell es beschrieb. Solche Muster, die in den Körper und die Tiefenstruktur der Persönlichkeit eingebettet sind, haben die Tendenz, einen Menschen ein Leben lang auf die Opferhaltung festzulegen, in der die Dinge ihm „einfach passieren", ohne daß er Kontrolle darüber hätte. Diese Muster können auch ein hinderndes „Traumfeld" schaffen, das den Menschen umgibt, denn sie können aus der Tiefenstruktur der Persönlichkeit direkt in das ihn umgebende Energiefeld ausstrahlen. Dieses energetische Traumfeld zieht dann genau die Situationen und Menschentypen an, die den Menschen in seinen früheren Jahren „zum Opfer gemacht" haben. Der Erwachsene zum Beispiel, der als Kind mißbraucht wurde, hat die Tendenz, immer wieder Beziehungen anzuziehen, in denen er mißbraucht wird, bis der Opferkörper und das Bewußtsein geklärt werden.

Ich glaube, daß wir zum Bewußtsein des inneren Kindes, das im Körper verzeichnet ist, am besten durch Körperarbeit Zugang gewinnen. Nach meiner Erfahrung können destruktive Persönlichkeitsmuster auf dieser Ebene durch Körperarbeit schneller identifiziert, entladen und aufgelöst werden als durch verbale Analyse. Es hat sich in den letzten Jahrzehnten der „Gesprächstherapie" immer wieder gezeigt, daß Einsicht allein einen Menschen nicht unbedingt von den Gefühlen, Verhaltensweisen und Vorstellungen befreit, die ihn in Schwierigkeiten bringen. Außerdem ist die Tiefenstruktur der Persönlichkeit im Unbewußten vergraben und der gewöhnlichen Wahrnehmung oder Analyse nicht zugänglich. Selbst wenn ein Analytiker destruktive Verhaltensmuster sieht und darauf hinweist (Diagnose), ist der Klient gewöhnlich nicht imstande, sie zu verstehen oder zu ändern, weil sie im Unbewußten und im Körperbewußtsein verändert werden müssen, wo sie sich primär abspielen. Eine konkrete Veränderung im Nervensystem ist notwendig, um neue, wachstumsfördernde Muster einzuführen.

Wenn der Körperpanzer eines Menschen allmählich weicher wird, kann er zulassen, daß sich seine Aufmerksamkeit den ursprünglichen Wahrnehmungen, Verletzungen und Ängsten des inneren Kindes zuwendet. Ist die Gefühllosigkeit des Panzers erst einmal durchdrungen worden, kommt der Schmerz über das ursprüngliche Trauma zum Vorschein. Das Wiedererleben dieses Schmerzes ist schwierig, birgt aber auch den Weg zur Befreiung. Eine Katharsis ist heilsam und befreiend, wenn sie ohne Einschränkungen zugelassen und sogar ermutigt wird – und das heißt, daß die ursprüngliche Erfahrung wiedererlebt, gefühlt, verarbeitet und abgeschlossen wird. Aber die Katharsis allein reicht nicht aus, vor allem dann nicht, wenn dieselbe schmerzliche Erfahrung immer wieder zum Ausdruck gebracht wird, wie wir es in so vielen Wachstums-Workshops gesehen haben. Durch wiederholte Katharsen prägt sich der Schmerz dem Nervensystem nur noch tiefer ein. Stehen wir einem Trauma erst einmal gegenüber, ist es am besten, den ganzen Prozeß von Katharsis, Verstehen und Entladung der Spannung im Körperbewußtsein zu Ende zu bringen. Wenn wir uns der Erfahrung nur zaghaft nähern oder sie im Körper ansprechen, aber im Bewußtsein nicht abschließen, kann sie – sowie sie vorüber ist – noch weiter aufgeladen werden und die Panzerung verstärken. In diesem Fall wächst lediglich das Opferbewußtsein. Ein Mensch kann dann bewußt oder unbewußt die Haltung einnehmen: „Wie soll es mir jemals besser gehen, wenn ich so schmerzliche Erfahrungen gemacht habe?" Diese Haltung, die wir manchmal bei „übertherapierten" Menschen finden, liefert eine Entschuldigung für ihr Leiden und verstärkt vorhandene Hemmungen, statt diese Menschen zu heilen und zu befreien, damit sie weiter wachsen können.

Nachdem traumatische Erfahrungen aus der Kindheit erinnert und wiedererlebt wurden, sollte das natürliche Kind geheilt werden und seine Macht zurückgewinnen. Wir möchten ja das verletzte Kind tatsächlich vor den Auswirkungen seiner schmerzlichen Qualen retten. Dann müssen wir ihm beibringen, wie es sein eigenes Empfindungsvermögen wiedergewinnen, für sich selbst sprechen und sich angemessen schützen kann. Zu den wichtigsten Errungenschaften, die wir bei guter Körperarbeit gewinnen, gehört die Wiederentdeckung unserer eigenen natürlichen Reaktionen auf das Leben sowie die Fähigkeit, der Weisheit des Körpers zu folgen.

Es liegt in der Natur der Phase des verletzlichen Kindes, daß sie mit einer Zeit der Abhängigkeit (von Therapeut oder Therapeutin, vom Lebensgefährten oder von der Freundin) einhergeht, aber dann sollte und kann der Prozeß des Heranwachsens zum autonomen Erwachsenen ziemlich schnell gefördert werden. Das innere Kind braucht Vertrauen in die eigene Kraft, keine verlängerte Abhängigkeit. Einmal begegnete mir eine junge Frau, die von einem Psychologen neu „beeltert" worden war, der seine Aufgabe sicher besser erledigte als die ursprünglichen Eltern, die sie mißbraucht und vernachlässigt hatten. In diesem Fall war die Frau aber völlig abhängig von dem Psychologen geworden und lernte nicht, ihren eigenen Bedürfnissen und Empfindungen zu vertrauen.

Rebirthing, neu beeltern (Reparenting) und umstrukturieren

Auf das Zugänglichmachen und Freisetzen von Energie, die in den alten traumatischen Mustern gebunden war, sollten Heilung und/oder Neustrukturierung folgen oder diesen Prozeß von Anfang an begleiten. Diese Phase wird manchmal von Therapeuten vernachlässigt, welche vor allem Wert auf die Katharsis oder das bloße „Herauslassen" von Gefühlen legen. Es kann schädlich sein, alte Wunden lediglich aufzudecken und den Schmerz zum Ausdruck zu bringen, da alte Gefühle und die sie begleitenden Botschaften erneut stimuliert werden, ohne aufgelöst und mit einem neuen Verständnis umstrukturiert zu werden. Tatsächlich sage ich meinen Schülern, sie sollten sich einem schweren Trauma im Körper erst dann zuwenden, wenn sie es den ganzen Weg bis zu seiner Auflösung begleiten können. Wunden und hemmende Muster sollten in wertvolle Hilfsquellen umgewandelt werden, sonst kann ihr Ausdruck zur Entschuldigung für neurotisches Erdulden werden. So wollen wir zum Beispiel vermeiden, daß die

Gefühle und Verhaltensweisen des mißbrauchten Kindes verstärkt werden, das die negative Mutter endlos dafür anklagen kann, daß es mit seinem gegenwärtigen Leben nicht zurechtkommt. Wenn die tieferliegende Persönlichkeit geheilt und neu strukturiert wird, kann der „Opferkörper" befreit und die Bindung an die Vergangenheit gelöst werden. Durch hilfreiche Vorbilder aus Gegenwart oder Vergangenheit können eine positive Mutterkraft und die eigenen inneren mütterlichen Quellen aktiviert werden. Eine Klientin, die gelernt hatte, auf ihr inneres Kind zu achten, sagte zu mir: „Jetzt weiß ich, wie ich mich selbst bemuttern kann." Die negativen mütterlichen Botschaften und Einflüsse werden sich allmählich in einem Strom von nährender Unterstützung auflösen.

Für diese tiefgehenden Transformationsprozesse ist Körperarbeit meistens ganz wesentlich, da wir mit ihrer Hilfe die Traumata des Metaprogramms im Gewebe auflösen und ihre bewußte Neustrukturierung unterstützen können. Mit Hilfe des Erwachsenen- und/oder Seelenbewußtseins kommunizieren wir mit dem hilflosen Kind im Innern und bringen ihm die Qualitäten – wie Liebe, Schutz, Stärke oder Unterstützung – bei, die ihm in seiner Kindheit gefehlt haben. Es gibt eine indische Heilige mit großer Liebeskraft, die der Welt dient, indem sie herumreist und Menschen einfach hält und ihnen die Liebe ihres Herzens schenkt. Wenn wir die Traumata mit neuen Sichtweisen und/oder neuen kreativen Realitäten umgeben, kann es zu einer tiefen Transformation kommen. Wir können dafür verschiedene wirkungsvolle Techniken benutzen wie Rebirthing, Reparenting, Neuprogrammierung, Heilung von Erinnerungen, Visualisierung, Gebet, Affirmationen, Intention usw. Nach meinen Erfahrungen sind diese Techniken dann am effektivsten, wenn der Klient in einem anderen Bewußtseinszustand ist und wir Zugang zur Ebene des Unbewußten haben, wo die Traumata sich ursprünglich abspielten, und sowohl das Bewußtsein des Therapeuten als auch das des Klienten diesen Prozeß liebevoll unterstützen.

Oft ist eine „Baby-Therapie" nötig, um den Menschen für die herzliche Mutterliebe zu entschädigen, die ihm als Kleinkind fehlte. Wahrscheinlich gibt es keinen vollkommenen Ersatz für die körperliche Sicherheit, die Liebe und das Glück, die ein Kleinkind an der Brust seiner Mutter verspürt. Aber wir können durch heilende Arbeit am Körper oder babyzentrierte Selbstwahrnehmung für einen gesunden Ausgleich sorgen. Wenn Klienten mit ihrem inneren Baby arbeiten, bitte ich sie oft, sich vorzustellen, daß sie es abends beim Schlafengehen im Arm halten. Das tun sie dann mehrere Wochen lang, bis sich der neue Eindruck im Körper des Babys festigt.

Nach einer intensiven Reprogrammierungsarbeit mit ihrem inneren Kind hatte eine Klientin, die von ihrer Mutter sehr vernachlässigt worden war, einen Traum, in dem sie ein Baby war. Das Baby sagte: „Keine kalte Milch mehr." Dieser Traum zeigte mir, daß die erwachsene innere Mutter der Klientin es jetzt übernahm, ihr inneres Kind zu versorgen.

Eine psychologisch gebildete Klientin, die mit dem Mangel an Liebe und Kontakt von Seiten der Mutter zu kämpfen hatte, unter dem ihr inneres Baby litt, bat mich, mit ihr eine experimentelle Sitzung zu machen, in der ich sie im Arm halten sollte. Wir waren beide etwas nervös in bezug auf die Sitzung und ihre möglichen Auswirkungen. Aber wir gingen das Risiko ein. Ich hielt sie fünf Stunden lang, bevor sie zufrieden war, wobei wir fast die ganze Zeit schwiegen. Wir waren erstaunt darüber, wie tiefgreifend die positiven Auswirkungen für sie in Hinsicht auf ihr Gefühl von körperlicher Sicherheit, Zugehörigkeit und Selbstachtung waren. Sie brauchte keine weitere Sitzung wie diese, und ich lernte sehr viel über den Wert von konzentrierter körperlicher Zuwendung.

Einmal entdeckten eine Klientin und ich eine geniale Möglichkeit, ihrem Babykörper Sicherheit und Wohlbehagen zu vermitteln. Während wir ihre Kleinkindzeit erforschten, fanden wir heraus, daß sie häufig ihren Körper verließ, um das Gefühl von Vernachlässigung und Schmerz zu vermeiden, das sie im Körper verspürte. Durch unsere Arbeit hatte sie als Erwachsene jetzt die Bereitschaft entwickelt, jenen Babykörper wieder ganz zu bewohnen, aber irgendwie hatte sie das bewußte Gespür für seine Umrisse verloren. Sie fragte mich, ob ich sie in den Körper zurückdrücken könne. Also fing ich an, mit meinen Händen ihren Körper zu drücken, so ähnlich, wie ich meine eigenen Kinder zu drücken pflegte. Ich begann bei ihren Füßen und drückte den ganzen Körper, mit dem Kopf endend. Als ich fertig war, gab sie einen tiefen, erleichterten Seufzer von sich und sagte: „Oh, das ist gut. Jetzt bin ich ganz in meinem Körper."

Durch solche Mittel können eine traumatische Geburt, pränatale Verletzungen oder Traumata aus der frühen Kindheit im wahrsten Sinne des Wortes im Körper umgewandelt werden. Ich habe viele solcher „Wiedergeburten" angeleitet und selbst erlebt, bei denen die ursprünglich schmerzliche und beängstigende Erfahrung umgewandelt wurde in einen Lebensanfang, zu dem wir willkommen geheißen werden. Noch vor kurzem war es sehr unüblich, daß ein Baby von einem Begrüßungskomitee, bestehend aus liebevollen, akzeptierenden Eltern und einem wohlwollenden medizinischen Team, ins Leben geführt wurde. Im allgemeinen war es eher so, daß die Mutter aufgrund der Narkose gar nicht bewußt „da" war, der Vater sich überhaupt nicht in der Nähe befand und der Arzt zu sehr mit den technischen Abläufen einer bewußtlosen Geburt beschäftigt war, um für einen liebevollen Empfang sorgen zu können.

Ich erinnere mich an eine solche Wiedergeburt, die das Leben des betroffenen Mannes völlig veränderte. Seine ursprüngliche Geburt war lang, schwer und schmerzlich gewesen. Als die Mutter dann entdeckte, daß er ein Junge war, statt das von ihr gewünschte Mädchen, wies sie die Krankenschwester an, ihn wegzubringen. Man muß wohl kaum noch sagen, daß er sich sein Leben lang schämte, weil er seine Mutter verletzt hatte und sich nicht akzeptabel fand. Die Wiedergeburt fand glücklicherweise in einer Gruppe statt, so daß eine starke liebevolle Energie im Raum war und es so viele Mitspieler gab, daß er die Erfahrung noch einmal durchleben konnte. Jeder bot ihm, nachdem er noch einmal geboren worden war, spontan ein ganz besonderes Geschenk an. Eine Frau rief: „Oh, ein Junge! Ist das nicht wunderbar!" Eine andere sagte: „Willkommen in dieser Welt. Wir freuen uns so darüber, daß du gekommen bist." Zwei andere Frauen hielten ihn nach der Geburt dicht an ihren Körper geschmiegt. Ein kreativ begabter Mann schrieb in großen Buchstaben „ES IST EIN JUNGE!" auf den Fußboden draußen vor dem Gruppenraum, wo wir alle es sehen konnten, als wir gingen. Der neugeborene Mann war anschließend ein völlig anderer Mensch. Er hatte ein Gefühl von Kraft wie nie zuvor in seinem Leben. Seine Beziehungen zu anderen Menschen veränderten sich. Er fühlte sich imstande, jetzt tatsächlich die große Lebensaufgabe zu erfüllen, von der er immer geträumt, deren Ausführung er sich aber bislang nicht zugetraut hatte.

4. Leiden in Hilfsquellen umwandeln

Wenn die Heilung und Neustrukturierung in der Tiefenstruktur voranschreitet, kann das Leiden, das Menschen verkrüppelt, in Hilfsquellen der Weiterentwicklung umgewandelt werden. Der große Hypnotherapeut Milton Erickson zum Beispiel bezeichnete Probleme und Traumata als „Grobnahrung" des Lebens. Er wandelte seine eigenen frühen verkrüppelnden Erfahrungen wie Farbblindheit, Taubheit, Legasthenie und Kinderlähmung in reiche Hilfsquellen um. Während er als Teenager immer noch an der Kinderlähmung litt, nutzte er sein „Gebrechen", um sein Bewußtsein tief in Körper und Verstand zu lenken und herauszufinden, wie diese auf der Mikroebene arbeiteten. Viel später, nach mühevollen Jahren an der medizinischen Hochschule, nutzte er die Erfahrungen seines subtilen Lernens, um seinen Patienten auf eine Art und Weise zu helfen, wie es anderen niemals eingefallen war. Auch in meiner eigenen Praxis haben viele Klienten traumatisches Material aus dem Metaprogramm in Stärken umgewandelt. Eine Frau erfuhr zum Beispiel auf der Seelenebene, daß sie sich Eltern ausgesucht hatte, die sie mißbrauchten, damit sie sich schon sehr früh im Leben Gott zuwendete. Auf der Grundlage dieses Verständnisses konnte sie ihre schmerzliche Erfahrung als Lernen betrachten, statt sich als Opfer zu fühlen. Eine andere Frau entdeckte, daß sie sich als Kind eine Umgebung ausgesucht hatte, die chaotisch und unberechenbar war, damit sie die untersten Ebenen menschlicher Erfahrung erleben und Mitgefühl dafür entwickeln konnte. Diese Informationen sind eine sehr wichtige Hilfe für Menschen, um sich von der Opferhaltung zur selbstbestimmten Meisterschaft im Leben bewegen zu können.

Eine Frau erzählte mir die schreckliche Geschichte ihres Lebens. Sie war in einer Anstalt für geistig Behinderte geboren worden, wo ihr Vater und ihre Mutter als Insassen lebten. Bei ihrer Geburt hatte sich die Nabelschnur um ihren Hals gewickelt. Nachdem sie das überlebt hatte, zog sie sich kurz darauf eine schwere Krankheit zu, die sie fast ihre ganze Kindheit lang schwächte. Natürlich wurde sie von ihren Eltern nicht liebevoll versorgt, sondern unter den Verwandten herumgereicht. Als Erwachsene geriet sie in eine Mißbrauchsbeziehung nach der anderen, bis sie schließlich fast völlig am Boden zerstört war. Fast ganz am Ende, suchte sie schließlich Heilung und schlug allmählich einen Weg der Selbsterfahrung und des spirituellen Wachstums ein. Ich fragte sie ungläubig: „Warum sind Sie am Leben geblieben, wo Sie doch so oft hätten gehen können?" Ihre Antwort lautete: „Um das Leben und seine Schönheit zu erleben – den Sonnenschein in den Bäumen, fliegende Vögel, Sonnenaufgänge." Diese Frau hatte eine – aus klinischer Sicht gesehen – unmögliche Lebensgeschichte in Weisheit umgewandelt.

5. Die Arbeit am Kern von Körper und Selbst
Wenn das Material des Metaprogramms im Körper freigesetzt wird, kann der vitale Kern des Menschen zum Vorschein kommen. Dieser Kern birgt jenen freien und spontanen Zustand von Körperbewußtsein, in dem sich das noch nicht konditionierte Kind befindet, das „göttliche Kind", das der Seele sehr nahesteht. Auf dieser Ebene sind wir alle einzigartige, kreative und liebevolle Wesen, die mit dem Göttlichen verbunden sind. Hier befindet sich unter all den Traumata und Dramen der eigenen Vergangenheit ein Reservoir an natürlichen und transzendenten Hilfsquellen von unschätzbarem Wert, die sowohl der individuellen Weisheit der Seele entstammen als auch dem kollektiven Unbewußten der Menschheit, das über Jahrhunderte hinweg reicht.

In diesem Kern sind wir ganz. Die Bilder und Metaphern, die diesem Reich entstammen, sind präverbal und ganzheitlich und spiegeln das innerste Wesen des Menschen und des Lebens wider. Laut Jung dienen sie dazu,

eine innere Ordnung zu schaffen ... Sie sind Ausdruck der Vorstellung von einem sicheren Refugium, von innerem Einklang und Ganzheit ... Wenn wir die Oberfläche der Psyche etwas tiefer durchdringen, treffen wir auf historische Schichten, die nicht allein toter Staub, sondern in jedem Menschen lebendig und ständig aktiv sind – vielleicht in einem Maße, wie wir es uns mit dem gegenwärtigen Stand unseres Wissens noch gar nicht vorstellen können. (Jung, Die Archetypen und das kollektive Unbewußte, 1974)

Diese Bilder, Metaphern und Symbole können tiefgreifend bestätigend und heilend wirken, weil sie von der unmittelbaren Grundlage des Bewußtseins ausgehen, von wo aus sie das gesamte System von Körper, Verstand und Emotionen gleichzeitig beeinflussen können. Auf dieser Ebene haben wir Zugang zu einer großen kreativen Freiheit, weil der Verstand hier nicht durch Konditionierungen gefesselt ist und somit seine Intentionen wie ein Laserstrahl gebündelt werden können. Durch dieses Kernbewußtsein können Persönlichkeitsmuster neu strukturiert und neue Realitäten im Umfeld dieser Muster geschaffen werden.

Die Klärung und Neuanordnung der Tiefenstruktur der Persönlichkeit bringt eine sehr viel größere Freiheit, durch die der Mensch sämtliche Seiten von sich erfahren und uneingeschränkt zum Ausdruck bringen kann. Im Verlaufe eines solchen ganzheitlichen Verarbeitungsprozesses gelangt der Mensch dahin, sich auf die Wahrheit seiner eigenen Gefühle, Körperempfindungen und Gedanken zu verlassen. Man kann sein eigenes Leben bestimmen und die eigene Vergangenheit, die bislang ein hinderndes Programm darstellte, als objektive Hilfsquelle nutzen, als „prima materia" der Weisheit. Der Mensch ist dann in der Lage, neue Verhaltens- und Seinsweisen zu entwickeln; er hat die Freiheit und Stärke gewonnen, seiner eigenen Seele folgen zu können. Solch ein Mensch ist frei von den Fallen des Schicksals und kann statt dessen seine eigene Bestimmung verwirklichen.

Jedes freie Individuum vergrößert die Möglichkeit eines globalen Überlebens und Neuaufbaus. Befreite Individuen folgen keinem falschen Lehrer. Sie können die Last der vorwiegend unbewußten, selbstzerstörerischen Konditionierung des 20. Jahrhunderts abwerfen und statt dessen den bewußten Weg kreativen Wachstums einschlagen. In seinem wichtigen Buch *The Path of Least Resistance* beschreibt Robert Fritz seine Hoffnung für die Menschheit, die auf der Existenz von kreativen Individuen beruht:

Eine meiner wichtigsten Lektionen in den vergangenen fünfzehn Jahren, in denen ich den kreativen Prozeß gelehrt habe, betrifft die wahre Natur des Menschen. Wenn Menschen eins sind mit ihrer wahren Macht – der schöpferischen Macht zu verwirklichen, was sie verwirklichen möchten –, entscheiden sie sich immer für die höchsten Ziele der Menschheit. Sie wählen Gesundheit, tiefe Beziehungen, Liebe, sinnvolle Lebensaufgaben, Frieden und Herausforderungen, die dem menschlichen Geist entsprechen. Menschen, so habe ich herausgefunden, sind zutiefst gut. (1984)

6. Seelenarbeit

Zum Glück ist es nicht nötig, sämtliche Tiefenstrukturen der Persönlichkeit oder gar sämtliche einschränkenden Muster zu klären, bevor wir uns der Seelenarbeit zuwenden können. Vielmehr haben wir festgestellt, daß der Wunsch nach aktiver Beteiligung der Seele der kontinuierlichen Arbeit an der Persönlichkeit Perspektive und sehr viel mehr Tiefe verleiht. Die Seelendimension sorgt dafür, daß die Entwicklung eines Menschen nicht ausschließlich auf die Bindungen der Kindheit beschränkt ist, und eröffnet uns den Zugang zur Gnade spiritueller Hilfsquellen.

Die transpersonale Integration fordert für ihre Arbeit von Anfang an die Beteiligung der Seele und sucht den bewußten Kontakt mit der Seele so früh wie möglich zu fördern. Meine Arbeit mit Hunderten von Klientinnen und Klienten hat mich davon überzeugt, daß dieser Kontakt sowohl notwendig als auch möglich ist. Die Psychotherapeutin Phylis Krystal, die ihre seelenzentrierte Arbeit weltweit lehrt, hat bei Hunderten von Menschen das gleiche festgestellt. Sie sagt:

Ich gehe von einer Beratungsmethode aus, die auf dem Verständnis beruht, daß unsere wahre Identität nicht - wie viele Menschen glauben - im Körper oder in der Persönlichkeit begründet ist, die zeitlich begrenzt und unvollkommen sind. Sie ist viel umfassender. Sie ist das innere, ewige und vollkommene Selbst ... Die meisten Menschen sind sich dieser Identität nicht bewußt, weil sie - anders als die äußere physische Form - vor ihren Augen verborgen ist. (Krystal, Cutting More Ties That Bind, 1990)

Wird die Seele einmal eingeladen, beginnt sie unseren Prozeß zu beeinflussen. Sobald der Klient den Großteil der Anfängerstadien hinter sich gelassen hat, die „Statik" der Persönlichkeit gesichtet wurde und diese sich beruhigt hat, kann die leise Stimme der Seele anfangen, sich hörbar zu machen. Dann wird für jede Sitzung die Leitung der Seele erbeten, und damit wird ihre tiefe Weisheit zur wichtigen Komponente der weiteren psychischen Arbeit. Da das innere spirituelle Leben respektiert wird, kann es wachsen und stärker werden.

Selbst vor einer solchen gründlichen Klärung der Persönlichkeit kann es sein, daß ein Mensch zur tieferen Wahrheit der Seele kommt, und zwar durch einen großen Schock oder ein spirituelles Erlebnis. Der Tod oder Verlust eines geliebten Menschen zum Beispiel, eine schwere Krankheit oder ein intensives Meditationserlebnis können das Bewußtsein zu tiefen Ebenen lenken, wo es die Wurzeln der Existenz in Frage stellt. „Warum bin ich hier?"-„Welchen Sinn hat dieses Leiden?" – „Was ist der Tod?" Solche Erfahrungen können uns vorübergehend den direkten Zugang zur Seele erschließen und wichtige Gelegenheiten für die Selbstverwirklichung darstellen. Manchmal kann eine solche Öffnung innerhalb weniger Stunden oder Tage unser ganzes Leben verändern. Wichtige Einsichten, Entscheidungen oder Verhaltensänderungen in dieser Zeit können uns zu mehr Klarheit über Sinn und Zweck des Lebens führen. Zahlreiche Klienten haben gezeigt, daß es möglich ist, die Seele wiederzuentdecken und Zugang zu ihrer direkten Führung zu bekommen, um ihre Aufabe zu verwirklichen. Subtile Seelenbotschaften tauchen im Alltagsleben und mit Sicherheit auch im normalen Verlauf einer Psychotherapie immer wieder auf und zwar in Form von Träumen, Ahnungen, unbewußt geschaffenen Kunstwerken und Phantasien. Zunächst sind solche Botschaften zögernd, trügerisch und vielleicht sogar indirekt. Sie zeigen sich als Bruchstücke von Träumen, Tagträumen oder Erinnerungen. Aber wenn wir diesen Botschaften lauschen und sie ernst nehmen, treten sie häufiger auf, werden klarer und sind schon bald selbstverständlicher Bestandteil unseres weitergehenden therapeutischen Prozesses. Ich fordere auch zu einer lebendigen spirituellen Praxis auf, um die Seele zu nähren und die Stille zu pflegen, in der wir ihr Wispern hören können. Seelennahrung ist nicht selbstverständlich vorhanden, wir müssen danach suchen und sie kultivieren.

Allmählich werden die Seelenbotschaften im rezeptiven Gefäß, das die Beziehung zwischen Therapeut und Klient darstellt, verstärkt auftreten. Seelenkommunikation und Seelenwahrnehmung werden dann zu greifbaren Realitäten, statt abstrakte spirituelle Vorstellungen zu sein. Eine Frau berichtete zum Beispiel von folgender Erfahrung aus der Zeit, als sie mit der Seelenarbeit begann:

Während ich in einem meditativen Zustand dalag, machte ich die lichtvolle Erfahrung, der Seelenkörper zu sein, der etwa eine Minute lang durch den physischen Körper schien. Ich konnte spüren, wie dieser sehr viel größere, leichtere Körper sich nach oben hin, im physischen Körper und über ihn hinaus ausdehnte. Einen Augenblick lang erkannte ich, daß ich, obwohl ich dieser physische Körper bin und ihn bewohne, doch sehr viel mehr bin als er.

Ein Mensch kann auch durch einen veränderten Bewußtseinszustand zu direktem Seelenkontakt geführt werden. Ich kann erkennen, wann die energetische Verfassung des Körpers dies möglich macht. Der Mensch ist dann in einem ausbalancierten, gleichmäßigen energetischen Zustand, der zum Beispiel auf die tiefe Entspannung von Körper, Verstand und Emotionen folgt und oft von einer ehrfurchtsvollen Stille begleitet ist. Ist ein Mensch in diesem Zustand, kann man direkt mit seiner Seele sprechen und sie um Antworten und Anleitung bitten. Wenn ein Mensch aus seiner Seele heraus spricht, ist seine Stimme ruhig, fest und zuversichtlich und hat eine größere Klarheit als beim gewöhnlichen Sprechen. Der Mensch bleibt dabei völlig bewußt, wenn er auch tief in sich versunken ist, und kann jederzeit seinen eigenen Willen gebrauchen.

Zunächst mag ein Mensch den Informationen aus dieser Ebene mit einer gewissen Scheu und Unsicherheit begegnen. Das ist natürlich und wichtig. Wir müssen diese Informationen im Alltagsleben überprüfen, indem wir die Anleitung der Seele in konkrete Aktionen umsetzen und die Resultate erleben. Durch wiederholten Kontakt mit dieser Ebene lernen die Klienten, wie sie die Seele relativ leicht um Rat fragen können; sie kennen dann den entsprechenden Zustand und wissen, wie sie dahin gelangen können.

Durch die Tiefe der Seelenarbeit kommt ein Mensch manchmal an uralte Themen und Muster heran, deren Spur in der gegenwärtigen Persönlichkeit nicht zurückverfolgt werden kann. Mystische Bilder, Weisheiten oder Blockierungen können zutage treten, wie zum Beispiel Prägungen aus der „Ahnenwelt", die den Menschen beeinflussen. Ich bin bei vielen Frauen, die tiefe Prozesse erlebten, auf die „Sünde" der Eva gestoßen, selbst wenn die Betroffene in diesem Leben überhaupt keinen intellektuellen Bezug zur Idee der „Erbsünde" hat. Durch die *Latihan*-Übung aus der Tradition des Subud haben Menschen im Rahmen ihrer individuellen spirituellen Praxis erlebt, daß ihre Ahnen „geläutert" worden sind. Und ich habe den Einfluß wichtiger Vorfahren, die manchmal vor mehreren Generationen lebten, in der Arbeit mit zahlreichen Klienten erlebt. Die Erforschung „vergangener Leben" kann nützlich sein, um blockierende Seelenmuster aus der Vergangenheit aufzulösen oder wertvolle Talente und Fähigkeiten zu entdecken und im gegenwärtigen Leben nutzen zu können. Ich arbeite mit vergangenen Leben im Rahmen der laufenden Therapie, wenn solche Erfahrungen spontan aufkommen. Ob dieses Material tatsächlich aus vergangenen Leben und damit einem linearen evolutionären Verlauf stammt oder auf mystischen Eindrücken aus dem kollektiven Unbewußten beruht, ist noch nicht bekannt. Auf jeden Fall aber existieren diese Erfahrungen und liefern dem Bewußtsein symbolische Bedeutungen, die helfen, Wachstumsschritte aufzuzeigen. Wenn es zu Erlebnissen mit vergangenen Leben kommt, ist es wichtig, das Material zu respektieren und die Blockaden zu klären oder zu heilen, die es birgt. Hat ein Mensch Erfahrungen mit mehreren vergangenen Leben gemacht und oft auch mit sehr deutlichen Bildern von den Toden, durch die sie beendet wurden, gewinnt er meistens eine innere Gelassenheit angesichts der Ewigkeit des Lebens und der Flüchtigkeit des Todes.

Manchmal können wir bei der Arbeit auf den Kernebenen die Seelenaufgabe zutage bringen. Meisten ahnen die Klienten, wann sie bereit sind, diese Informationen zu empfangen. Wir können die Möglichkeit auf der bewußten Ebene besprechen und dann in einem veränderten Bewußtseinszustand darum bitten, die Lebensaufgabe mitgeteilt zu bekommen. Klientinnen und Klienten haben zum Beispiel von Aufgaben berichtet wie: „Ich bin diesmal auf die Welt gekommen, um die Beziehung zu meinem Vater und meiner jüngeren Schwester (die die Klientin beide aus früheren Leben kannte) zu heilen und verzeihen zu lernen." - „Ich bin hier, um zu heilen und damit der Menschheit zu dienen und mich durch diesen Dienst selbst zu heilen." - „Meine Aufgabe besteht darin, die seherischen Fähigkeiten ans Licht zu bringen, die ich vor langer Zeit im Dienst für die Menschheit hatte, und zu lernen, sie nicht wie damals zu mißbrauchen."

Allmählich wird sich der Brennpunkt der Motivation eines Menschen von der Persönlichkeit auf die Seele verlagern. Äußere Errungenschaften wie Anerkennung und Macht verlieren an Reiz, und der Mensch entwickelt ein tiefes Bedürfnis, sich selbst gegenüber ehrlich zu sein.

Die spirituelle Entwicklung
Wenn der Mensch sich im Verlauf seiner Individuation stärker in seiner Seele zentriert, statt sich von seiner Persönlichkeit antreiben zu lassen, beginnen die spirituelle und die psychologische

Arbeit miteinander zu verschmelzen. Die äußere Arbeit an der Persönlichkeit kann weiterhin Wege erschließen, die zum Kern führen, während die innere, spirituelle Arbeit an Wichtigkeit zunimmt.

Man fühlt sich auf natürliche Weise zu transpersonalen Fragen hingezogen wie: „Warum bin ich hier?" – „Wie bin ich dem Leben als Ganzem verbunden?" – „Welche Art zu leben ist für mich richtig?" – „Welche Beziehung habe ich zu Gott, und wie kann ich sie vertiefen?" Der Mensch verspürt das Bedürfnis nach einer spirituellen Anleitung. Zu diesem Zeitpunkt sollten wir ihn zu spirituellen Praktiken ermutigen, die seinem individuellen Wesen entsprechen. Das kann seinen Prozeß enorm unterstützen, weil die Führung der Seele durch die transpersonale Einstimmung deutlicher zutage treten kann. Durch die spirituelle Praxis werden die höheren Chakras aktiviert, und ihre Öffnung bringt dem Menschen mehr Stärke und Klarheit, was ihn bei der Verwirklichung der Seele unterstützt. Die spirituelle Praxis fördert die Arbeit von innen nach außen, während die psychologische Arbeit von außen nach innen vorgeht. Werden beide zur transpersonalen Methode kombiniert, tritt der Mensch als ganzer deutlicher hervor.

Spirituelle Praktiken können uns auch für einen Zustrom an spiritueller Energie öffnen und einen Zustand schaffen, der in der christlichen Terminologie als „Erfüllung durch den Heiligen Geist" bekannt ist. Diese Energie höherer Schwingungsebenen ist sehr mächtig und kann in Körper, Emotionen, Verstand oder Geist wunderbare Heilungen vollbringen. Sie kann auch einen „Reinigungsprozeß" oder eine „Heilungskrise" auslösen, bei der das alte negative Material, das die Seele behindert, in Körper und Bewußtsein gespült wird, wo es bearbeitet und losgelassen werden muß. Diese Reinigung kann in Form von dramatischen und oft auch beängstigenden Ereignissen vor sich gehen oder sich sanfter über einen längeren Zeitraum erstrecken. Aber anders als nutzloses Leiden birgt sie die Früchte der allmählichen Verwirklichung der Seele und des spirituellen Bewußtseins in sich.

Wird die spirituelle Energie in das spirituelle Bewußtsein eines Menschen integriert, kann er anfangen, Eingebungen, Erklärungen und Anweisungen zu empfangen – oder einen „Ruf" zu Aufgaben vernehmen, die über persönliche Interessen hinausgehen. „Wunder" – Ereignisse, für die es keine logische oder auch nur plausible Erklärung gibt – können geschehen. Es wird möglich,

„Gottes Gegenwart zu leben", das heißt, in einem Zustand der Verzückung und Inspiration zu existieren, in dem man Gottes Anwesenheit in allen Dingen fühlt, hört oder sieht.

Die Mystiker aller Zeiten haben immer wieder von diesem Seinszustand berichtet. Aber meistens fanden sie es notwendig, sich aus der Welt zurückzuziehen, um sich diesen Zustand zu bewahren. So haben sie der Menschheit aus der Ferne ein Beispiel geschenkt, durch Schreiben (was, wie sie bekennen, immer unzureichend bleiben muß, weil solche Bewußtseinszustände in Wirklichkeit mit Worten nicht beschrieben werden können) oder durch Geschichten, die ihre Anhänger weitererzählten.

Trotzdem ist es möglich, die Früchte der spirituellen Energie und Führung auch im gewöhnlichen Leben zur Reife zu bringen. Schließlich ist unser tägliches Leben, wie es uns gegeben wurde, der wahre Boden für die spirituelle Entwicklung. Und spirituelle Hilfsquellen schenken uns unter den widrigsten Umständen tiefgreifend Trost und Stärke. Ein erstaunliches Beispiel für die Umwandlung von Leiden in Spiritualität begegnete mir während der ersten internationalen ganzheitlichen Gesundheitskonferenz in Indien. Dort widerfuhr mir die große Ehre, Dr. Chodyrak kennenzulernen, der vor der Zeit der chinesischen Invasion in Tibet der Leibarzt des Dalai Lama gewesen war. Er wurde von den Chinesen gefangengenommen, bevor er Tibet verlassen konnte. 22 Jahre lang wurde er nicht nur gefangengehalten, sondern auch erbarmungslos gefoltert. In der ganzen Zeit seiner Gefangenschaft hielt er an seinen inneren spirituellen Übungen fest, um mit den unmöglichen äußeren Bedingungen zurechtzukommen. Er meditierte und hielt innere Rituale ab, um der Folter standzuhalten, ohne Bitterkeit zu hegen. Statt dessen, so sagte er, konnte er nur Mitgefühl für seine Folterer empfinden, weil er wußte, welches Karma sie auf sich luden. Er ließ seine medizinischen Fähigkeiten sowohl seinen Mitgefangenen als auch seinen Wärtern zugute kommen. Schließlich wurde er freigelassen und konnte sich dem Dalai Lama in Indien wieder anschließen. Er war einer der demütigsten, strahlendsten und mitfühlendsten Menschen, die mir jemals begegnet sind. Seine Qualen haben ihm den Weg zu tiefer Weisheit, Stärke und heilenden Fähigkeiten gewiesen.

Wenn ein Mensch imstande ist, im Einklang mit der Seele zu leben und die spirituelle Praxis durch das aktivierte System von Körper, Verstand und Emotionen zu verwirklichen, ist er wirklich ganz. Sämtliche Seiten in ihm sind lebendig, und die Seele kann sie von innen her erleuchten. Der erwachte und freie Körper hat die Macht und Fähigkeit, die Bestimmung der Seele zu erfüllen. Dann ist der Mensch bereit, der Seele zu folgen.

Individuation führt zu Ganzheit
Das Erwachen von Körper, Verstand, Emotionen und Seele führt einen Menschen zur Ganzheit. Wachheit, Lebendigkeit und freier Wille auf all diesen Ebenen versetzen uns in die Lage, auf das Leben auf der Grundlage des vollständigen und ganzen menschlichen Organismus einzugehen, der wir sind, statt aus der fragmentarischen Perspektive heraus zu handeln, die wir durch die Konditionierung gelernt haben. Wenn die Integrität und die Bedürfnisse sämtlicher Teile akzeptiert werden, kann ein Mensch verantwortungsbewußt für sein eigenes Wohlergehen und Wachstum sorgen.

Dann wird die Individuation zu einem kontinuierlichen Prozeß, sich die Wahrheit und Macht sämtlicher Seiten des Seins wiederanzueignen und zu lernen, das Licht der Seele vom Seelenzentrum aus durch alle diese Seiten nach außen scheinen zu lassen. Der Mensch ist frei und kann der bedrückenden Konditionierung entkommen, um sich als befreites Wesen, das seiner inneren Wahrheit folgt, zu seiner eigenen Individualität emporzuschwingen.

Ganzheit führt zu einer außergewöhnlichen Form von Bewußtheit, die einen Mensch auf sämtlichen Ebenen „erleuchtet" (so daß er voller Lebendigkeit und Licht ist). Er hat die Fähigkeit, Seelenenergie oder Licht frei und ungehindert durch die Zellen des physischen Körpers, die aktivierten Neurone des Verstandes und die Wellen der Emotionen ausstrahlen zu lassen. Aus der authentischen Erfahrung des eigenen vollständigen Seins gelangt er zu einer ganzheitlichen Wahrnehmung dessen, „was ist". Theorien über die Wirklichkeit werden ersetzt durch ein unmittelbares Wissen über sich selbst und die Umgebung. Arnold Mindell hat in *River's Way* einen solchen Menschen beschrieben:

Was geschieht mit dem Individuum, wenn seine Wahrnehmungsfähigkeit wächst? Wenn die Erfahrung ein Indikator ist, werden die wachsende Fähigkeit, Signale aufzunehmen, und der Mut, mit ihren Hinweisen zu arbeiten, das Individuum von falschen Lehrern und Heilern befreien. Weder Wissen noch Glück oder Intelligenz führen zur Unabhängigkeit einer kongruenten Persönlichkeit, sondern die erweiterte Sensibilität für die Weisheit des eigenen Entwicklungsprozesses. (1985)

Indem ein Mensch sich selbst unmittelbar und ganzheitlich erfährt, gewinnt er die Fähigkeit, auf die ständig wechselnde Wahrheit des Augenblicks einzugehen, ohne diese in angelerntes Verhalten zu übersetzen. Laot-se hat (in der Übersetzung von Ni Hua-Ching) ein solches Bewußtsein beschrieben:

Sein heißt wahr sein. Die ganze Fülle und das ganze Sosein der Wahrheit sind in der Sekunde dieses Augenblicks enthalten. Wenn du die Wahrheit dieses Augenblicks versäumst, können tausend galoppierende Pferde sie nicht einholen. Die ganze Totalität der Wahrheit zeigt sich dir bei jedem Augenzwinkern. Sie kann auf der Spitze deiner Augenwimper tanzen. Sie ist so weit, wie die Augen sehen können, und so umfassend wie der Geist. Sie existiert in jedem einzigen Augenblick der Zeit und in jedem winzigen Raum. (Tao Te King, 1985)

So kann der Mensch, der ganz erwacht ist, voll im Augenblick präsent sein, die ganze Wahrheit des Augenblicks erkennen und mit maximaler Effektivtät handelnd darauf antworten. Er fließt mit dem Tao.

Eine Klientin, die mit ihrem Individuationsprozeß gut vorankam und in Kontakt mit ihren Gefühlen, ihrem Verstand und ihrer Seele war, berichtete von der folgenden Sitzung, die ein Beispiel für ganzheitliches Bewußtsein ist:

In dieser Sitzung arbeitete ich daran, mein inneres und äußeres Leben miteinander zu verbinden, so daß meine innere Energie in Übereinstimmung mit meiner physischen Form zum Ausdruck gebracht werden konnte. Ich hatte erfahren, daß meine äußeren Muskeln an gewissen Stellen gepanzert, verspannt und rigide waren. Das fühlte sich an wie eine Blockierung der Lebendigkeit, die ich tief in meinem Inneren verspürte.

Während der Sitzung zogen die sechzehn Bilder, die ich gerade gemalt habe, vor meinem inneren Auge vorbei. Drei schwebten über den anderen dreizehn und zeigten besonders strahlende oder leuchtende Farben. Die drei leuchtenden Werke waren: Der Krieger, Phönix und Isis.

Diese drei Gemälde faszinierten mich. Ich kann sehen, daß sie ohne bewußte Planung in ihrer eigenen Zeit entstanden und daß die anderen Bilder gemalt werden mußten, um den Weg für sie zu ebnen. Die Psyche muß zunächst an den vordergründigen Themen arbeiten, bevor die Bahn für die Botschaften frei ist, die aus tieferen Bereichen stammen. Mir ist klar, daß alle drei Gemälde aus einer intensiven, chaotischen Energie geboren wurden: Der Krieger entstand aus Aufruhr und Ärger, der Phönix aus körperlichen Schmerzen und einem düsteren Traum, und Isis tauchte auf nach einem psychischen Abstieg in das Reich der dunklen Göttin.

In dem Maße, wie mein Körper ins Gleichgewicht kommt, hört der Krieger auf, außerhalb meines Körpers herumzuschweben und verankert sich in meinem Beckengürtel. Dort pulsiert dieses Bild, die Schwingungen der Farben gehen über in Wellen von Energie, die meine ersten drei Chakras beleben. Ich verspüre eine innere Yang-Stärke, die weit über das hinausgeht, was das äußere Bild des Indianers meinem Verstand vermittelt.

Dann spüre ich Isis in meinem Kopf. Sie lädt meinen Kehlkopf, mein Stirn- und Kronenchakra energetisch auf. Die mächtige Göttin übermittelt meinem Körper ihr uraltes Wissen, und ich empfinde eine tiefe spirituelle Harmonie. Als nächstes bringt Phönix Licht in mein Herz, und ich spüre, wie ich eingehüllt bin in ein Gefühl von Ganzheit. Mein Herzchakra wird zur lebendigen Verbindung zwischen meinen unteren und meinen oberen Zentren. Während ich diese mächtigen Archetypen in mir verkörpere, würdige ich all die kreativen Kräfte, die ich in meinen Gemälden „entfesselt" habe.

Ich hole die Energie meiner Kreativität, die ich zuvor auf die Leinwand projiziert hatte, zurück in meinen Körper, verwirkliche in mir die Macht und die Kraft, mit deren Hilfe ich diese Bilder geschaffen habe. Dieser Verwirklichungsprozeß erfüllt mich mit einer tiefen Ehrfurcht vor meinen spirituellen Übungen, durch welche der Kanal zwischen mir und dem Universum geöffnet wird. Ist die Energie im Unbewußten gefangen, liege ich physisch im Schlaf. Wird sie auf Dinge oder Wesen außerhalb von mir projiziert, bin ich nur halb wach. Durch meine spirituelle Praxis, ob in Form von Meditation oder Malen, werde ich eins mit dem Tao, dem Ein- und Ausfließen. Sie ermöglicht mir, mein innerstes Wesen zu manifestieren und die Gegenwart zu erleben, den alles vereinenden Pulsschlag des Geistes.

Das große Tao – Im Selbst und über das Selbst hinaus

Wer die Seele erfährt, wird auch den großen Geist oder das Tao erfahren – die lebensspendende, wohltuende Welle des Universums, die alles durchdringt, was ist, auch die individuelle Seele. Persönliche Ganzheit schenkt uns ein Gefühl von Einheit mit dem Geist. Getrenntheit – von uns selbst, von anderen und von der Umgebung – wird ersetzt durch den inneren Einklang mit einer größeren natürlichen Ordnung. Jetzt ist die Hingabe an diese Ordnung – die letzte Stufe sämtlicher spiritueller Praktiken – möglich und erstrebenswert. Diese Phase ist automatisch begleitet von Wohlbefinden und Integrität.

Am Ende dieses 20. Jahrhunderts, wo unser planetarisches Überleben selbst auf dem Spiel steht, müssen wir dieses innere spirituelle Bewußtsein pflegen, um uns harmonisch mit der universellen Ordnung zu verbinden. Wir müssen das uralte Versprechen Jeremias einfordern: „Ich werde mein Gesetz in ihr Inneres legen und es ihnen ins Herz schreiben ..., damit sie alle mich erkennen." Wir brauchen in unserer Zeit irdische Mystiker (Mutter Teresa ist ein bemerkenswertes Beispiel), die die spirituelle Führung in konkrete Wirklichkeit umsetzen können.

Außer zu höheren Bewußtseinszuständen zu erwachen, um uns an die universelle Führung anzuschließen, die für uns da ist, müssen wir auch imstande sein, diese Zustände und ihre Weisungen ganz konkret mit dem Körper, dem Verstand und den Emotionen und auch mit der äußeren Welt zu verbinden. Darum ist eine gute psychische Grundlage für die spirituelle Arbeit so wesentlich. Der Zustrom von höheren Energien kann bei einem Menschen, der sich nicht im Gleichgewicht befindet oder auf diese Energien vorbereitet ist, vorhandene Persönlichkeitsstörungen noch verstärken. Ein solcher Mensch wird im günstigsten Falle einfach zum tatenlosen Träumer, der nichts bewirkt.

Es ist wichtig, hier zu betonen, daß dieses Stadium der Selbstverwirklichung und transpersonalen Entwicklung auf diesem Planeten im gewöhnlichen Leben bisher kaum bekannt ist. Es ist noch kein kollektives Phänomen. Wir versuchen einen Zustand von Wachheit und Lebendigkeit zu beschreiben, der ganz offensichtlich den nächsten evolutionären Schritt der Menschheit darstellt. Vorbilder sind rar, und wir müssen viele spirituelle Biografien durchforschen, bevor wir solche Vorbilder finden. Und trotzdem gibt es in der „Verschwörung des Wassermannzeitalters" viele, die nach Wegen suchen – und sie auch finden –, diese höhere Ebene der menschlichen Entwicklung zu definieren und zu leben. Dieser Weg erfordert, daß wir Risiken eingehen und uns in unbekanntes Gelände vorwagen, was einhergeht mit einer tiefgreifenden Verlagerung unserer Sichtweise und begleitet werden muß von neuen Formen des Dasein und des Umgangs mit sich und der Welt. So geht diese Reise zur Wahrheit der Seele und des großen Tao zum Beispiel einher mit großer energetischer Intensität, mit der manchmal brennenden Erkenntnis, der unverschleierten Wahrheit gegenüberzustehen, der Unsicherheit auf dem Weg zur eigenen Wahrheit und der Einsamkeit, wenn wir alleine und ohne die Unterstützung durch das Kollektiv dastehen.

In *Erinnerungen, Träume, Gedanken* (1984) beschreibt Jung, wie es für ihn war, sich Gott anzuvertrauen, indem er seiner eigenen Wahrheit folgte:

Niemand konnte mir die Überzeugung nehmen, daß mir auferlegt war, das zu tun, was Gott wollte, und nicht das, was ich wollte. Das verlieh mir die Stärke, meinen eigenen Weg zu gehen. Oft hatte ich das Gefühl, mich in allen Entscheidungsangelegenheiten nicht mehr unter Menschen zu befinden, sondern mit Gott allein zu sein.

Die individuelle Seele kann als Teil des lebendigen Geistes mit Hilfe der Inspiration durch den Geist schöpferisch tätig werden. Die innere Einstimmung auf den lebendigen Geist durch Gebet und Meditation kann uns kreative Ideen und Problemlösungen bringen, die weit über den gewöhnlichen Verstand hinausreichen. Wenn die individuelle Seele sich immer mehr in Einklang bringt mit dem universellen Geist, kann ein Mensch zum Instrument der universellen Aufgabe werden. Dann kann er in Zusammenarbeit mit dem Geist – der in jedem Augenblick ursprünglich, frisch und neu ist – schöpferisch tätig werden. Und auf diese Weise kann er mit der eigenen Lebensaufgabe dem Ganzen dienen.

Menschen, die für den Geist empfänglich sind, können die Inspiration zu großartigen spirituellen Projekten, Bewegungen und Diensten in sich entdecken. Denken Sie an die globalen Folgen des Wirkens von Menschen wie Martin Luther King, Anwar Sadat und Seiner Heiligkeit des Dalai Lama. Mein eigener Lehrer, Mohammed Subuh, sorgte für die Verbreitung enorm wertvoller spiritueller Hilfsquellen, indem er Tausenden die spirituelle Praxis des Subud beibrachte. Weniger anerkannt aber ebenso wichtig sind die Beiträge von Millionen von spirituellen Helferinnen und Helfern – ganz gewöhnlichen guten Menschen –, die mit ihrer täglichen Arbeit der Entwicklung der Menschheit dienen. Tatsächlich ist der Dienst und die schöpferische Zusammenarbeit mit dem Geist heute die größte Hoffnung für die Welt, unsere scheinbar unüberwindbaren planetaren Probleme zu lösen.

In *River's Way* beschreibt Arnold Mindell, welche Auswirkungen es hat, wenn ein Mensch „ganz er selbst" und damit im Einklang mit der großen schöpferischen Ordnung oder dem Tao ist:

> *Jetzt ist das Tao eine gelebte Erfahrung. Es ist dein Verbündeter, eine innere Gewißheit, die dem Zustand der ganzen Welt verwandt ist und dich frei macht von der Meinung der Mehrheit. Die Literatur des Talmud, der Indianer und der Taoisten zeigt dir, wie stark und verbessernd dieser Verbündete wirkt. Es heißt dort, daß die ganze Welt in Harmonie gerät, wenn auch nur ein Mensch zu sich selbst findet.*

Zusammenfassung

Die Rückkehr zur Seele ist eine außergewöhnliche Reise, die nicht weniger erfordert, als daß der Mensch sich voll und ganz auf seine Entwicklung einläßt. Sie führt die spirituell Suchenden über die Erfüllung durch kollektive Werte und weltliche Erfolge hinaus und bringt sie auf den einzigartigen Pfad zu ihrer eigenen Individualität und zum Prozß der Individuation.

In diesem Kapitel wurde die psychospirituelle Entwicklung untersucht. Es wurde aufgezeigt, daß das fortschreitende Wachstum Stadien der Individuation durchläuft, in denen ein Mensch lernt, seinem eigenen Wesen zu folgen, was ihn allmählich zu größerer Ganzheit und Selbstverwirklichung führt. Therapeutische Methoden für die Förderung dieses Wachstums wurden sowohl allgemein als auch im Rahmen der tranpersonalen Integration erläutert.

Das Stadium der psychologischen Arbeit – der Arbeit an der Persönlichkeit – wurde in Zusammenhang gestellt mit der Aufdeckung und Auflösung der Schichten der persönlichen Vergangenheit, die im Körper verzeichnet ist – von den aktuellen Erfahrungen bis zurück zum ersten Beginn des Lebens und bis zum Kern des Körpers. Es wurde gezeigt, daß die volle Verwirklichung des Selbst durch das Erwachen aller seiner Teile geschieht.

Spirituelle Entwicklung wurde definiert als ein Erwachen der individuellen Seele, in dessen Verlauf der Mensch sich in seiner Seele zentriert und von dieser immer mehr leiten läßt, was ihm zur Verwirklichung seiner individuellen Bestimmung verhilft. Freie, spirituell orientierte Menschen wurden als die möglicherweise größte Hoffnung für eine Menschheit betrachtet, die sich unter dem Druck des selbstzerstörerischen Verhalten von Jahrhunderten nur noch taumelnd vorwärtsschleppt. Denn nur durch eine höhere menschliche Entwicklung, bei der wir mit dem Geist verbunden sind und von diesem geleitet werden, können wir zu den lebensbewahrenden Einstellungen und Verhaltensweisen gelangen, die die Liebe wachsen lassen und unsere Gattung zu ihrem nächsten Evolutionsschritt führen.

Kapitel 7
Transpersonale Integration und ihre Implikationen für transpersonale Therapeutinnen und Therapeuten

Die transpersonale Integration zielt darauf ab, den Menschen bei der Entfaltung seiner ganzen Person zu unterstützten und die Persönlichkeit in Harmonie mit der inneren Führung der Seele zu bringen. Sie erfordert das Wissen und die Fähigkeit, einfühlsam mit dem Körper, dem Verstand, den Emotionen und der Seele zu arbeiten und all diesen Ebenen dem individuellen, ganzheitlichen Prozeß des Menschen entsprechend zu folgen. Deswegen brauchen diese Therapeuten eine feste Grundlage für die körperliche, psychologische und spirituelle Arbeit.

Ich glaube, daß die transpersonale Integration auch der transpersonalen Psychotherapie nützliche Anleitungen bieten kann, die sich in die verschiedenen Methoden übersetzen lassen, die hier Anwendung finden.

In *Psychologie in der Wende* (1985) beschreiben Vaughan und Walsh bestimmte Qualitäten, die für den transpersonalen Therapeuten wünschenswert sind:

1. daß er ein Vorbild ist für den Klienten, was im engen Zusammenhang mit dem Karma-Yoga, dem Yoga des Dienens, steht;
2. daß er selbst an seiner eigener Bewußtseinserweiterung arbeitet;
3. daß er Schritte unternimmt für den Aufbau einer Beziehung zum Klienten, statt an der traditionellen unpersönlichen Arztrolle festzuhalten.

Abschließend sagen sie:

Die eigene Bewußtseinsarbeit (des Therapeuten) wird zur primären Verantwortung, denn im Wechselspiel zwischen Therapeut und Klient gilt, daß das Wachstum eines Beteiligten das des anderen fördert ... In der transpersonalen Therapie sind die

Werte und Einstellungen des Therapeuten deswegen von entscheidender Wichtigkeit, und die Auswirkungen seiner Vorbildfunktion können nicht nur am offenkundigen Verhalten, sondern auch an subtilen Einstellungen abgelesen werden ... Weil wir sowohl Werkzeuge als auch Vorbilder für das sind, was wir zu geben haben, ist es ein Muß, daß wir selbst das leben und darstellen, was wir unseren Klienten vermitteln.

Ich möchte im Rahmen der transpersonalen Integration einige zusätzliche Richtlinien aufstellen, die für transpersonale Psychotherapeutinnen und -therapeuten hilfreich sein können. Sie werden im folgenden beschrieben, und zwar im Hinblick auf das Beziehungs-, Energie- und Körperbewußtsein sowie auf das spirituelle und ganzheitliche Bewußtsein.

Beziehungsbewußtsein

Die Beziehung zwischen Therapeut und Klient ist ein lebendiger Austauschprozeß, der im Verlaufe der Arbeit seine eigene typische Form entwickelt und eigene Hilfsquellen hervorbringt. Wie Vaughan und Walsh empfohlen haben, sollte bevorzugt auf den Aufbau einer Beziehung hingearbeitet werden, statt die traditionelle Arzt-Patient-Rollenverteilung beizubehalten. Entsprechende Fähigkeiten müssen vor allem dann entwickelt werden, wenn der Therapeut nach traditionellem Vorbild ausgebildet wurde, wo er die Autorität oder zumindest der „Helfer" ist, der sämtliche Antworten weiß, und der Klient in gewisser Weise der „Unterlegene". In Wirklichkeit ist es so, daß der Klient alle Antworten in bezug auf seinen eigenen Prozeß weiß, auch wenn der Therapeut ihm vielleicht zeigen mag, wie er Zugang gewinnt.

Arnold Mindell hat im Rahmen der prozeßorientierten Arbeit einen ganzen Katalog an Einstellungen und Fähigkeiten für die Beziehungsarbeit aufgestellt, die sich von denen der traditionellen Psychotherapie erheblich unterscheiden. Vom prozeßorientierten Therapeuten wird verlangt, daß er diese Fähigkeiten beherrscht, und auch ich kann sie jedem Helfer nur dringend empfehlen. So wird hier zum Beispiel die Arbeit von Klient und Therapeut als gemeinsame Anstrengung betrachtet, bei der beide ständig weiterlernen. Der Therapeut achtet sorgfältig und genau auf das Feedback des Klienten, respektiert es uneingeschränkt und integriert es im selben Augenblick in den Prozeß. Er bringt seine eigenen Gefühle, Gedanken und Erfahrungen in den Prozeß ein, wenn das sinnvoll erscheint. Er verarbeitet jedes Unbehagen, jede Verwicklung oder Unklarheit zwischen ihnen in dem Augenblick, wo sie auftreten.

Der Therapeut, der ein so fein ausgebildetes Beziehungsbewußtsein und entsprechende Fähigkeiten in die Arbeit einbringt, kann die Entwicklung eines vertrauensvollen Klimas fördern. Die intensive Arbeit am Metaprogramm und am Kern der Persönlichkeit oder an der spirituellen Entwicklung kann nur in der Geborgenheit tiefen Vertrauens vor sich gehen. Während Therapeut und Klient sich gegenseitig testen und vertrauen, können sie dieses Vertrauen aufbauen und sich immer tiefer auf die Wahrheit einlassen, was die wirklich transformative Arbeit unterstützt.

Energiebewußtsein
Die Wahrnehmung der Energie des Klienten hilft dem Therapeuten, sich auf ihn einzustimmen.

Es wurde gezeigt, daß die Energie der Meridian- und Chakrasysteme des Körpers sämtliche Bereiche des ganzen Wesens durchdringt und die verschiedenen Bewußtseinszustände widerspiegelt. Während der physische Körper relativ statisch ist, bewegt sich die Energie durch ihn hindurch und strömt von ihm aus. Tatsächlich strahlt die gesamte Person vom Seelenzentrum bis zur Persönlichkeit über das Energiefeld ständig ihre Muster aus. Wenn einer dieses Feld direkt lesen kann, wird er sehr viel über die Persönlichkeit, Struktur und Seelenschwingung eines Menschen erfahren. Dieses Feld kann vom Therapeuten direkt erspürt werden, entweder durch Ertasten mit den Händen oder einfach als atmosphärische Wahrnehmung. Tatsächlich hat sich in der prozeßorientierten Arbeit gezeigt, daß der Therapeut vorübergehend vom Energiefeld des Klienten vereinnahmt werden kann, was dazu führt, daß er Gedanken oder Gefühle hat, die vom Klienten stammen und nicht von ihm selbst. Das generelle Energiefeld des Klienten zeigt dessen Vitalität oder den Mangel an Vitalität sowie das Maß seiner Anteilnahme und Präsenz. Wenn der Therapeut auf die Energie achtet, die vom Körper des Klienten ausgeht, vor allem von den sieben Chakras entlang der Mittellinie des Körpers, kann einen sofortigen Eindruck davon gewinnen, wo der Prozeß in Bewegung und wo er blockiert ist. Im allgemeinen ist eine Sitzung dann am produktivsten, wenn blockierte Energie freigesetzt und in Bewegung gebracht werden kann. Dafür ist nicht unbedingt direkte Körperarbeit erforderlich. Auch wenn wir uns den Problemen zuwenden, die mit dem blockierten Chakra zusammenhängen, können wir den Energiefluß fördern.

Wenn der Therapeut wahrnehmbare Störungen im Körper oder in den Emotionen des Klienten, wie in diesem Buch beschrieben, aufspürt, kann die Therapie durch direkte Energiearbeit im Körper des Klienten erheblich gefördert werden. Beispiele für effektive Formen von Energiearbeit sind: Akupunktur, Akupressur, Chakraenergieausgleich und Zero-Balancing. Dem Klienten können auch einfache Berührungs- und Meditationstechniken beigebracht werden, die seinen Energieausgleich fördern.

Das Energiesystem des Therapeuten hat eine direkte Auswirkung auf den Zustand des Klienten. Wenn zwei Menschen sich so intim austauschen wie in der Psychotherapie, vermischen sich ihre Energien. Die „Vorbildfunktion" des Therapeuten für den Klienten, auf die Vaughan und Walsh hingewiesen haben, hat hinsichtlich der Energie eine ganz konkrete Bedeutung. Wenn die Energiesysteme des Therapeuten einigermaßen im Gleichgewicht und stark sind, haben sie eine gesundheitsfördernde Wirkung auf den Klienten. Sind sie aber deutlich gestört oder schwach, kann das die Wirkung der Sitzung abschwächen.

Körpertherapeuten sind sich meistens darüber im klaren, daß ihr eigener körperlicher Zustand, ihre Stärke und ihre Energie sich direkt auf die Qualität ihrer Arbeit auswirken. Akupunkteuren wird beigebracht, keine Klienten zu behandeln, wenn sie selbst krank oder stark aus dem Gleichgewicht geraten sind. Körperberührungen bringen den Körpertherapeuten natürlich in tieferen Kontakt mit einem Klienten als das Gespräch mit diesem. Trotzdem ist es für den Psychotherapeuten wichtig zu wissen, daß er durch sein Energiesystem und -feld permanent ausstrahlt, wer er ist und wo er im Augenblick steht. Wenn der Therapeut seine eigene Energie aufbaut und ins Gleichgewicht bringt, kann er automatisch auch seinen Klienten besser beistehen.

Durch den Energiefaktor bekommt die Qualität der „Präsenz", die in der Therapie so wichtig ist, eine ganz spezielle Bedeutung. Durch seine „Präsenz", die sehr stark von seiner Energie abhängt, kann der Therapeut seinen Klienten zu Ausgeglichenheit und Harmonie verhelfen, aber auch weniger wünschenswerte Zustände bei diesen verstärken. Außerdem strahlt die „Präsenz" des Therapeuten in seinem Behandlungszimmer aus und „sammelt" sich hier, wodurch eine Umgebung entsteht, die der Gesundheit förderlich sein kann. Viele Heilerinnen und Heiler achten sorgfältig darauf, eine Umgebung zu schaffen, die heilsam ist und dem Klienten neue Kräfte verleiht.

Zwei Beispiele für eine heilsame Umgebung kommen mir in den Sinn: Sowie ich Dr. Fritz Smiths Praxis betrete, habe ich ein Gefühl von Frieden und Heilung. Während ich auf den Termin mit ihm warte, beobachte ich seine Sekretärin und seine Helferin. Sie sind heiter, fröhlich und liebevoll, obwohl sie viel zu tun haben. Es ist eine Freude, in ihrer Nähe zu sein. Wir tauschen Scherze aus. Wir lachen. Ich beobachte alte Menschen, die sich nicht wohlfühlen, wie sie die Praxis betreten. Schon während sie sich hinsetzen, scheinen sie sich zu entspannen und besser zu fühlen. Wenn sie die Praxis verlassen, sehen sie ruhiger und gefestigter aus. Wenn Dr. Smith sie und mich begrüßt, lächelt er. Seine Augen leuchten. Ich fühle mich sofort besser, wenn ich ihn sehe und seine Gegenwart spüre.

Ich suchte Meister Ni Hua Ching für eine Beratung auf. Mitten in Los Angeles ist seine Praxis eine Oase des Friedens. In seinen Räumen herrscht eine Atmosphäre von Stille und Leichtigkeit, obwohl direkt vor der Tür der Lärm der Stadt tobt. Als Meister Ni hereinkam, war ich verblüfft, wie jung und heiter sein Gesicht aussah. Er bewegte sich flink und gewandt. Seine Gegenwart war wie eine sanfte Brise. Er setzte mehrere Nadeln tief in meine Schulter. Das schmerzte, und ein Energiestoß durchfuhr meinen Körper. Aber ich fühlte mich ruhig und guter Dinge. Meister Ni lachte mehrmals während meines kurzen Aufenthaltes. Sein Lachen war wie Balsam. Als er die Nadeln entfernte, klopfte er mir ganz leicht auf die Schulter und sagte: „Und jetzt müssen Sie auf sich selbst aufpassen, okay? Es wird Ihnen besser gehen." Und ich wußte sofort, daß das stimmte.

Körperbewußtsein
Bewußtseinsarbeit erfordert auch Körperbewußtsein und die Auflösung körperlicher Blockaden. Wir haben gesehen, wie die konditionierten Muster, die das transpersonale Wachstum und die Selbstverwirklichung blockieren, im Körper angesiedelt sind. Für den transpersonalen Psychotherapeuten ist es wertvoll zu wissen,

wie blockierte und befreite Körper aussehen und sich bewegen. Zumindest kann der Therapeut lernen, die einzelnen Körperteile und die ihnen in etwa entsprechenden psychischen Themen zu „lesen". Es ist während der Arbeit mit Klienten sehr nützlich, darauf zu achten, wie der Körper die psychischen Prozesse kontinuierlich widerspiegelt.

Auch wenn der transpersonale Psychotherapeut kein Körpertherapeut sein muß, kann ein gewisses Wissen über den Körperpanzer, das verschiedenartige Material, das in den einzelnen Körperbereichen gespeichert wird, und die psychophysischen Muster zur Unterstützung des gesamten Wachstumsprozesses des Klienten außerordentlich hilfreich sein. Manchmal kann es notwendig sein, die Klienten an einen Körpertherapeuten zu verweisen, vor allem wenn psychische Störungen eine Folge der starren Panzerung im Körper sind. Es ist unwahrscheinlich, daß solche Störungen sich allein aufgrund des therapeutischen Gespräches auflösen.

Außer eine befreiende Wirkung zu haben, kann die Körpertherapie auch viel dazu beitragen, daß das neue Lernen sich festigt. Meine Erfahrung ist, daß Klienten sich eine Einsicht oder ein neues Verhalten erst dann wirklich kontinuierlich „aneignen", wenn sie im Körper verankert werden. Das heißt, erst wenn ein Mensch das Neugelernte im Körper spüren und körperlich ausdrücken kann, dann hat sich das Lernen dem Verhalten sicher eingeprägt.

Es ist möglich, daß ein Klient völlig in emotionalen oder mentalen Fixierungen verhaftet ist, die primär durch einen geschwächten oder kranken Körper verursacht sind. Der Therapeut muß dann in der Lage sein, entsprechende Informationen über die körperliche Behandlung zu geben oder den Klienten an einen zuständigen Mediziner überweisen. Der Therapeut kann seinen Klienten auch über die Wechselwirkungen zwischen Körper, Verstand, Emotionen und Seele aufklären. Diese ganzheitliche Beratung hilft unnötige physische und psychische Schmerzen von vornherein auszuschließen und beschleunigt die Genesung.

Der Therapeut muß auch auf seinen eigenen Körper achten. Wenn er sich seines eigenen Körpers bewußt ist, kann er sich auch besser in den physischen Zustand seines Klienten einfühlen. Eine körpertherapeutische Behandlung kann für den professionellen Helfer sowohl außerordentlich informativ als auch gesund

und befreiend sein. Der Therapeut, der seinen eigenen Körperpanzer aufgelöst hat, wird ähnliche Muster im Körper des Klienten leichter wahrnehmen können. Und sein eigener befreiter Körper wird für den Klienten zum Vorbild für Vitalität und physische Befreiung. Dagegen birgt der nicht befreite Körper des Therapeuten gestörte Energiemuster, die Projektionen auf den Klienten begünstigen.

Spirituelles Bewußtsein
Die traditionelle Psychologie arbeitet an mentalen, emotionalen und manchmal auch physischen Problemen, um eine Dysfunktion zu beheben und das Wachstum in einem dieser Bereiche oder in sämtlichen zu fördern. Es gibt also viele gute Psychologen, die die Seelenebene gar nicht ansprechen, und das ist auch richtig so. Viele Lebensprobleme können durch neue und richtige Informationen, klares Denken und ein anteilnehmendes Ohr gelöst werden. Wenn ein Mensch jedoch in einen transpersonalen Entwicklungszustand eintritt und seine eigene Seele finden möchte, braucht er vielleicht einen Therapeuten mit einem spirituellem Bewußtsein und Wissen, der ihn auf seiner Reise eine Zeitlang anleiten kann. Auch der Mensch, der ein spirituelles Erwachen oder eine entsprechende „Krise" erlebt, die wie ein psychotischer Schub aussieht, wird einen transpersonalen Therapeuten aufsuchen wollen, der mit der spirituellen Entwicklung vertraut ist. In den letzten Jahren hat das *Spiritual Emergence Network* (Netzwerk für spirituelle Entwicklung) unsere Aufmerksamkeit auf die Tatsache gelenkt, daß viele Menschen, die in Wirklichkeit die Verwirrung erleben, die manchmal ein spirituelles Erwachen begleitet, völlig unangemessen Medikamente verabreicht bekamen oder sogar in die Psychiatrie eingeliefert wurden. In unserer heutigen Zeit, wo die spirituelle Entwicklung so dringend erforderlich ist, sind die spirituelle Arbeit und die Einstimmung auf die Seele Notwendigkeiten.

Die erste Aufgabe für den transpersonalen Therapeuten, der auf der Seelenebene arbeiten möchte, besteht darin, sich in Einklang mit der Kraft seiner eigenen Seele und ihrer Aufgabe zu bringen. Die Arbeit an sich selbst in Form von spiritueller Einstimmung und Übung ist von grundlegender Bedeutung. Die Vitalität des Geistes erfordert Nahrung auf der Seelenebene. Die Befreiung seiner eigenen Seele hilft dem Therapeuten, seinem Klienten die

Weisheit und Vitalität des lebendigen Geistes zu vermitteln. Die erwachte Seele strahlt durch den Körper eine lebendige Kraft in das Energiefeld aus, das ihn umgibt, eine Kraft, die auch andere Seelen wachrüttelt. Eine lebendige Seele ist auch sensibler für die Seelensignale anderer.

Die Kommunikation mit der Seele des Klienten und die Entdeckung ihrer Aufgabe kann vom transpersonalen Therapeuten direkt gefördert werden. Das ist ein allmählicher, behutsamer und fruchtbarer Prozeß. Ich habe bestimmte therapeutische Einstellungen und Techniken entdeckt, die ihn unterstützen:

Der Therapeut muß die Souveränität der Seele des Klienten anerkennen. Das beinhaltet den absoluten Respekt vor der Individualität und Göttlichkeit sowohl der Seele des Klienten als auch seiner eigenen.

Der Therapeut muß die verschiedenen Ausdrucksstadien der Seele erkennen können und etwas darüber wissen. Seelen sind verschieden alt und haben unterschiedliche Aufgaben, was entsprechende Anforderungen an ihr Wachstum mit sich bringt. Während es zum Beispiel für eine Seele notwendig und richtig ist, sich ganz auf ein religiöses Leben einzulassen, was auch entsprechende Dogmen, Rituale und ein kirchliches Engagement beinhalten kann, muß eine andere Seele sich vielleicht vom religiösen Leben völlig fernhalten. Die Lebensaufgabe einer Seele kann global (wie bei Gandhi) oder ganz speziell und persönlich sein. Der Therapeut wird erkennen, daß alle Seelenaufgaben heilig sind, und Wege finden, den Klienten bei seiner besonderen Aufgabe (es können auch mehrere sein) zu fördern.

Der Kindheitstraum – ein Traum, der sich in der Erinnerung ganz drastisch hervorhebt – kann wertvolle Hinweise auf den „Mythos" oder die Lebensaufgabe des Individuums geben. Zuerst von Jung erkannt und jüngstens von Arnold Mindell weiter erforscht, betrifft diese zentrale Erfahrung einen unauslöschlichen frühen Traum, der vielleicht nur einmal mit starker Wirkung aufgetreten ist, sich aber auch mehrmals wiederholt haben kann. Wir erkennen ihn an der Eindringlichkeit seiner Bilder, seinem Klang, der uns verfolgt, seiner emotionalen Aufladung oder an seinem Leuchten. Mindell hat bei seiner Untersuchung von Hunderten solcher Träume herausgefunden, daß sie ohne Ausnahme eine Idee oder Aufgabe beschreiben, die den Kern des Entwicklungsprozesses eines Menschen ausmacht, an dem sein Leben sich tendenziell orientiert. Er hat auch entdeckt, daß chronische körperliche Symptome oft mit diesem Traum im Zusammenhang stehen. Wenn wir bewußt mit ihm arbeiten, kann er Licht in unsere Seelenaufgabe bringen.

Bestimmte „außersinnliche" Informationsquellen parapsychologischer und/oder spiritueller Art können manchmal einen nützlichen Schlüssel für das Verständnis des individuellen Seelenmusters liefern. Das gilt für Horoskope, die „Lesungen" eines Hellsichtigen und Orakel wie das Tarot oder I Ging. Das Geburtshoroskop ist ein Modell, uns Hinweise gibt auf bestimmte Talente und Lebensaufgaben sowie auf Hindernisse, die in diesem Leben überwunden werden müssen. Ähnlich kann auch eine gut ausgebildete Handleserin Stärken und Hindernisse im Leben an den Handlinien ablesen.

Ein „guter" Hellseher (das heißt einer, der wirklich außersinnliche Wahrnehmungsfähigkeiten hat, Integrität besitzt und selbst psychisch an sich gearbeitet hat) kann in der Psyche Muster lesen, die der Wahrnehmung des Klienten im allgemeinen entgehen. Wenn der Hellseher sie erst einmal beleuchtet hat, kann auch der Klient sie sich meistens bewußtmachen oder sie zumindest beobachten. Auf ähnliche Weise kann uns auch ein Orakel helfen, uns unbewußte Muster bewußtzumachen, die zur Zeit der Beratung in uns wirksam sind. Das Material aus solchen Quellen ist dann nützlich, wenn es mit Vernunft und gesundem Menschenverstand in ein ständig aktualisiertes Verständnis der fortlaufenden Arbeit integriert wird. Natürlich ist es außerordentlich wichtig, daß der Mensch, der uns zu solchen Informationen Zugang verschafft, Integrität und Sachkenntnis besitzt. Ich habe zum Beispiel festgestellt, daß Wahrsagen längerfristig gesehen selten hilfreich ist, weil es einen Menschen zur Abhängigkeit von der Wahrsagerin verleitet, statt seine eigene innere Weisheit zu vertiefen. Der transpersonale Therapeut muß von der Zuverlässigkeit der Menschen, die parapsychologisch arbeiten, überzeugt sein, wenn diese Art von Informationen Teil des Wachstumsprozesses werden sollen.

Der Therapeut sollte zahlreiche verschiedene spirituelle Praktiken kennen und eine gewisse Erfahrung damit haben. Wenn der Klient das spirituelle Entwicklungsstadium betritt, braucht er spirituelle Übungen, um das Erwachen der Seele zu fördern. Die Seele muß genährt, bestätigt und gestärkt werden durch das wahre „Licht" oder den Strom des lebendigen Geistes. Im geschützten Raum einer lebendigen spirituellen Praxis können höhere Energien empfangen und dann durch den transpersonalen Dienst gefestigt werden.

Der Therapeut, der den Klienten zutiefst versteht, kann ihm am besten raten, welche Übungen für ihn geeignet sind und seine spirituelle Entwicklung fördern. Deswegen sollte der Therapeut sich mit zahlreichen verschiedenen spirituellen Praktiken auskennen, die Menschen unterschiedlichen Alters in verschiedenen Entwicklungsstadien mit unterschiedlichem religiösem Hintergrund und verschiedenen Persönlichkeitstypen dienlich sein können. Es ist immer eine große Versuchung, anderen die eigenen spirituellen Praktiken aufzudrängen, aber der Therapeut muß bei der Einschätzung der tatsächlichen spirituellen Bedürfnisse seines Klienten so objektiv wie möglich bleiben. Die bereits existierenden religiösen Überzeugungen oder Praktiken des Klienten sollten respektiert und in die Arbeit einbezogen werden, wobei der Klient über die mechanische Wiederholung von Dogmen hinausgeführt und in das tiefere Reich des Kerns der Wahrheit geleitet werden kann.

Das Wissen um das Gebet und die Fähigkeit, beten zu können, sind oft wesentlich. Es gibt Situationen im persönlichen Leben und Zustände in dieser Welt, die ganz eindeutig nicht unserem persönlichen Willen, unserem Können oder unserer Macht unterliegen. Diese Situationen können wir in unser Gebet einbringen, indem wir entweder allein oder mit dem Klienten zusammen für ihn beten.

Dr. Thomas Parker hat vor vielen Jahren mit dem Forschungsprojekt, das er in seinem Buch *Prayer Can Change Your Life* beschreibt, gezeigt, daß Klienten, die im Rahmen ihrer Psychotherapie zum Gebet angeleitet wurden, schneller vorankamen und ihr Wachstum besser aufrechterhalten konnten als eine Vergleichsgruppe von Klienten, die nur psychotherapeutisch behandelt wurden. Er entdeckte auch, wie man wirkungsvoll betet. Sein Buch ist eine Quelle von wertvollen Anleitungen zum Gebet sowohl für den Psychotherapeuten als auch für Klienten. Wenn Therapeuten gemeinsam mit dem Klienten beten und/oder ihm beibringen, allein zu beten, kann die spirituelle Entwicklung vertieft und die Verbindung des inneren, spirituellen Lebens mit dem äußeren Leben unterstützt werden.

Ganzheitliches Bewußtsein

Der transpersonale Therapeut muß ein Bewußtsein von der ganzen Person entwickeln, das auf allen Ebenen gleichzeitig dasein kann. Das bedeutet die Fähigkeit, den Worten, Bildern, Körpersignalen, emotionalen Nuancen und energetischen Äußerungen des Klienten zu folgen, während er gleichzeitig aufmerksam bleibt für die eigenen inneren Stimmen, Gefühle, Körperempfindungen und intuitiven Eingebungen. Das ist keine geringe Aufgabe, stellt aber eine Bewußtseinsqualität dar, die viele gute Therapeutinnen und Therapeuten erreicht haben. Die prozeßorientierte Arbeit hat erst kürzlich die Wissenschaft vom ganzheitlichen Bewußtsein entwickelt, indem sie die wichtigsten Teile oder Ebenen der Wahrnehmung differenziert betrachtet hat (vgl. vor allem die Arbeit von Arnold Mindell).

Ganzheit wird allein dadurch gefördert, daß der Therapeut sie respektiert und dem gesamten Prozeß des Klienten folgt. Er schenkt sämtlichen Seiten seine Aufmerksamkeit. Wenn der Klient vom Therapeuten gesehen, gehört, gespürt und ihm geglaubt wird, kann auch er seine eigene Wahrheit leichter respektieren und den Wert seiner eigenen Individualität akzeptieren.

Ein ganzheitliches Bewußtsein beinhaltet auch, daß wir der Natur und der Umwelt unsere Aufmerksamkeit schenken. Klient und Therapeut sind gemeinsam Teil des großen Stroms des Tao, der sich ihnen durch synchronistische Ereignisse zeigt. Solche Signale aus der Umgebung können die therapeutische Arbeit erhellen und bestätigen. Das erinnert mich daran, daß eine Klientin und ich einmal gleichzeitig zu der gleichen Einsicht gelangten, einer Einsicht ohne Worte, die über den gewöhnlichen Verstand hinausging und dem Kronenchakra zu entspringen schien. Im Augenblick unserer Erkenntnis fiel das Sonnenlicht durch das Fenster und ließ die Krone einer Kuan-Yin-Göttin (Göttin des Mitgefühls), die auf der Fensterbank stand, aufleuchten. Ich habe diese Beleuchtung ihrer Krone weder vor noch nach diesem Ereignis jemals wieder gesehen.

Ein anderes Mal bearbeitete eine Klientin die (für sie) unhaltbaren Zustände der traditionellen Mann-Frau-Beziehung. Sie sagte gerade: „Die patriarchalische Odnung muß verändert werden; sie muß in die Brüche gehen." Im selben Augenblick hörte ich ein scharfes Krachen aus dem Nebenzimmer, das sich so alarmierend anhörte, daß ich mich entschuldigte, um nachzuschauen, was dort los war. Zu meinem Erstaunen sah ich, daß eine Fensterscheibe mitten durchgebrochen war!

Zusammenfassung
In diesem Kapitel wurden Fähigkeiten, Einstellungen und Praktiken für transpersonale Therapeutinnen und Therapeuten empfohlen, die ganzheitlich auf eine alle Seiten umfassende psychospirituelle Entwicklung ihrer Klienten hinarbeiten.

Beziehungsbewußtsein wurde beschrieben als die Vorstellung, daß die Arbeit ein gemeinsames Bemühen ist, bei dem sowohl der Therapeut als auch der Klient ständig weiterlernen. Konkrete Fähigkeiten für den Aufbau von Beziehungen, durch die Vertrauen, Intimität und Tiefe in der transformativen Arbeit gefördert werden können, wurden empfohlen.

Dem transpersonalen Therapeuten wurde nahegelegt, ein Energiebewußtsein zu entwickeln, um sich sowohl auf die eigenen körperlichen und emotionalen Prozesse als auch auf die des Klienten einstellen zu können. Eine ausgeglichene Energie in den Meridianen und Chakras fördert Wohlbefinden und inneren Frieden, während energetische Störungen meistens zu einem disharmonischen energetischen Arbeitsfeld führen. Außerdem wurde betont, daß sowohl die Energiesysteme des Therapeuten als auch die des Klienten in die Umgebung ausstrahlen, wer sie sind und welche Qualitäten sie haben, so daß ihrem Energiefeld wertvolle Hinweise über ihren Entwicklungsprozeß entnommen werden können.

Auch das Wissen über den Körper und seine Befreiung von Blockaden ist wichtig für das Verständnis der Entwicklung des Klienten. Dem Therapeuten, der sich seines eigenen Körpers bewußt ist, stehen reichere Hilfsquellen für die Arbeit zur Verfügung.

Das Wissen um die Spiritualität und die Einstimmung darauf wurden als notwendige Komponenten für die transpersonalen Entwicklungsphasen empfohlen. Vorgeschlagen wurde, daß sowohl der Therapeut als auch der Klient sich in angemessener Weise mit ihrer Seele in Einklang bringen, damit die Arbeit auch spirituelle Dimensionen beinhalten kann. Kenntnisse über verschiedene Religionen und spirituelle Praktiken ermöglichen es dem Therapeuten, den Klienten in bezug auf Hilfsquellen zu beraten, die seine spirituelle Entwicklung fördern. Es wurde empfohlen, gegebenenfalls auch das Gebet und Informationen aus außersinnlichen Wahrnehmungsquellen zu nutzen.

Und schließlich wurde transpersonalen Therapeutinnen und Therapeuten dringend nahegelegt, ein ganzheitliches Bewußtsein zu entwickeln, was beinhaltet, daß sie ihre Aufmerksamkeit gleichzeitig auf ihren eigenen Körper, ihre Emotionen und ihre Seele und auf die ihrer Klienten richten. Synchronistische Ereignisse wurden als sinnvolle Ergänzung der laufenden Arbeit einbezogen.

Auf der ersten Internationalen Konferenz für ganzheitliche Gesundheit und Medizin in Indien 1989 sagte uns Seine Heiligkeit der Dalai Lama, daß „der Mutterplanet selbst uns bittet, achtsam zu sein. Wir können zur Not sogar ohne Religion auskommen, nicht aber ohne Liebe und Freundlichkeit. Solange das menschliche Herz in unserer Arbeit präsent ist, können wir Negativität abbauen." Mein Gebet für dieses Buch lautet: Möge es menschliche Liebe und Freundlichkeit fördern – für uns, für die Menschheit und für unseren Planeten.

Bibliographie

The American Heritage Dictionary. New York: Houghton, Mifflin, 1983.
Assagioli, R. Die Schulung des Willens. Paderborn: Junfermann, 1982.
ders. Psychosynthese, Prinzipien, Methoden und Techniken. Zwilikon: Astrologisch-Psychologisches Institut, 1988.
Aurobindo, Sri. Das Abenteuer des Denkens. Düsseldorf: Patmos Verlag, 1986.
Austin, M. Acupuncture Therapy. New York: ASI Publishers, 1972.
Bandler, R. und *Grinder, J.* Die Struktur der Magie. Bd. 1 u. 2. Paderborn: Junfermann, 1981/82.
Barker, C.M. Healing in Depth. London: Hodder and Stoughton, 1972.
Bennett, H.Z. Inner Guides, Visions, Dreams & Dr. Einstein: A Field Guide to Inner Resources. Berkeley, California: Celestial Arts, 1987.
Blofeld, J. Das Geheimnis und Erhabene. München: Goldmann, 1985.
Boorstein, S. Transpersonale Psychotherapie. Bern, München, Wien: Scherz, 1988.
Bucke, R. Die Erfahrung des kosmischen Bewußtseins. Freiburg im Breisgau: Aurum, 1975.
Capra, F. A New Vision of Reality and the Nature of Chi. The Journal of Traditional Acupuncture 7:2 (1975) 110 - 118.
ders. Der kosmische Reigen. München: Barth, 1977.
Carlson, R. und *Shield, B.* Was ist heilen? München: Kösel, 1992.
Chitrabhanu, G. The Psychology of Enlightenment: Meditation on the Seven Energy Centers. New York: Dodd, Mead and Co., 1979.
Connelly, D. Traditionelle Akupunktur. Heidelberg: Ch. Endrich, 1988.
Da Free John. The Knee of Listening. Clearlake, California: The Dawn Horse Press, 1972.
Dychtwald, K. KörperBewußtsein. Essen: Synthesis, 1981.
Eagles, N. Kala-Huna Training. Workshop in Santa Cruz, California, 1986.
Ferguson, M. Geist und Evolution. München: Goldmann, 1986.
Fiore E., Vortrag gehalten auf der Tagung der Association for Past Life Research and Therapy. Oakland, California, Oktober 1983.
dies. You Have Been Here Before. New York: Ballantine Books, 1978.
Frankl, V. Ärztliche Seelsorge. Wien: Deuticke, 1971.
Fritz, R. The Path of Least Resistance. New York: Bantam Books, 1984.
Gach, M. Aku-Yoga. München: Kösel, 1991.
Gordon, D. Metaprogramm-Workshop in Santa Cruz, California, 1980.

Grof, S. Alte Weisheit und modernes Denken. München: Kösel, 1986.
ders. Geburt, Tod und Transzendenz. München: Kösel, 1987.
Gurdjieff. Aus der wirklichen Welt. Basel: Sphinx, 1982.
Haas, E. Gesund durch alle vier Jahreszeiten. München: Goldmann, 1988.
Hall, M. The Secret Teachings of All Ages. Los Angeles: The Philosophical Resarch Society, 1977.
Hammer, L., M.D. Dragon Rises, Red Bird Flies. Barrytown, New York: Station Hill Press, 1990.
Harris, T. Ich bin o.k - Du bist o.k. Reinbek: Rowohlt, 1975.
Hastings, A., Fadiman, J. und *Gordon, J.* Health for the Whole Person. Boulder, Colorado: Westview Press, 1980.
Hendricks, G. und *Weinhold, B.* Transpersonal Approaches to Counseling and Psychotherapy. Denver, Colorado: Love Publishing Co., 1982.
dies. Transpersonal Body Therapy Training Seminar. Palo Alto, California, 1984-85.
Hendricks, K. „Transpersonal Body Therapy: A Synthesis of the Theory and Practice." Doctoral Dissertation, California Institute of Transpersonal Psychology, 1982.
Jaffé, A. Aus Leben und Werkstatt von C.G. Jung. Zürich und Stuttgart: Rascher, 1968.
Jampolsky, G. Lieben heißt die Angst verlieren. München: Goldmann, 1991.
ders. Wenn deine Botschaft Liebe ist. München: Kösel, 1988.
Janov, A. Der Urschrei. Frankfurt a.M.: Fischer, 1973.
Joy, B. Weg der Erfüllung. Interlaken: Ansata, 1987.
Jung, C.G. Die Archetypen und das kollektive Unbewußte. Gesammelte Werke, Bd. 10. Olten und Freiburg im Breisgau: Walter, 1974.
ders. Erinnerungen, Träume, Gedanken. Olten und Freiburg im Breisgau: Walter, 1971.
ders. Seelenprobleme der Gegenwart. Zürich & Stuttgart: Rascher, 1969.
ders. Psychologie und Religion. Zürich & Leipzig: Rascher, 1940.
ders. Symbole der Wandlung. Gesammelte Werke, Bd. 5. Olten und Freiburg im Breisgau: Walter, 1973.
Kaptchuk, T. Das große Buch der chinesischen Medizin. München: Barth, 1988.
Keleman, S. Dein Körper formt dein Selbst. München: Kösel, 1980.
Kronemeyer, R. „Syntonic Therapy: A Total Approach to the Treatment of Mental and Emotional Disturbances." Psychotherapy: Theory, Research and Practice 14:3 (1977) 249- 253.
Krystal, P. Cutting More Ties That Bind. Longmeade, Shaftsbury, Dorset, England: Element Books, 1990.

Kubie, L. „The Neurotic Process as the Focus of Physiological and Psychoanalytic Research." The Journal of Mental Science 104 (1958) 123-134.
Kübler-Ross, E. Reif werden zum Tode. Stuttgart: Kreuz, 1975.
Kurtz, R. und *Prestera, H.* Botschaften des Körpers. München: Kösel, 1979.
Lao Tse. Tao-Te-King. Frankfurt a.M., Berlin, Wien: Ullstein, 1980.
Lawson-Wood, D. und *J.* Five Elements of Acupuncture and Chinese Massage. Rustington, England: Health Science Press, 1965.
Leadbeater, C. W. Die Chakras. Freiburg: Bauer, 1990.
Leonard, G. The Silent Pulse, New York: Bantam Books, 1981.
Leung, K. Chinese Medical Philosophy and Principles of Diagnosis. Los Angeles: The North American College of Acupuncture, 1971.
Lowen, A. Bio-Energetik. Bern, München, Wien: Scherz, 1987.
ders. Körperausdruck und Persönlichkeit. München: Kösel, 1981.
MacNutt, F. Beauftragt zu heilen. Graz: Styria, 1985.
Mann, W. Orgone, Reich and Eros. New York: Simon and Schuster, 1973.
Maslow, A. The Farther Reaches of Human Nature. New York: The Viking Press, 1971.
Matsumoto, K. und *Birch, S.* Five Elements and Ten Stems. Brookline, Maryland: Paradigm Publications, 1983.
Merrel-Wolff, F. Pathways Through Space. New York: Julian Press, 1973.
Miller, A. Das Drama des begabten Kindes und die Suche nach dem wahren Selbst. Frankfurt a.M.: Suhrkamp, 1979.
Mindell A. The Dreambody. Körpersymptome als Sprache der Seele. Fellbach: Bonz, 1985.
ders. Der Leib und die Träume. Paderborn: Junfermann, 1987.
ders. Rivers Way. London: Routledge & Kegan Paul, 1985.
Monroe, R. Der zweite Körper. München: Goldmann, 1989.
Mookerjee, A. Kundalini. Bern: Origo, 1984.
Montgomery, R. Der Heiler. München: Droemer Knaur, 1989.
Moss, R. Illusion der Getrenntheit. München: Goldmann, 1991.
Motoyama, H. Theories of the Chakras. Wheaton, Illinois: Theosophical Publishing House, 1981.
ders. und *Frown, R.* Science and the Evolution of Consciousness. Brookline, Mass.: Autumn Press, 1978.
Murray, D. A History of Western Psychology. Englewood Cliffs, New Jersey: Prentice Hall, 1983.
Ni, Hua-Ching. 8000 Years of Wisdom: Conversations with Taoist Master Ni, Hua Ching. Malibu, California: The Shrine of the Eternal Breath, 1983.

ders. Tao: The Subtle Universal Law and the Integral Way of Life. Los Angeles: College of Tao and Traditional Chinese Healing, 1979.
ders. The Taoist Inner View of the Universe and the Immortal Realm. Malibu, California: The Shrine of the Eternal Breath, 1979.
Nordenstrom, B. Biologically Closed Electric Circuits: Clinical, Experimental, and Theoretical Evidence for an Additional Cirulatory System. Stockholm: Eigenverlag, 1983.
O'Connor, J. und *Bensky, D.* (Übers.) Acupuncture: A Comprehensive Text. Chicago: Eastland Press for Shanghai College of Traditional Medicine, 1981.
Omura, A. Acupuncture Medicine: Its Historical and Clinical Background. Tokyo: Japan Publications, 1982.
Ouspensky, P. Vom inneren Wachstum des Menschen. Berlin: Edition Plejaden, 1981.
Painter, J. Körpertherapie und persönliche Entwicklung. München: Kösel, 1984.
Parker, W. Prayer Can Change Your Life. New York: Cornerstone Library, 1975.
ders. Prayer Therapy. Newport Beach, California: Eigenverlag, 1969.
Penfield, W. The Mystery of the Mind. Princeton, New Jersey: Princeton University Press, 1975.
Radha, S. Kundalini Yoga for the West. Spokane, Washington: Timeless Books, 1978.
Raheem, A. Process Acupressure. Santa Cruz, California: Eigenverlag, 1990.
Rama, S., Ballentine, R., M.D. und *Ajaya, S.* Yoga and Psychotherapy: The Evolution of Consciousness. Honesdale, Pennsylvania: Himalayan International Institute, 1976.
Reich, W. Charakteranalyse. Köln, Berlin: Kiepenheuer & Witsch, 1970.
Rolf, I. Rolfing. Der Weg zu Einheit und Gleichgewicht der Körperstruktur. München: Hugendubel, 1989.
Rosenberg, J. Körper, Selbst und Seele. Oldenburg: Transform, 1989.
Roshi, K. und *Phillamy, D.* The Book of Life. Mt. Shasta, California: Shasta Abbey Press, 1979.
Sanford, A. The Healing Gifts of the Spirit. Philadelphia: Trumpet Books, 1966.
Schwarz, J. Human Energy Systems. New York: E.P. Dutton, 1980.
ders. The Path of Action. ebd., 1977.
ders. Voluntary Controls. ebd., 1978.
Sheldon, W., Stevens, S. und *Tucker, W.* The Varieties of Human Physique. New York: Harper & Row, 1940.
Sheldrake, R. Das schöperische Universum. München: Meyster, 1985.

Singer, J. Boundaries of the Soul. Garden City, New Jersey: Anchor Books, 1972.
ders. Energies of Love: Sexuality Re-visioned. Garden City, New Jersey: Doubleday Books, 1983.
Smith, F. Innere Brücken. Oldenburg: Transform, 1990.
Stapleton, R. The Experience of Inner Healing. Waco, Texas: Word Books, 1977.
Stone, H. Embracing Heaven and Earth. Marina del Rey, California: De Vorss & Co., 1985.
Sumohadiwidjojo, F. Susila Budhi Dharma. London: Subud Publications International, 1975.
Tart, C. Das Übersinnliche. Stuttgart: Klett-Cotta, 1986.
Teeguarden, I. Die Kunst der mitfühlenden Berührung: Jin- Shin-Do-Akupressur. München: Droemer Knaur, 1990.
dies. The Body Mandala. Idyllwild, California: Jin Shin Do Foundation, 1982.
dies. The Joy of Feeling: Bodymind Acupressure. Tokyo: Japan Publications, 1986.
Toben, B. Raum-Zeit und erweitertes Bewußtsein. Essen: Synthesis, 1980
Toor, A. Persönliches Gespräch, 1983.
Upledger, J., M.D. Somato-Emotional Release. Palm Beach Gardens, Florida: U.I. Publishing, 1990.
Veith, I. The Yellow Emperor's Classic of Internal Medicine. Berkeley: University of California Press, 1949.
Walker, B. Masks of the Soul. Wellingborough, Northamptonshire, England: The Aquarian Press, 1981.
Walsh, R. und *Vaughan, F.*, Hrs. Psychologie in der Wende, München: Scherz, 2. Aufl. 1985.
Watts, A. Der Lauf des Wassers. Frankfurt a.M.: Suhrkamp, 1982.
Weatherhead, A. Psychology, Religion and Healing. New York: Abingdon-Cokesbury Press, 1951.
Westlake, A. Ganzheit und Gesundheit. Frankfurt a.M.: Fischer 1990.
White Eagle. Der Weg zum höheren Selbst. Grafing: Aquamarin, 1989.
Wilber, K. Das Atman-Projekt. Paderborn: Junfermann, 1989.
ders. Das holografische Weltbild. München: Heyne, 1990.
Wilhelm, R. Das Geheimnis der goldenen Blüte. Zürich: Rascher, 1977.
Williston, F. und *Johnstone, J.* Soul Search. Wellingborough, Northamptonshire, England: Turnstone Publishers, 1983.
Wurmbrand, R. In God's Undergroud. Glendale, California: Diane Books Publishing Co., 1968.
Yogananda, P. Autobiografie eines Yogi. Weilheim: Barth, 1976.
Zukav, G. Die tanzenden Wu Li Meister. Reinbek: Rowohlt, 1985.

Bodo Baginski & Shalila Sharamon REIKI – Universale Lebensenergie

Reiki wird als jene Kraft definiert, die die Grundlage allen Lebens bildet. Diese universale Lebensenergie kann durch entsprechende Einstimmungen in jedem Menschen geweckt und aktiviert werden, so daß sie als heilende, ordnende und harmonisierende Kraft durch seine Hände fließt. Reiki bewirkt eine Heil-Werdung im ursprünglichen Sinn, denn es führt den Menschen zu einer Harmonie mit sich selbst und den grundlegenden Kräften des Universums zurück. Die Autoren Bodo J. Baginski und Shalila Sharamon beschreiben in diesem Buch ihre Erfahrungen mit der Reiki-Heilkunst bei Menschen, Tieren und Pflanzen. Sie schreiben über den Ursprung und die Geschichte des Reiki, seine Wirkungsweise, wie man Reiki erlernt, erläutern die verschiedenen Anwendungsmöglichkeiten und geben viele nützliche und hilfreiche Tips für die Praxis des Reiki. Darüber hinaus enthält das vorliegende Buch ein Verzeichnis über die Hintergrundbedeutung von über 200 Krankheitssymptomen aus geistiger Sichtweise. **240 Seiten**

Fran Brown Reiki-Leben – Großmeisterin Takatas Lehren

Geschichten aus dem Leben von Hawayo Takata.
Reiki ist Lebensenergie. Im Usui-System des Natürlichen Heilens wird diese Energie geehrt und als Leitfaden des täglichen Lebens genutzt. Sie bietet uns eine einfache Möglichkeit, unser Leben als eine heilige und ehrenvolle Erfahrung zu verstehen. Die Geschichten in diesem Buch geben Einblick in das Leben einer Frau, die die Reiki-Lehren gelebt hat. Die Geschichten sind komisch und ernst, voller Freude und Traurigkeit, sie geben Aufschluß über das Heranwachsen dieser Meisterin und über ihr tiefes Vertrauen in die Lebensenergie. Sie schildern das Reifen von Takatas Heilkräften und zeigen ihre Bescheidenheit angesichts ihrer Gaben. Von bescheidenen Anfängen entwickelte sie sich zu einer großen und starken Persönlichkeit, von allen, die sie kannten, geliebt und respektiert.
In diesen liebevollen Erinnerungen an ihre Lehrerin hat Fran Brown die farbenfrohen Geschichten gesammelt, die Hawayo Takata während der 35 Jahre erzählt hat, in denen sie die einzig lehrende Reiki-Meisterin war. Die Geschichten geben einen inspirierenden Überblick über Takatas Lehren und schildern die praktischen und spirituellen Aspekte eines Lebens, das dem Heilen gewidmet war. **180 Seiten**

Ron Kurtz Körperzentrierte Psychotherapie – Die Hakomi-Methode

Körper und Bewegungen eines Menschen drücken zentrale Anschauungen, Bedürfnisse, Gefühle und Besonderheiten seines Daseins aus. Psychologische Informationen formen den Körper. In Anerkennung dieser Verbindung beginnt die Methode mit der Arbeit am Körper. Besonderes Kennzeichen der Hakomi-Methode ist die genaue Anwendung der buddhistischen Prinzipien von *Innerer Achtsamkeit* – die Aufmerksamkeit wird auf das gelenkt, was jetzt genau vor sich geht – und *Gewaltlosigkeit* – wir unterstützen Abwehr und spontanes Verhalten, lassen entwickeln, anstatt zu konfrontieren und zu bekämpfen. **320 Seiten, ill., geb.**

Gerda und Mona Lisa Boyesen Biodynamik des Lebens

Die Gerda-Boyesen-Methode – Grundlage der biodynamischen Psychologie. Jeder Körper reagiert in einer Streßsituation mit Anspannung, aus der der gesunde Körper wieder zu seinem Gleichgewicht zurückfindet. Oft geschieht dies jedoch nicht: Hervorgerufene Gefühle oder Ängste werden nicht ausreichend abgebaut oder verarbeitet, und wir verharren in einem unausgeglichenen Zustand. Die Selbstregulation unseres Organismus findet nicht statt, das Ungleichgewicht manifestiert sich in den Muskeln und unseren inneren Organen; besonders dem Verdauungstrakt. Dieser ist das Hauptregulans für die Freilassung nervöser Energien und besitzt damit die Fähigkeit, Neurosen »zu verdauen« und das vitale Energiegleichgewicht im Organismus zu regeln.
Mit dieser Erkenntnis entwickelte Gerda Boyesen in ihrer klinischen Arbeit die Methode der biodynamischen Psychologie, in der sie die Freudsche Psychoanalyse und die dynamische Physiotherapie mit der Vegetotherapie und Orgontherapie W. Reichs zu einer Synthese vereinte und damit die biologische Basis der Psychodynamik legte. **200 Seiten**

Dr. Malcolm Brown Die Heilende Berührung

Die Methode des direkten Körperkontaktes in der körperorientierten Psychotherapie. Dieses Buch führt zu theoretischer Klarheit und zum praktischen Verständnis einer Yin/Yang-Körpertherapiemethode, eingebettet in eine grundlegende, humanistische, tiefgehende Art der Behandlung. Beeinflußt durch C. G. Jung, A. Maslow, E. Neumann, C. Rogers und D. H. Lawrence entwickelte Brown seine Methode der Lösung der chronischen Muskelspannung und der Reaktivierung der natürlichen geistig/spirituellen Polaritäten der verkörperten Seele und transzendenten Psyche. **340 Seiten, 30 Abb., geb.**

Don Johnson Rolfing und die menschliche Flexibilität

Der Körper ist flexibel, ein fließendes Energiefeld, das vom Moment der Empfängnis bis zum Tod in einem Prozeß der ständigen Veränderung ist. Inhalt u. a.: Beschreibung von Rolfing-Sitzungen, Rolfing und die anatomischen Grundlagen; soziales Verhalten und die Auswirkungen auf den Körper . . . **164 Seiten, ill.**

Robert St. John Metamorphose – Die pränatale Therapie

Die Methode basiert auf einer überlieferten chinesischen Behandlungsweise der Füße. R. St. John entdeckte in bestimmten Bereichen der Füße Verbindungen zur vorgeburtlichen Phase, in der Energiemuster unser Sein geprägt haben. Durch eine sachgemäße Behandlung des Reflexbereiches der Wirbelsäule an Füßen, Händen und Kopf werden auf natürliche Weise Sperren und Grenzen des Bewußtseins aufgehoben und die ursprünglichen Kräfte der Psyche wieder freigesetzt. **160 Seiten, ill.**

Reinhard Flatischler Die Vergessene Macht des Rhythmus

Reinhard Flatischler hat aus schamanischen Traditionen ein System entwickelt, das mit Sprachrhythmen, Klatschen, elementaren Tanzformen und Gesang jeden die Erfahrung der Rhythmuselemente in seinem eigenen Zeitmaß machen läßt. Diese grundlegenden Erfahrungen sind auf alle Musikinstrumente übertragbar. Sie sind in der Rhythmik jedes Kulturkreises zu finden und haben psychische Wirkungen, die für alle Menschen gleich sind. Davon ausgehend werden wir die Rhythmuswelten Afrikas, Indiens, Koreas, Brasiliens und Kubas aus ihren Elementen kennenlernen, und selbst den Stellenwert finden, den die Rhythmen dieser Kulturkreise für unser tägliches Leben in Europa haben.
228 Seiten, Fotos u. Grafiken, Farbbildteil, geb.; Kassettenkurs (3 Kassetten) separat erhältlich

Reinhard Flatischler TA KE TI NA – Der Weg zum Rhythmus
Rhythmus ist die Kraft hinter allen Dingen. Sie vereint die unterschiedlichsten Gebiete des Lebens. Rhythmus schenkt uns Vertrauen ins Leben und in uns selbst. TA KE TI NA ist der Weg, auf dem alle Aspekte von Rhythmus als Einheit erfahren werden können. Es ist eine Synthese aus dem rhythmischen Wissen vieler Kulturkreise und zeigt in konsequenter Systematik, wie Rhythmus für jedermann erlernbar ist. Die mit TA KE TI NA gemachten Rhythmuserfahrungen sind auf alle Musikinstrumente übertragbar, und der Musiker kann in diesem Buch eine neue Quelle zum Komponieren kreativer Rhythmen finden. Ein Einstieg in die körperliche und geistige Erfahrung von Rhythmus geben.
160 Seiten, ill.; Kassette oder CD separat erhältlich

Burkhard Schroeder AtemEkstase · Rebirthing
lehrt Dich das Annehmen allen Seins · Einlassen auf bewußtes Atmen in seiner ursprünglichen Form · Loslassen · Auftauchen ins Leben · Reiten auf den Wellen Deiner Ekstase · Verschmelzen mit dem SEIN · Dich und diese Schöpfung zu lieben.
Rebirthing ist eine wirkungsvolle Methode zur körperlichen, emotionalen und geistigen Reinigung und ein effektiver Weg persönlichen Wachstums. Ein gewaltloser Weg, der Dich lehrt, Deiner Energie zu vertrauen, mit ihr zu fließen, loslassen, zu tun durch Nicht-Tun. Dein Atem wird Dir helfen herauszufinden, wer Du bist, Dich anzunehmen und Dein Herz zu öffnen für Schönheit und Ruhe, Lebendigkeit und Lebensfreude. **128 Seiten; angeleitete AtemEkstase-Kassette separat erhältlich**

A. Wallace, B. Henkin Anleitung zum geistigen Heilen
Die Autoren beschreiben — auf dem Erfahrungsgrund der Humanistischen Psychologie —, wie sie zum Heilen angeleitet worden sind, ihre Erfolge und die Grenzen dieser Kunst, andere zu heilen. Darüber hinaus zeigen sie eine umfassende Reihe einfacher Übungen für den Anfänger auf und fortgeschrittene Techniken für den, der sich schon mit geistigem Heilen beschäftigt. In der praktischen Anleitung zeigen sie die Beziehung des Heilens zum Vertrauen, zu Weltanschauungen, Träumen und kosmischer Bewußtheit auf. **228 Seiten**

Bob Toben Raum-Zeit und erweitertes Bewußtsein
Toben diskutiert in eingehend grafischer Darstellung mit den Physikern J. Sarfatti, C. Suares und F. Wolf in einer verständlichen Wissenschaftssprache die Abhängigkeit unserer Vorstellung vom Universum durch unsere Sinne. Themen u. a.: Psychokinese, Lichtbiegen, Materialisation, Astral-Reise, Wissen aus dem Universum, Reinkarnation, Aura, Telepathie, Telekinese, Levitation, Geistheilung. **180 Seiten, ill.**

Richard S. Heckler Aikido und der Krieger des neuen Bewußtseins
Meister Uyeshiba, Begründer des Aikido, lehrte eine Kampfart, die die innere Kraft des Menschen stärkt, ohne Rivalität und Streit. Durch die im Aikido entwickelten Methoden zeigt er eine Alternative zu unserer derzeitigen Form des erdrückenden Militarismus, bzw. eines aufopfernden Pazifismus auf. Das Elementarste an Meister Uyeshibas Aikido aber ist der spirituelle Pfad, der die Menschen lehrt, ihr Ki, ihre Energie mit dem Ki des Universums zu verbinden, um in einer Welt der Harmonie, Zentriertheit und des Mitgefühls zu leben. **176 Seiten, ill.**

Roger Hicks und Ngakpa Chögyam Weiter Ozean – DALAI LAMA
Diese autorisierte Biographie ist die erste Aufzeichnung des Lebens Seiner Heiligkeit seit seiner Autobiographie »Mein Leben und mein Volk« (1962). Es ist auch die erste Darstellung der Leben der vorhergehenden dreizehn Dalai Lamas, die einem breiteren Publikum zugänglich ist. **240 Seiten, 31 z. T. bisher nicht veröffentlichte Fotos**

Hazrat Inayat Khan Das Erwachen des menschlichen Geistes
Die Botschaft des Autors beginnt und endet mit der Aussage, daß es nicht ausreicht, im Geistigen zu leben; was wir heute benötigen, ist ein *menschlicher* Geist. Es ist die Erweckung des Geistes im Menschen auf der Suche nach der Wahrheit. Diese Unterweisungen Hazrat I. Khans beschreiben die Folge der inneren Entwicklungsphasen, die der einzelne auf der Suche nach der geistigen Wirklichkeit durchläuft. **224 Seiten, zahlreiche Fotos**

Pir Vilayat Khan Der Ruf des Derwisch
Pir Vilayat Khan ist Leiter des Sufi-Ordens im Westen, der von seinem Vater Hazrat Inayat Khan gegründet wurde. Er ist bestrebt, den Weg und die Essenz der Sufi-Tradition besonders dem westlichen Menschen erlebbar zu machen. **224 Seiten**

Benjamin Hoff Tao Te Puh – Das Buch vom Tao und von Puh, dem Bären
Was für ein Puh? *Was* für ein Tao? Das Tao Te Puh! . . . in dem uns enthüllt wird, daß einer der größten taoistischen Meister nicht etwa ein Chinese ist, auch kein altehrwürdiger Philosoph . . . sondern wirklich und wahrhaftig kein anderer als der absichtslos in sich ruhende, einfältige kleine Bär. **160 Seiten, ill.**

Affirmationen – »Ich mag mich selbst«
Eine Affirmation ist ein positiver, schöpferischer Gedanke, um deine negativen Glaubenssysteme und Denkmuster zu verändern. Affirmation heißt das Leben bejahen und deinem Denken eine Idee über das Ziel zu geben. **28 Seiten, Büttenpapier**

Erik Sidenbladh Wasserbabys – Geburt und Entwicklung in unserem Urelement
Der sanfteste Übergang vom Mutterleib in die Außenwelt ist die Geburt unter Wasser. Frühes Training im Wasser bewirkt bei den Kindern eine bessere und schnellere Koordination der Bewegungen und Körperfunktionen. Die zahlreichen, außergewöhnlichen Aufnahmen verstärken Tjarkovskijs Erfahrungen, daß das menschliche Potential besser entwickelt werden kann, wenn wir lernen, Wasser ohne Angst zu akzeptieren.
156 Seiten, durchgehend vierfarbig ill., geb.

Astro-Tafel – Der Weg zur Astrologie
»ALL-EIN-SEIN heißt eins sein mit dem All. Die Schwingungen des Alls wahrnehmen und sich auf diese Schwingungen einzustimmen heißt sein Leben, oder einfach sich selbst, mit dem All in Einklang bringen. Ist die Person (lat. persona, von per-sonare = durch-tönen, zum Erklingen bringen) im Einklang mit dem Kosmos, so resoniert der Kosmos in ihr, der Kosmos findet seinen Widerhall in der Person. Wird man sich dessen bewußt, hat man kosmisches Bewußtsein erreicht.« Wohl die umfassendste farbige Informationskarte zum Thema Astrologie und Harmonik. Außer der allgemeinen Beschreibung der Wirkweise der einzelnen Tierkreiszeichen, Planeten, Aspekt- und Himmelspunkte wird auch die Methodik der Verknüpfung dieser astrologischen Elemente zur Deutung erklärt und ausgeführt. Auch die Zuordnung der Töne zu den Planeten sowie der musikalischen Intervalle zu allen Aspekten, wie auch deren farbliche Zuordnungen, können der Karte entnommen werden.
13-Farb-Druck (DIN A2) auf besonderem Qualitätspapier, mit Begleitheft

Lee Sannella Kundalini-Erfahrung & die neuen Wissenschaften
In einem verdunkelten Raum sitzt ein Mann allein. Sein Körper wird von Muskelkrämpfen geschüttelt. Unbeschreibliche Empfindungen und stechende Schmerzen schießen von seinen Füßen ausgehend durch Beine und Rücken bis zum Hals. Er hat das Gefühl, sein Schädel würde zerspringen. Im Inneren seines Kopfes hört er tosende Geräusche und hohes Pfeifen. Seine Hände brennen. Er glaubt, sein Körper müsse innerlich zerreißen. Dann plötzlich lacht er und wird von Glücksgefühlen überwältigt.
Ein psychotischer Anfall? Nein, dies ist eine psycho-physische Transformation, ein Prozeß der »Wiedergeburt«, der ebenso natürlich ist wie eine physische Geburt. Pathologisch erscheint dieser Vorgang nur, weil die Symptome nicht zum Ergebnis in Beziehung gesetzt werden: zur psychischen Transformation eines Menschen. Wenn dieser Prozeß ungestört zum Abschluß gelangt, kann ein tiefes psychologisches Gleichgewicht erreicht werden, ein Zustand innerer Stärke und emotionaler Reife.
Sannellas Buch ist unentbehrlich auf dem Weg des tieferen Verstehens von mystischen Erfahrungen und Momenten des erweiterten Bewußtseins. **160 Seiten**

Stuart Perrin LEAH – Die Geschichte einer meditativen Heilung
»Als ich Leah das letzte Mal sah, war sie voller Leben, strahlend und bezaubernd schön. Ich war überzeugt, daß sie zu einem besonderen und äußerst ungewöhnlichen Menschen heranwachsen würde. Der Gedanke, daß sie von Krebs befallen war, lag jenseits meiner möglichen Phantasien.
Die Ärzte gaben ihr noch drei Wochen zu leben. – Drei Wochen können eine Ewigkeit sein, wenn man den Moment lebt. In dieser Zeit mußte ich eine neue Logik entdecken, eine, die den Tod entwaffnete und das Unmögliche möglich machte.«
Die dramatische Erzählung eines Heilungsprozesses. LEAH basiert auf einer erlebten Geschichte – die Bemühung eines spirituellen Lehrers, ein junges Mädchen in ihrem Kampf gegen ihren Krebs zu unterstützen. **120 Seiten**

Ken Dychtwald KörperBewußtsein
Basierend auf den Arbeiten von W. Reich, I. Rolf, M. Feldenkrais, F. Perls, W. Schutz, A. Lowen, St. Keleman, R. Kurtz u. a. und verschiedenen Yoga-Richtungen, verbindet Dychtwald diesen Erkenntnisse mit einer Vielfalt von östlichen und westlichen Einstellungen zur Entwicklung des KörperBewußtseins. Es ist das zur Zeit umfassendste und leichtverständlichste System zur Bewußtwerdung und Diagnose des KörperBewußtseins. KörperBewußtsein von K. Dychtwald ist ein hervorragender Einstieg in das, was wir »Körperlesen« nennen. D. h., durch die Wahrnehmung, wie sich jemand »trägt« oder mit seinem Körper umgeht, erfahren wir mehr über diese Person, als wir sehen. KörperBewußtsein hilft, sich und andere besser »wahr« zu nehmen, indem es aufzeigt, wie der menschliche Körper eine lesbare Karte seiner persönlichen Geschichte ist. Darüber hinaus gibt Dychtwald einen Einblick in verschiedene Körpertherapie-Methoden.
Ein lebendiges, gut zu lesendes und sehr menschliches Buch. **320 Seiten, 46 Abb.,**

Georg Schäfer und Nan Cuz Im Reiche des Mescal – Ein kosmisches Märchen
Wandere mit Schwarzhaar und dem Schamanen durch Metaphern deiner inneren Welten zum Licht der Erkenntnis...
Schwarzhaar war ein Träumer, und die Mutter hatte ihre Sorgen mit ihm, denn statt Netze zu flicken oder Brennholz aus dem großen Wald zu holen, lag er am Strand und schaute stundenlang in den Himmel. »Was wird denn hinter den Sternen sein?«, so dachte er, »und wo beginnt das Reich der Götter und wo endet es?« Über solche Gedanken geriet er ins Grübeln und vergaß alles, was ihm die Mutter aufgetragen hatte ...
40 Seiten, Großformat, vierfarbig, gebunden

Cousto Die Kosmische Oktave
Der Weg zum universellen Einklang. In diesem Buch sind alle Schritte erläutert und formalisiert, um aus astronomischen Beobachtungsdaten die Rhythmen und die Stimmtöne der Erde, des Mondes und der Planeten herzuleiten. Ebenso sind die Berechnungsmethoden zur Feststellung des Sonnentones oder auch der Klänge einer Horoskopvertonung dargelegt. 240 S., 50 Grafiken, zahlreiche Tabellen, 32 S. wissenschaftl. Anhang, 15 Farbtafeln, geb. und Paperback

Ulrich Sollmann (Hrsg.) Bioenergetische Analyse
Autoren und Themen: *A. Lowen:* Der Wille zu leben und der Wunsch zu sterben; *R. Robins:* Der rhythmische Zyklus und Widerstand; *E. Muller:* Auswirkungen des Berührens; *H. Petzold:* Der Schrei in der Therapie; *L. Rablen:* Das gespaltene Ich. Krebs und Probleme der Selbstabgrenzung; *A. Kloppstech:* Frauenarbeit mit krebskranken Frauen; *P. Boyesen:* Psychodynamische Analyse; *U. Sollmann:* Prozeßanalytische Körperarbeit in der Gruppe; *E. Svasta:* Jan Velzeboer und die Bioenergetische Analyse; *R. Steiner:* Die energetische Verbindung von Körper und Geist; *R. C. Ware:* C. G. Jung und der Körper — vernachlässigte Möglichkeiten der Therapie? etc. **252 Seiten**

Ernest L. Rossi Die Psychobiologie der Seele-Körper-Heilung
Neue Ansätze der therapeutischen Hypnose. Ist es wirklich möglich, über die Seele eine körperliche Krankheit zu heilen? Gibt es tatsächlich eine Verbindung zwischen den Genen und der Seele, mit deren Hilfe unsere Gedanken und

Gefühle die Heilung unterstützen können? Ja, sagt der Autor, und führt uns in die faszinierende Welt der Psychobiologie ein, die die derzeitigen Ansätze innerhalb der Medizin und der Psychologie auf revolutionäre Weise verändert. Rossi zeigt neue Möglichkeiten auf, wie die Heilung von Krebs, Asthma, rheumatischer Arthritis, krankhaften Stimmungsschwankungen und einer Vielzahl anderer psychosomatischer Störungen unterstützt werden können. Sein anschauliches Konzept, wie man Symptome in Signale und psychische Probleme in schöpferische Hilfsquellen umwandeln kann, ist überzeugend, denn es ermöglicht intuitiv zu spüren, daß wir alle den Schlüssel zu unserer Gesundheit und zu unserem Wohlbefinden in uns tragen. **312 S., zahlreiche Tabellen und Abb., Hardcover**

David K. Reynolds Die Stillen Therapien
Japanische Wege zu persönlichem Wachstum. Mit diesem Buch stellen sich eine Reihe von Psychotherapien und therapeutischen Methoden dem europäischen Leser vor, die von einem völlig anderen Verstehen des Menschen ausgehen. Während wir im Westen Therapie oft nur als Symptombekämpfung verstehen, ist im östlichen Denken die Befreiung des Geistes als Ganzes im Vordergrund. Damit stehen Die Stillen Therapien im Zentrum der neuen geistigen Bewegung – der Sehnsucht nach Ganzheit, Re-Integration, nach der unmittelbaren Erfahrung des eigenen Selbst.
In diesem Buch finden Sie klare, praktikable und energievolle Wege zu sich selbst. **160 Seiten**

Rosalyn L. Bruyere CHAKRAS – Räder des Lichts – Einführung
Dieses ist das Grundlagenbuch für jeden, der über das esoterische Wissen hinaus Einsicht und Wissen in die Funktionen der Chakras und der feinstofflichen Energiefelder erlangen möchte. In diesem Einführungsband wird die Natur der Chakras untersucht und eine Übersicht gegeben. Mit den folgenden sieben Bänden, jeweils einem Chakra zugeordnet, wird dieses Werk die bisher umfassendste Beschreibung der feinstofflichen Energien und des Chakrasystems sein.
Jedes der sieben Primärchakras ist ein »Rad des Lichts«, ein sich drehendes, farbiges, elektromagnetisches Feld. Zusammen erzeugen diese sieben Felder die Aura des Menschen. In alten Überlieferungen schon gibt es verschiedene Beschreibungen dieser Energie- oder Lichtfelder, die aus dem physischen Körper strömen. Doch erst in neuester Zeit hat die Wissenschaft die Existenz der feinstofflichen Energien und der Aura bestätigt. **144 Seiten, großformatig**

Rosalyn L. Bruyere: CHAKRAS – Räder des Lichts. Band 1. Das Wurzelchakra
Kapitelinhalte: I Vitalität, II Kundalini, Sitz des physischen Körpers, III Die Kraft des Feuers, IV Sexualität, Kundalini und Karma, V Die Wissenschaft und das Chakras, VI Krankheiten und Dysfunktionen. **144 Seiten, großformatig**
Alle Bände durchgehend mit Fotos, Zeichnungen, wissenschaftlichem Begleittext und Übungen.

Stamboliev Den Energien eine Stimme geben
In der Voice-Dialogue Methode werden Energiemuster des Menschen als eigene Persönlichkeiten angesprochen und aktiviert – den Energien wird eine Stimme gegeben, sich mitzuteilen. Die Fähigkeit des Voice-Dialogue Therapeuten, sich auf den Prozeß einzustimmen und mit seinen eigenen entsprechenden Energiemustern mitzuschwingen, ermöglicht dem Klienten ein intensives Erfahren, Erkennen und Integrieren der psychisch-emotionalen Realität dieser Muster.
Stamboliev gibt auch einen Überblick über die Lehre des T'ai-chi-ch'uan und über verschiedene esoterische Systeme, um dem Voice-Dialogue Therapeuten zu helfen, eine größere energetische Sensibilität der Methode gegenüber zu entwickeln.

Thomas Armstrong Die Spiritualität des Kindes
Pädagogik für ein neues Bewußtsein. Anhand reicher Beispiele aus Literatur und Wissenschaft, Mythologie und Erfahrung zeichnet der Autor ein Bild vom zweifachen Wesen des Kindes: „Es gehört sowohl zum Himmel wie zur Erde, und es tritt als Brücke zwischen Licht und Dunkel, Körper und Geist, Ich und Selbst, Mensch und Gott in unser Leben. Das spirituelle Kind singt und tanzt diese Ganzheit mit jeder Faser seines Seins. Wir alle täten gut daran, zuzuhören. Und noch besser daran, mitzusingen und mitzutanzen!" **192 Seiten**

Helmut G. Sieczka CHAKRA-KASSETTE. Energie und Harmonie durch den Atem
Unser Atem ist die wichtigste Brücke zwischen dem Körper und der Seele. Der Atem ist die Verbindung von Innen und Außen, vom Individuum zum Universum. Die sieben feinstofflichen Energie- und Bewußtseinszentren, den sogenannten Chakren, fließt unsere Lebensenergie.
Mit diesen zwei praktischen Atemübungen können Sie Störungen auf der energetischen, körperlichen und geistigen Ebene ausgleichen und harmonisieren. **Spieldauer: je Seite ca. 42 Minuten**

David V. Tansley RADIONIK – Energetische Diagnose & Behandlung
Radionik ist ein System der Diagnose & Behandlung, das die menschliche Fähigkeit der übersinnlichen Wahrnehmung direkt mit einbezieht, um somit die tiefliegende Bedeutung der Krankheit in einem lebenden Organismus zu erkennen. Diese Kunst des Heilens entwickelte sich aus einem Bereich der medizinischen Forschung von Prof. Dr. A. Abrams, der aufzeigte, daß Leben — und somit auch Krankheit — schwingende Energie ist, die energetisch behandelt werden kann. Die moderne Physik bestätigt dieses Modell seit langem. Radionik kann in jeder Therapieform praktiziert werden. Überwiegend wird sie in Verbindung mit Homöopathie, Schüssler-Salzen und der Bach-Blütentherapie angewandt. Radionik ist ein sanfter Ansatz zur Heilung, frei von den unliebsamen Nebeneffekten mit klinischen medikamentösen Therapie. David Tansley, die führende Autorität auf dem Gebiet der Radionik, beantwortet in diesem Buch u. a.: Wie arbeitet Radionik? Wie kann ein Therapeut die Diagnose stellen und die Behandlung ausführen, ohne den Patienten zu sehen? Was umfaßt eine Radionik-Diagnose? Welche Krankheiten können mit dieser Methode behandelt werden? **100 Seiten**

David Tansley **Die Aura des Menschen**
Energiefelder in der Diagnose
Die menschliche Aura ist etwas, das die meisten von uns bisher nur vage wahrgenommen haben, und dennoch ist es, wie dieses Buch zeigt, möglich und auch wichtig, sich der eigenen Aura und der anderer Leute deutlich bewußt zu sein. David Tansley greift auf die Forschungen und Beobachtungen sowohl von Wissenschaftlern als auch von hellsichtigen zurück, erklärt die Bedeutung der Farben, die man in der Aura sieht, und beschreibt das Verhältnis von Aura, Chakras und feinstofflichen Körpern. Er warnt vor der physischen und psychischen Verschmutzung der Aura und beschreibt Übungen, mit denen die Aura gereinigt werden kann. Dieses Buch leitet uns zum Erwecken unserer latenten Fähigkeit, die Aura zu sehen, zu fühlen und zu interpretieren; es zeigt, wie wir das noch weitgehend ungenutzte Potential der Aura für Medizin und Heilarbeit entfalten können. **zahlr. Abb., 240 Seiten**

David Tansley **Auren, Chakren und die Sieben Strahlen des Lebens**
Radionik ist eine Heilkunst ohne Grenzen. Es umfaßt das Spektrum des menschlichen Geistes und seiner Kraft, zu heilen. „Dieses Buch bietet den Grundstein, auf dem Praktiker bauen können, nicht nur in der Radionik, sondern auch in der Sozialarbeit und -beratung, der Psychotherapie, Medizin und Heilung." H. Korteweg

David Tansley **Der Feinstoffliche Mensch**
Radionik in der energetischen Behandlung
Radionik ist eine Diagnose- und Therapiemethode, die vorrangig über die feinstofflichen Kraftfelder und Energiezentren die Untersuchung und Behandlung von Krankheitsursachen ausführt.
Tansley gibt ein einfaches und zugleich praktisch anwendbares Bild der feinstofflichen Anatomie des Menschen, dem Informationsträger unserer Existenz – und damit Basis für Heilung und Gesundheit. **zahlr. Abb., 160 Seiten**

Wenn Sie an regelmäßigen Informationen über das Verlagsprogramm und dem Seminarprogramm unserer Autoren interessiert sind, schreiben Sie uns bitte: SYNTHESIS VERLAG · Postfach 14 32 06 · 45262 Essen